Konrad Kals

«...ZURÜCK IN DIE FREIHEIT!»

oder: Eine Gratwanderung der Gefühle

Konrad Kals

„...ZURÜCK IN DIE FREIHEIT!"

oder: Eine Gratwanderung der Gefühle

alternativverlag kaschmi

Umschlagzeichnung: Herbert Hilber

Lektor: Christoph Züllig

Alle Rechte vorbehalten
Copyright © by alternativverlag kaschmi, 7324 Vilters, 1988
ISBN: 3-905056-04-6

alternativverlag kaschmi
Sarganserstr.
CH-7324 Vilters
Telefon 085 / 2 49 12

VORWORT

Grundsätzlich möchte ich zu diesem Buch feststellen, dass ich es zu einem Zeitpunkt geschrieben habe, als ich am Boden war. Darum bitte ich auch die Leserschaft, das Buch als Produkt eines Kranken zu akzeptieren, der einseitig fixiert war auf Frauen, Alkohol und einer fast mörderischer Selbstaufgabe.

Ich hatte schon während der Kur die Namen der beteiligten Personen, auch meinen eigenen, geändert. Das zeigt am besten, wie wenig man in dieser Phase der Krankheit zu seiner Person und zu seinen Handlungen steht.

Ich möchte mich denn auch bei fast allen, die sich vielleicht in dieser Geschichte wiedererkennen oder sich betroffen fühlen werden, entschuldigen.

Konrad Kals, Juni 1988

Szenen aus dem Leben eines Lehrers, der schon fast kaputt war und es plötzlich nicht mehr sein wollte.

Ich bin Lehrer, oder ich war Lehrer. So genau kann ich das gar nicht mehr sagen. Auf alle Fälle bin ich nun hier. Auf Entzug! In einer Heilstätte für alkoholkranke Männer.
35 sind es, die hier zusammen leben, arbeiten, gemeinsam ihre Freizeit verbringen und schlafen.
Angefangen hat der ganze Zauber bei mir mit einem körperlichen Entzug im Kantonsspital. Ich wurde von oben bis unten, innen und aussen, durchsucht, und siehe da, ich hatte von meiner Sauferei keinerlei körperliche Schäden davongetragen.
Dieser Spitalaufenthalt war noch recht angenehm. Ich hatte ein Einzelzimmer, wurde richtiggehend verwöhnt; das Essen ans Bett, nette Krankenschwestern zum Plaudern, sympathische Ärzte, die die Leute verstehen. Blumen auf dem Tisch. Ein Raucherzimmer.
Das liess einen in gewissen Augenblicken vergessen, dass im nächsten Zimmer ein Mädchen lag, 26 Jahre, hübsch, aber mit verdammter Multipler Sklerose.
Und dann wurde ich entlassen. Das heisst, ich wurde vom Krankenhaus direkt in die Heilstätte verlegt. Gitte, eine befreundete Krankenschwester, fuhr mich die 150 km hierher. Selber konnte ich nicht mehr so gut fahren, weil man mir vor einigen Wochen den Führerschein abgenommen hatte.
Die Fahrt war wahnsinnig trostlos. Ich fluchte, schrie, verdrehte deprimiert die Augen, stritt ohne Grund, schwieg dann wieder lange Strecken neben meiner ratlos dasitzenden Fahrerin.
«Ich halte das nicht aus», rief ich, «ich will nach Hause! Ich packe meine Sachen und fahre nach Irgendwo. Wofür mache ich das überhaupt? Für wen? Warum?»
Ich suchte krampfhaft nach Ausreden, nach Gründen, die eine Einweisung verhindern sollten. Meine Rippen seien so stark geprellt, dass ich gar nicht arbeiten könne, ich hätte Kopfschmerzen, mein Magen ziehe sich zusammen bei dem Gedanken allein, ausserdem bleibe mir die Luft weg.
Ich kritisierte meine Fahrerin, wo es ging, ja, ich hasste sie. Und das, weil sie so nett war und mich an den Ort brachte, der, so glaubte jedenfalls ich, nicht der richtige für mich war.
Nachdem wir die Ortschaft erreicht hatten, gingen wir als erstes in ein Gasthaus. Ich trank ein Sinalco, obwohl mir ein Bier besonders gut geschmeckt hätte. Sicherlich eine Art Trotzreak-

tion. Wir fuhren weiter zum «Fuchsbau». «Ja nuh, ich lass' alles auf mich zukommen. Mehr als sterben kann man nicht», dachte ich resignierend und musste an Bangla Desh denken. Brutalerweise hat mir der Gedanke an tiefes Elend schon oft geholfen. Im Büro des Leiters wurde ich von demselbigen begrüsst. Er sei froh, dass ich mich habe entscheiden können, sprach er aufmunternd, ich schaue viel besser aus als beim Vorstellungsgespräch. Wir wurden noch einmal durch die Häuser und Werkstätten geführt. Dann zeigte man mir meinen «Schlag». Es ist ein kleiner Raum, in dem zwei Betten stehen, zwei Nachttischchen und ein grösserer Tisch. Es wurde mir auch gleich mein Zimmergenosse vorgestellt. Sepp heisst er. Er erzählte, dass er schon vier oder fünf solche Entziehungskuren angefangen habe. Meistens sei er vorzeitig abgehauen. Man habe es nicht verstanden, wenn er ins Dorf ging und mit zwei Flaschen Wein wiederkam.
Er wurde auch schon in psychiatrische Kliniken eingewiesen. «Scheisse», sagte er, «alles Scheisse!»

Gitte fuhr wieder nach Hause. Ich war froh darüber. Ich wollte die Fülle der Eindrücke allein verarbeiten. Jetzt galt es! Ich muss mit diesen Leuten auskommen, muss zusammenleben.

Nachdem ich ins Bett gegangen war, sprach ich mit Sepp noch bis nach Mitternacht über verschiedene Erlebnisse. Mit Gedanken an Gitte schlief ich ein.

Sie war eben diese Krankenschwester, die mich im Spital bei meinem ersten körperlichen Entzug betreut hatte. Es war eine Münchnerin, etwas jünger als ich und sehr umgänglich. Ich glaube, es hatte damals schon am ersten Abend gefunkt, als ich wegen der Entzugserscheinungen nicht einschlafen konnte. Wir redeten stundenlang, ich spazierte mit ihr auf dem Gang herum, und nach ein paar Tagen besuchte ich sie zu Hause. Nach einiger Zeit nämlich durfte ich das Spital während des Tages verlassen.

Ich hatte mich soweit erholt, und man glaubte mir anscheinend, dass ich nicht in die nächstbeste Beiz gehen würde, um mir die Figur zu füllen. So konnte ich sie also besuchen, wenn sie nicht gerade Dienst hatte. Wir schliefen dann zusammen, redeten und verbrachten eine schöne Zeit. Da sie reichlich Erfahrung hatte im Bereich der Alkoholproblematik – sie arbeitete lange in einem Spital in München neben der «Wies'n» – diskutierten wir viel über meine Krankheit, und ich bin überzeugt davon, dass mir das sehr geholfen hat.

2. Tag: Es war der erste Mai. Ich verbrachte diesen am Anfang so ungünstigen Feiertag damit, dass ich mich informierte, wer wo arbeitete, ich die Leute näher anschaute, was sie sprachen, wie sie es taten, usw.
Ich lernte am ersten Tag schon viele näher kennen. Ich redete mit ihnen. Ein ehemaliger Berufskollege war da, der ziemlich schlecht dastand. Keine Arbeit mehr, 13 Monate in diesem Bau. Jetzt habe er eine Stelle, ganz etwas Neues, auf einem Bauernhof. «Ist mir auch gleich», murmelte er selbstaufgebend.
Einer der Kranken war ein Epileptiker. Und alle hatten sie diesen Gang, diesen typischen Gang von Alkoholikern, ohne Balance, unrhythmisch, fahrig. Manche mit sturem Blick, interesselos, willenlos, fast kindlich. Man merkte, dass sie nicht mehr die Kraft hatten dazu, einen eigenen Willen zu entwickeln. Es waren halbe Roboter. Einer, ein kleiner, behinderter Patient, drei Jahre bereits im Bau, stolzierte umher, wie wenn ohne ihn der Betrieb zusammenbrechen würde. Daneben schimpfte und fluchte er, dass die Wände wackelten.
Es war ziemlich langweilig an diesem Tag. Die Leute waren zum Teil im Urlaub, zum anderen Teil unternahmen sie eine Wanderung. Andere wiederum blieben in ihren Zimmern. Ich horchte, rauchte, ass, rauchte mehr, spielte Tischtennis, schlief.

3. Tag: Ein Tag, den man vergessen sollte. Am Vormittag musste ich arbeiten, in der Gärtnerei. Am Abend konnte ich kaum mehr laufen. Blasen an den Füssen, eine Figur wie ein Fragezeichen, die Rippen randalierten. Ich dachte, es geht nicht mehr. Immer nach einer Möglichkeit suchend, dieses Schauspiel, oder besser gesagt, dieses Gastspiel, so rasch als möglich zu beenden, ass ich zu Mittag. Dann der erste Brief von zu Hause: die Steuerrechnung!
Am Nachmittag wurde ich in die Stadt gefahren. Ich musste ein Bankkonto eröffnen und endlich Schuhe kaufen, Arbeits- und Wanderschuhe. Mich dünkte, schon eine Ewigkeit nicht mehr unter «normalen» Leuten gewesen zu sein. Es war ein richtiges Aufatmen. Dann kam's noch besser. Zu viert fuhren wir ins Hallenbad. Im Terrassencafé trank ich einen richtig guten Schwarztee mit Zitrone. Er liess mich diesen übersüssen, klebrigen Siruptee vom Fuchsbau vergessen, wenigstens für einen Moment.
Am Abend spielte ich mit Kurt, dem «Mädchen für alles», der schon jahrelang zum Inventar diese «Baus» gehört, Tischfussball.

Es war eine einzige Gaudi. Den Burschen konnte man aufbauen, das war der helle Wahn. Der vibrierte, bebte, zitterte und redete. Er konnte fast alles: nähen, kochen, bügeln, usw. Aber eines konnte er nicht. Er konnte nicht verlieren! Obwohl er mich klar besiegte, waren ihm die fünf Tore, die ich geschossen hatte, zuviel. Alles Glückstreffer, alles Zufall.

Später erzählte einer, dass ihm jemand über die Osterfeiertage, er war im Urlaub, Geld gestohlen und die Hälfte aus einer Flasche Rasierwasser ausgetrunken habe. Das konnte ich mir nun wirklich nicht mehr vorstellen. Ich habe zwar öfters davon gehört, aber dass es das wirklich gibt, ist unvorstellbar und tragisch zugleich. Das ist der «Goldene Schuss», auf längere Zeit aufgeteilt.

4. Tag: Schön langsam gewöhnt man sich an den Bau. Den ganzen Tag arbeitete ich im Garten. Das heisst, um 11 Uhr hatte ich meine erste Sitzung – Einzeltherapie. Die Therapeutin war angenehm, es tat gut, wieder mit einer Frau zu sprechen.

Ich leierte meine Geschichte herunter, die ich schon so manchem Psychiater, Arzt und Psychotherapeuten erzählt hatte. Die war ganz erstaunt darüber, dass ich Lehrer bin. Ich schaue ja gar nicht so versoffen aus, meinte sie, und wie es mich in diese Stätte verweht habe.

Wenn ich das nur selbst wüsste!

Mein Körper rebellierte.

Einen ganzen Tag lang in der Hocke sitzen, mit den nackten Händen im steinharten Boden graben und Erbsen stecken, war, so scheint es, doch etwas zuviel. Kein Wunder, wenn man zehn Jahre nur den Bleistift gehalten hat. Und doch war ich igendwie zufrieden: Ich habe gearbeitet.

Am Abend wollte mich der Bauer überreden, den Rinderstall zu übernehmen. Ich erklärte ihm, dass ich jederzeit bereit wäre, auszuhelfen, aber «hauptberuflich» im Garten bleiben möchte. So verblieben wir.

Später spielte ich das erste Mal mit Karten. Ich wurde gleich ausgenommen wie eine Weihnachtsgans, obwohl wir um relativ kleine Beträge spielten. Um 23 Uhr kam der ehemalige Lehrer zur Türe herein. Das heisst, er schwankte stockbesoffen. Am nächsten Tag konnte er gehen.

Nach einem Tischfussballspiel ging ich zu Bett. Mein Zimmergenosse schnarchte, dass die Betten zitterten.

5. Tag: Das war ein Tag mit einem weiteren psychischen Absturz. Ich dachte immer wieder ans Aussteigen. Hunderte von Selbstmordgedanken gingen mir durch den Kopf.
Ich telefonierte mit einem Kollegen von der Schule. Er konnte mir auch nicht viel Neues mitteilen, ausser, dass mich ein Schulrat vor zwei Tagen (!) im Dorf gesehen habe. Er komme mich mal besuchen, versprach er mir. Die sind doch alle ganz geil darauf, zu sehen, wie ich in diesem Fuchsbau hause und mit welchen Leuten ich zu tun habe, dachte ich.
Zu Mittag erzählte ein Patient, dass einige hier seien, die anstelle von Gefängnis in den Bau eingewiesen wurden.
Wir hatten mittags die erste Arbeitssitzung. Ein ziemlich sinnloses Gerede. Einer wurde wütend, andere stritten. Der ehemalige Lehrer wurde entlassen; dieses menschliche Wrack, dieser arme Hund. Der nächste Weg war sicher die erstbeste Wirtschaft. Ein neues Opfer trat die Kur an.

6. Tag: Das war der erste Samstag, an dem ich frei hatte. Es war ein komisches Gefühl für mich, immer schwirrte Sonntag in meinem Kopf herum. Morgen ist Montag, dachte ich wiederholt.
«Wir sind ja in der Spinnwindi!» hörte ich immer wieder. Zuerst verstand ich das Wort nicht. Dann klärte mich jemand auf. Narrenhaus, oder moderner gesagt – psychiatrische Klinik. Das bleibt einem irgendwo in den Ganglienzellen hängen.
Ich musste wieder nachdenken, wieso ich gerade in diesem Bau gelandet bin. Gut, ich habe gesoffen. Aber deshalb ins Narrenhaus? Ich konnte in solchen Augenblicken nicht glauben, dass ich mich freiwillig zur Kur entschied. Da musste ich wohl einen Knall gehabt haben. Man hat mich einfach dazu überredet. So muss es gewesen sein. Und schon wieder war ich drinnen in dieser verdammten Gedankenspinnerei. Es ist gut für dich, dachte die eine Hälfte in mir. Das ist das Falsche, das nützt doch nichts, widersprach die andere.
Meine Gedanken sprangen herum wie angeschossene Geissböcke. Ich sah in einer Zeitschrift eine Karte von Amerika. Ich erinnerte mich daran, wie wir einen Monat lang quer durch die Staaten flogen. Wie im Film lief alles vor meinen Augen ab. Zuerst der Flug nach Montreal. Wir hatten in diesen acht Stunden sämtlichen Whisky leergetrunken. Weiter ging es mit dem berühmten «Greyhound», den Windhund-Bussen, in dem allerdings die Air-condition kaputt war, wiederum acht Stunden nach

New York. Wir hatten im Jahr der 200-Jahr-Feiern ein Rundflugticket gebucht, das uns ermöglichte, in die verschiedensten Städte der USA zu fliegen. So durchflogen wir den Kontinent von Mexiko bis Kananda, von Kalifornien bis Pennsylvania. Dabei erlebten wir die möglichsten und unmöglichsten Dinge. Von den verschiedensten Ferienerlebnissen sprangen die Gedanken hinüber zu Mädchen. Und das ist, weiss Gott, ein Thema, das Bücher füllen würde. Frauen sind nun einmal die schönste Sache der sonst so tristen Welt.

So verging der Tag mit mehr oder weniger klugen Gedanken. Es kam da noch ein Car angedonnert, aus dem eine Menge alter und steinalter Leute stiegen. Die wurden dann durch die verschiedenen Räumlichkeiten und Werkstätten geführt. Mit teils mitleidigen, teils neugierigen Augen musste man sich dann begaffen lassen. Es waren sicher einige darunter, die dachten, «Gott sei Dank muss ich nicht hier sein!» – und dann ab ins nächste Gasthaus zu einigen Flaschen Bier fuhren.

Am Abend schaute ich mir im Fernsehen den «Concours Eurovision de la Chanson» an. Und wieder litt ich unter den Assoziationen, die zum Vorschein kamen.

Zum Beispiel Griechenland: Ich erinnerte mich an die Strandfeste in Saloniki. Wie schön war es doch, als wir mit den Fischern Ouzo und den geharzten Wein hinunterleerten, wie wir deutsche Mädchen am Strand vernaschten, während der Strandwächter im Scheine seiner Stablampe zuschaute. Oder Jugoslawien, wo wir uns in Split mit Mädchen verabredeten und plötzlich aber der Vater mit seinen Söhnen daherkam, so dass wir die Flucht ergreifen mussten.

An Deutschland sowieso, da ich in diesem Land sehr viele Bekannte und Freundinnen hatte und immer noch habe. Schon eh und je habe ich, in Österreich fremdenverkehrsbedingt, zu Deutschland ein gutes Verhältnis gehabt und zu deutschen Frauen erst recht. Erinnerungen an Italien tauchten auf, wo ich mit meiner damaligen Freundin einen meiner schönsten Urlaube verbracht habe. In Spanien und Portugal war ich mit zwei Freunden im Campingbus unterwegs und hatte sehr viel Spass und Streit. Auch hier waren, wie jedesmal, Mädchen wichtiger als die Sehenswürdigkeiten des Landes. Auch nach England flogen wir, und merkten, dass Engländerinnen noch lang nicht so kühl sind. Meine alte Heimat Österreich erschien in meinem Gedankensalat natürlich ebenso wie die Schweiz, in der ich lebe. Die Situation ist nun ziemlich verzwickt, da ich sehr viele und gute

Freundinnen habe und trotzdem eigentlich einsam bin, ich immer zwischen mehreren Stühlen hocke.
Nun liege ich da, verurteilt zur Abstinenz. Unwissend, wann und wie es zum ersten sexuellen Knall kommen wird.

7. Tag: Es ist Sonntag. Und es ist langweilig. Wieder essen, spielen, denken, schlafen...
Am Nachmittag kam die Heilsarmee. Sie sangen religiöse Lieder und sprachen vom lieben Gott. Am liebsten hätte ich sie angeschrien: «Und wer nimmt die Verantwortung für die als Krüppel, als unheilbar krank und zum Tode verurteilten Neugeborenen auf sich, wer?»
Ich komme über diese Frage nicht hinweg. Ich kann auch nicht glauben an jemanden, der so etwas zulässt. Es nützt auch keine noch so grosse Überzeugungskraft etwas, da hilft kein Argument wie Erbsünde oder Kollektivschuld.
Ich bin krank, gut! Aber ich bin selbst schuld an meiner Krankheit. Diese Strafe, könnte man sagen, ist gerecht.
Aber was können Neugeborene dafür? Wessen Strafe ist das, wofür? Ich spielte am Nachmittag Tischtennis. Ich musste mich irgendwie ablenken. Im Tischtennis habe ich hier keinen Gegner, der mich schlägt. Wenigstens ein kleines Erfolgserlebnis, das aber sehr wichtig sein könnte.
Ich dachte viel nach, was ich nach der Kur anfangen soll, obwohl ich mir immer einzureden versuchte, dass mich das kalt liesse. Aber was soll ich machen? Lehrer spielen könnte sehr schwer werden. Ich müsste an die alte Schule zurück, in den alten Bekanntenkreis, in vertrauten Restaurants verkehren, mit dem schwierigen Schulrat zusammenarbeiten. Das kann nicht gut gehen. Alles würde sich auf die bekannten Geleise einfahren. Doch weggehen? Wohin? Womit! Ich bin trotz zehn Jahre gutbezahlter Arbeit mittellos. Sogar Auto, Fernseher, Radio, die meisten Kleider und Bücher habe ich von Freundinnen bekommen.
Ich habe alles Geld in die «Wirtschaft» fehlinvestiert. Gut, ich habe erlebt und gesehen. Das kann mir niemand mehr nehmen. Aber ist das der Sinn des Lebens? Wohl eher nicht!
Zum Aussteigen bin ich zu feige, zu degeneriert und zu verwöhnt, das weiss ich. Und doch denke ich jahrelang daran. Irgendwie muss es ja weitergehen. Das kann doch nicht alles gewesen sein in meinem Leben. Oder doch?
Als es dunkel wurde, brachte ich meine Schmutzwäsche in den

Waschraum. Dort wird sie am nächsten Tag gewaschen und markiert. Nur der Gedanke daran lässt mich frieren. «Du bist gestempelt!» schiesst es mir durch den Kopf. Im Gefängnis sind es Nummern, hier ist es der ganze Name. Wie der Judenstern. Die ganzen Kleider werde ich, sollte ich den Fuchsbau einmal verlassen können, fortwerfen oder verbrennen. Ich merkte, wie mein Drang zum Positivismus langsam ins Stocken kam. Meine Überzeugung davon erblasste. Das war schlimm. Damit wäre der letzte seidene Faden gerissen und verloren.
In der Nacht musste ich viel an Sandra in Österreich denken. Wir waren bis vor kurzem mehr oder weniger verliebt. Es war schon fast pervers, was wir in den vier Jahren, die wir uns kannten, alles erlebten. Wir haben alle Höhen und Tiefen einer zwischenmenschlichen Beziehung durchgemacht.
Ich lernte sie auch in Österreich kennen. Nach einer durchzechten Nacht in Innsbruck und einer wilden Orgie mit drei Kanadierinnen fuhr ich mit meinem Freund auf den Gletscher im Stubaital. Auf dem Weg dorthin überholte ich zwei Mädchen, die in einem Auto mit dem Kennzeichen meiner Heimatgemeinde des Weges fuhren. Wir scherzten und lachten, vergassen es aber gleich wieder. Mit Schifahren war natürlich nicht viel los, und so verbrachten mein Freund und ich den Tag mehr oder weniger im Bergrestaurant. Dort trafen wir auch diese beiden Mädchen wieder, die wir, wie sich herausstellte, überholt hatten. Wir fuhren dann gemeinsam ins Tal hinunter. Wir verbrachten die restlichen Tage zusammen und verliebten uns, obwohl, oder gerade weil wir nicht ins Bett stiegen. Das passierte erst Tage später. Für diese Freundschaft liess ich meine anderen Bekanntschaften fallen. Im Herbst 1979 muss das gewesen sein. Später sah ich ein, dass diese Entfernung doch zu gross war, trotzdem blieben wir zusammen. Ich fuhr in den Ferien nicht mehr in der Welt herum, sondern verbrachte sie zu Hause. Wir hatten eine schöne Wohnung, und wenn ich zwischen den Ferien in der Schweiz arbeitete, konnte jeder leben und lieben, ohne dass da gross nachgefragt worden wäre. Und das war gut so.
Doch wenn ich so zurückdenke, dann habe ich diese letzten vier Jahre umsonst gelebt. Ich habe eben nur gelebt, sonst gar nichts. In diesen Jahren hat sie mein Leben diktiert. In den Ferien kam ich nicht mehr fort. Ich war zu Hause. Abends ins Bett, morgens frühstücken und ab in die Stammbeiz. Sandra hat leider auch gerne getrunken.
Ich ertappte mich dabei, dass ich diesem Mädchen die Schuld in

die Schuhe schieben wollte. Das war unfair. Sicher war diese Verbindung nicht das Idealste, aber ich suchte doch wieder mal nur eine Ausrede, um meinen Alkoholkonsum zu rechtfertigen. Ich hatte ja vorher auch schon genug getrunken. Sie war es nicht. Mit diesem Gedanken schlief ich ein.

8. Tag: Eine neue Woche hat begonnen. Für mich die zweite. Schön langsam gewöhne ich mich an die Situation. Man glaubt es fast nicht, wie schnell man sich umstellen kann. Geprägt war der heutige Tag von der «Hausversammlung». Alle Personen, die im Bau beschäftigt sind, sassen in einem grossen Kreis. Leiter, Psychotherapeuten, Patientenrat, Hausangestellte und Patienten sprachen über die verschiedensten Probleme. Heute stellten zwei Patienten einen Antrag auf «Aufhebung der Sperre». Eine Sperre ist folgendes: Wenn ein Patient gegen die Hausordnung dieser Wohngemeinschaft verstösst, wird er vom Team und den Mitpatienten mit einer Sperre belegt. Das heisst, dem Schuldigen wird auf eine gewisse Zeit der Ausgang und der Urlaub gestrichen. Im schlimmsten Fall kann er auch entlassen werden. Heute also wurde eine Sperre aufgehoben und die andere verlängert. Die letztere wurde über einen Italiener verhängt, der zweimal nach dem Urlaub um Tage zu spät zurückgekehrt war. In der Hausversammlung wurde nun diskutiert und die Aufhebung der Sperre, wie oben bereits erwähnt, einstimmig abgelehnt. Nachdem wir an die Arbeit zurückbekehrt waren, sahen wir den Italiener friedlich in Schale die Strasse hinuntergehen. Nach einiger Zeit kam er mit einem Taxi zurück, packte seine Koffer ins Auto und ward nicht mehr gesehen. So schnell geht das. Am Nachmittag musste ich mit einer Angestellten ins Nachbardorf fahren. Wir holten Gemüsesetzlinge und Blumen in einer Gärtnerei. Nach dem Nachtessen kam es beinahe zu einer Schlägerei. Ein Patient, ein junger, total gestörter Typ, sass mit zwei anderen in seinem Zimmer. Als ein Therapeut eintreten wollte, rief dieser Grünschnabel:« Hau ab, du geiler Bock!» Es ist nur eine Frage der Zeit, bis diesem frechen Hund die Ohren gestutzt werden.

9. Tag: Der Vormittag verlief ohne Aufregung. Wir setzten ein Drahtgerüst für die Erbsen. Nach dem Essen pflanzten wir Blumenkohl. Dann holte mich der Hausarzt in sein Sprechzimmer. Zum x-ten Male erzählte ich meine Geschichte, wie das mit dem Trinken angefangen hat, ab wann ich es als Last

empfunden habe, was es mit dem Streit zwischen Schulrat und mir auf sich habe, usw. Der Arzt war ein jüngerer, graumelierter Herr, der auf mich einen komischen Eindruck machte. Er rollte seine Augen und sah mich dabei an, als wäre ich ein Weltwunder. Als ich so nebenbei bemerkte, dass ich diese Kur so oder so nach einem halben Jahr abbrechen würde, liessen mich seine Antworten aufhorchen. Diese waren ausweichend und nichtssagend. Meine Leberwerte seien in Ordnung, der Bauchspeicheldrüse fehle nichts, oder besser gesagt, nichts mehr. Ich wäre also ein kerngesunder Mann. Punkt!
Komisch, dann muss ich ein ausgewachsener Hypochonder sein! Als ich kürzlich in der Zeitung las, Adriano Celentano bringe man in kein Flugzeug, bei Tunneldurchfahrten rinne ihm der kalte Schweiss über den Rücken, und er schlucke täglich eine Unmenge Pillen für die verschiedensten Krankheiten, die er gar nicht habe, erfüllte mich das mit grosser Genugtuung. Andere Leute haben das also auch.
Am Abend bekam ich einen Anruf von meiner Krankenschwester. Das gute Mädchen hat wirklich sehr viel für mich getan. Auf die Frage, ob sie mich besuchen dürfe, konnte ich nicht nein sagen.

10. Tag: Am Morgen hatte es den Anschein, als ob das ein ruhiger, normaler Tag werden sollte. Die Sonne strahlte aus einem wolkenlosen Himmel herunter. Es war ziemlich kalt. Beim Mittagessen kam dann etwas Stimmung auf. An unserem Tisch sass ein Mitpatient, der allgemein als der Blitzableiter benutzt wurde. Der war das eben, den ich weiter oben schon als «Mädchen für alles» erwähnt habe. Dieser Mensch konnte nichts essen, was irgendwie mit Kartoffeln zu tun hatte. Nun wurde er von Mitpatienten höflich gezwungen, sich eben diese Kartoffeln, heute waren es Salzerdäpfel, in die Figur zu stopfen. Alles Bitten und Betteln nützte nichts. Wir lachten uns krumm, da er immer zitteriger und nervöser wurde und dabei wild mit den Händen durch die Gegend fuchtelte. Es war zum Schreien, wie er sich die guten Erdfrüchte mit einer Weltuntergangsmiene in den Mund schob.
Ein anderer hingegen war genau das Gegenteil. Bei dem konnte von Essen keine Rede sein. Die Hauptdarsteller im Film «Das grosse Fressen» wären vor Neid zerplatzt. Der ass an seinem Platz 2–3 Schnitzel, holte in der Küche Nachschub und, als die meisten gegangen waren, ging er von Tisch zu Tisch, um sich den

Rest einzuverleiben. Er erinnerte mich recht stark an einen Mitstudenten im Gymnasium. Nicht nur, weil die Ähnlichkeiten im Aussehen sehr gross waren, sondern weil dieser, aus reicher Familie stammend, mit riesigen Pausenpaketen aufkreuzte. In der Pause blieb er, über den Tisch gebeugt, sitzen und mampfte Unmengen Salami- und Schinkenbrötchen, Obst, Mars und Manner etc.
Mit ihm hatten wir Jahre später zu sechst eine Wohnung in Innsbruck. Am Montag kam er, und der Kühlschrank platzte aus allen Nähten. Da er jedoch meistens nach Hause fuhr, bedienten wir uns, und am Samstag war alles aufgegessen.
Im Bau verliess uns wieder einer frühzeitig. Dem ging's sehr mies. Er war zwei Jahre älter als ich. Seine Eltern hatten viel Geld, aber keine Zeit. So verbrachte er 16 Jahre in Heimen für Schwererziehbare, in Gefängnissen, kam früh in die Drogenszene rein, spritzte, musste alle möglichen Entziehungskuren machen und landete schliesslich hier. Da ihm aber das Arbeiten gar nicht gefiel, steigerte er sich Hals über Kopf in die fixe Idee hinein, nur ein Entzug am Tegernsee könne ihn retten. Man brauchte kein Hellseher sein, um sich den weiteren Verlauf auszurechnen. Der fuhr auf den schnellsten Weg zu Bekannten, setzte sich einen «Druck» und war wieder mitten drin im verflixten Scheiss. Davon sprach er auch schon selber.
Übrigens, von dem Italiener, der am Montag abgeflogen war, sprach niemand mehr. So etwas passiert einfach, dann ist es vorbei. Keiner redet darüber.
Von meinem Vorarbeiter erfuhr ich, dass demnächst eine Praktikantin für 14 Tage zu uns in den Garten kommt.

11. Tag: Ein neuer Patient traf heute ein. Das kommt mir vor wie auf einem Förderband. Einer geht, der andere kommt. Der Neue ist ein Ungare. Überhaupt ist diese illustre Gesellschaft sehr international. Ein Schwede, ein Engländer, ein Franzose, ein Ungare, ein Österreicher, ein paar Italiener, Deutsche und Schweizer arbeiten hier und versuchen, aus diesem Teufelskreis herauszufinden.
Der Donnerstag ist mein Psychotag. In der ersten Hälfte des Tages Einzeltherapie, in der zweiten Gruppentherapie. Die Einzelsitzung war gut. Die Frau scheint eine welterfahrene und intelligente Person zu sein, und man kriegt sofort das Gefühl, dass sie etwas weiss und kann. Die Gruppentherapie verlief wider Erwarten sauber. Ich, trotz meiner Angst, vor anderen

Leuten zu reden, sprach frisch drauflos. Ja, ich redete, erklärte, warf Probleme in die Diskussion und war am meisten selbst überrascht, dass alles so am Schnürchen lief. Einige in der Gruppe erzählten, dass sie es nie gewagt hätten, ihren Aufenthalt Freunden und Bekannten zu sagen. Das ist meiner Ansicht nach falsch. Damit würde man sich schon gleich nach Ende der Kur in eine Problematik hineinstürzen, die nicht zu verkraften ist.
«Nein», wandte ich ein,« man muss von Anfang an zur Sache stehen. Dann, wenn der Erfolg sichtbar ist, werden ihn die Leute akzeptieren.»

12. Tag: Die zweite Woche ging zu Ende. Es wird alles langsam zur Gewohnheit. Aufstehen, frühstücken, arbeiten, essen, arbeiten, essen, spielen, schlafen und wieder von vorne. Es ist langweilig, wahnsinnig langweilig. Am schlimmsten sind die Wochenenden. Man kann nicht weg, nichts läuft. Ich denke oft nach, wie es wäre, Lehrer zu spielen, einfach normal zu sein: Wie meine Kollegen ein Häuschen zu haben, zu heiraten und friedlich in den Tag hinein zu leben. Aber sofort meldet sich die andere Seite. Das wäre dann nur noch ein dahinvegetieren, ein Warten auf den Tod.
Es muss doch Höhen und Tiefen geben, damit man den Unterschied immer wieder erfährt und die Höhen besser geniessen kann.
Was mich an diesem Bau stört, sind die Gemeinschafts-WCs, die auch den Waschraum einschliessen. Ich find' es grausig, beinahe pervers, wenn zwei um die Wette furzen, während andere sich waschen und die Zähne putzen. Das habe ich als Bub nicht gemocht und es hat bis jetzt gehalten. Das kann ich nicht mal leiden, wenn ich mit einem Mädchen zusammenlebe, wenn Dusche und WC in einem Raum sind.
Nun, der heutige Tag verlief ohne grössere Aufregung. Am Vormittag war ich allein im Garten, da mein Chef nach Zürich gefahren war.
Nachmittags war eine Sitzung der Arbeitsgruppe Landwirtschaft. Da wurde wieder geredet und geplant, obwohl jeder weiss, dass es so oder so anders kommt.
Der oben erwähnte Fresssack geht mir allmählich immer mehr auf den Wecker. Der ist ein richtiges Kind geblieben, vielleicht wieder eines geworden. Daneben lässt er seine Aggressionen an einem geistig voll danebenstehenden Patienten aus. Er hänselt ihn wegen seines Umfanges (?!), stichelt und schürt, wo es nur

geht, und lacht selber am meisten. Von den anderen wird das ignoriert. Aber das merkt dieser Typ nicht.
Vor dem Schlafengehen schaute ich mir im Fernsehen einen Western über die Taten des Jesse James an, des Robin Hood der Staaten. Was da eins geschossen, gemordet und gerauft wurde!
Heute bekam ich drei Briefe. Es waren recht lustige, vor allem der Antwortbrief von meinem besten Freund und Privatpsychiater. Da fällt mir ein, dass ich die erste Woche jeden Tag einen Brief geschrieben habe, in der zweiten hingegen keinen einzigen.

13. Tag: Es ist Samstag. Der zweite arbeitsfreie Tag für mich. Der Vormittag verging sehr schnell. Ich spielte Tischfussball mit unserem Druckereimeister, dem Allwissenden, der mit mir nur Hochdeutsch redet. Das war sehr lustig und spannend.
Am frühen Nachmittag kam die Krankenschwester. Ich hatte mich eigentlich vor diesem Zeitpunkt gefürchtet. Mir liegt es nicht, Bekannte und Freundinnen zu präsentieren. Da ich ein ausgesprochener Nachtmensch bin, ist es mir auch viel lieber, am Tage allein zu sein. Wie sagte der eine: «Eine Frau sollte sein wie der Mond. Am Abend kommen und am Morgen gehen.» Irgendwie kann ich diesem Satz zustimmen.
Also, sie kam. Sie brachte, wie es ihre Art ist, verschiedene Kleinigkeiten mit. Gitte ist ein Mädchen, das mir jeden Wunsch von den Augen abliest. Und doch...
Ich meldete sie im Büro an und fragte zugleich, ob ich mit ihr in die Stadt fahren dürfe, weil ich mir unbedingt eine Schreibmaschine kaufen möchte. Dazu musste ich in den ersten Stock zum Therapeuten gehen. Als er die Treppen hinunterlaufen wollte, rutschte er ganz oben aus und schlitterte, auf dem Rücken liegend, die Holzstufen hinunter. Einen Moment lang war er richtig abwesend. Es sah nach einer Schulterluxation aus. Nach einer Weile stand er wieder auf, musste sich jedoch gleich ins Bett legen.
Ich fuhr also in die Stadt. Wir bummelten durch die engen Gassen. In einem Restaurant tranken wir Tee, und ich erzählte Gitte meine Alternativtherapie. Grob gesagt, sollte man dabei nach einer gewissen Zeit der Totalabstinenz das kontrollierte Trinken erlernen können. Sie stellte fest, dass in Deutschland solche Versuche laufen.
Anschliessend fuhren wir zurück. Da sie zwei Tage bleiben will, mussten wir noch ein Zimmer suchen. In einem Hotel am Bahn-

hofplatz fand sich eines. Im «Fuchsbau» angekommen, musste ich das erste Mal den Blastest über mich ergehen lassen. Es ist lässig, wenn man genau weiss, dass man null Promille hat. Ich erinnerte mich an den letzten Test vor gar nicht langer Zeit, der mich den Führerschein gekostet hatte.
Wir gingen auf mein Zimmer. Nach einmonatiger sexueller Abstinenz hielten wir es nicht mehr länger aus. Wir warfen uns auf das Bett und widerlegten meine Befürchtung, dass meine Hochzeitsmaschine gar nicht mehr funktioniere. Ganz im Gegenteil. Es war herrlich.
Gitte musste die Heilstätte bald verlassen, weil an Wochenenden und Feiertagen die Besuchszeit komischerweise schon früh endet. Anschliessend fuhren einige von uns ins Dorf hinunter zum Kegeln. Das war interessant und lustig. Mir lief es ausgezeichnet. Nach einem «Rumba», einem der vielen Arten des Kartenspiels, ging ich zu Bett.

14. Tag: Ich war den ganzen Vormittag lang ziemlich müde. Ich hatte doch wohl etwas zu wenig geschlafen. Als Gitte kam, war es fast Mittag. Während ich ass, sass sie im Freizeitraum und strickte. Mit diesem Raum hat es so was auf sich. Da ich mich von eingeschliffenen Gewohnheiten schwer trennen kann, sitze ich fast immer, wenn ich frei habe, in diesem grauslichen, stinkigen und unheimeligen Raum. Es hätte dabei zwei andere Treffpunkte, die modern eingerichtet sind. Aber so ist es mir auch bei den Gasthäusern ergangen. Es waren eigentlich nur zwei, die ich besuchte. Das ist halt meine Art.
Am Nachmittag sassen wir zeitunglesend, kreuzworträtsellösend und schwätzend am Tisch. Da ich einfach nicht Schach spielen wollte, gingen wir auf das Zimmer. Wir legten uns ins Bett, streichelten und küssten uns. Nachdem wir die Türe geschlossen hatten, kam, was kommen musste. Doch während wir sehr mit uns beschäftigt waren, klopfte es. Verdammt, dachte ich, das hat gerade noch gefehlt. Wir sprangen aus dem Bett und zogen uns an. Aber niemand stand vor der Tür. Gitte zitterte am ganzen Körper. Nachdem wir uns beruhigt hatten, gingen wir hinunter ins Auto. Ich holte rasch noch den Koffer und verabschiedete mich von ihr. Später spielte ich Karten. Ich verlor praktisch den ganzen Abend, ohne dahinterzukommen, warum das so war.

15. Tag: Heute wurden wir gleich nach dem Aufstehen überrascht. Mike, vor einer Woche abgehauen nach

Deutschland, stand vor der Tür, kam vom Tegernsee zurück in den Fuchsbau. Er war einer religiösen Sekte aufgehockt, d.h. reingefallen.

Ich habe zwar an und für sich nichts gegen Sekten. Das neidische Gerede, es gehe denen nur ums Geld, klingt, von Katholiken ausgesprochen, lächerlich. Die reichste Institution auf der Welt scheint nämlich doch die Kirche zu sein.

Was die aber mit Kranken, Armen und Hilflosen machen, ist schlicht kriminell, aber eben, auch da kann man ohne weiteres verallgemeinern.

Es spielte sich das gleiche ab wie schon letzten Montag, als er gegangen war. Es wurde unter den Mitpatienten nicht gesprochen darüber. Mike war wieder da und fertig. Der Hühnerstall musste ausgemistet werden, das zählte. Man drückte ihm eine Schaufel in die Hand, und ab ging die Post.

Dass es unter den Therapeuten auch psychologische Elefanten gibt, erwies sich an der Hausversammlung nach dem Mittagessen. Nach allgemeinen Angelegenheiten, nichts als blah, blah, blah..., ergriff ein Herr Therapeut das Wort und forderte Mike auf, über seinen Ausflug zu erzählen. Die Fragestellung, der Tonfall und die Umgebung zeugten von der Absicht, ihm ein reuemütiges Geständnis seiner Schuld und eine abschreckende Beschreibung seiner «Tat» zu entlocken. Das war in meinen Augen ein psychologischer Tiefschlag, wie's im Buch steht. Die Reaktionen waren dementsprechend heftig.

Am Abend mussten die Neuen aufgrund des obligatorischen Freizeitprogrammes in die Schreinerei. Die ersten drei Monate müssen die Patienten sportliche Aktivitäten zeigen und einen Freizeitkurs besuchen. Einige begannen mit der Kerbschnitzerei, und wir fingen an, einen Hocker mit drei Beinen zu schreinern. Alles musste von Hand bearbeitet werden. Mir machte das Spass, weil es wieder ganz etwas Neues war. Ich kam schon die erste Stunde ziemlich weit, und die Qualität war zufriedenstellend. Nach dem gewohnten Kartenspiel ging ich ins Bett.

16. Tag: Ich habe mir fest vorgenommen, mein Gehirn nicht zu sehr zu beanspruchen. Und doch muss ich immer wieder daran denken: Wieso und warum? Da ich mehr oder weniger allein arbeite und dabei kaum überlegen muss, habe ich eben sehr viel Zeit zum Denken. Ausserdem ist alles wahnsinnig langweilig. Es ist schon zum Verrücktwerden, wenn man so in der Luft hängt. Ich weiss nicht, wie lange das so weitergehen soll,

und noch weniger, was danach kommt. Alles ist so unsicher: Arbeitsplatz, Niederlassung, eingeleitetes Strafverfahren gegen mich, Bekanntschaften. Mir bleibt praktisch keine andere Wahl, als alles hinzuwerfen, um ganz neu anzufangen. Viel mehr als sterben kann ich nicht. Aber sterben, was ist das? Was kommt danach? Ist es dann aus, vorbei? Folgt ein Weiterleben, gibt es einen Schöpfer, stimmt die These von der Wiedergeburt? Keiner weiss es, und glauben kann man viel! Ich habe mir vorgestellt, ein enger Bekannter oder Verwandter stirbt, ist nicht mehr da. Es ist furchtbar, ohne Glauben leben zu müssen.
Ab und zu, ja, da ist es nützlich. Da hat man eine gute Ausrede, kann problemlos Augen, Ohren und Mund verschliessen, und den Dingen ihren Lauf lassen. Im Endeffekt bringt's nichts.
Mike, gestern zurückgekehrt, befand sich auf dem nächsten Höhenflug. Nach Saudi-Arabien will er jetzt. Er baut sich Luftschlösser, jagt sich dafür einen Schuss in die Venen oder frisst eine Handvoll Tabletten. So verliert er auch den letzten dünnen Faden zur Realität. Man kann schon anfangen, die Tage zu zählen, bis er wieder abhaut.
Gemüse pflanzen, Wege basteln, jäten und denken. So verging der heutige Tag. Ich bin müde, todmüde...
Meine Schwester schrieb mir, dass es unserem Bruder sehr schlecht gehe. Sieht nicht gut aus, alles.
Gitte schrieb, dass sie mich mehr liebe denn je zuvor. Es müsse daran liegen, dass ich eine Frau dazu verführen könne, mich zu verführen. Vielleicht hat sie recht, doch das stellte mich leider nicht auf. Ich dachte den ganzen Tag darüber nach, einfach aufzugeben; zu leben aufzuhören, zu vegetieren. Es hat keinen Sinn mehr, es ist nur mehr ein mühsames «Zeit-Totschlagen», ein Warten auf den Tod. Ich habe dreissig Jahre gelebt, zum Teil stürmisch gelebt, auch intensiv. Das wird doch wohl langen!

17. Tag: Was mir hier im Umgang mit Alkoholikern auffällt, ist die beinahe übertriebene Höflichkeit, mit der sich die einzelnen Patienten abtasten.
Wahrscheinlich hat das mit dem Persönlichkeitsverlust des Alkoholikers zu tun. Im Rausch geht es einfacher. Man hat keine Kommunikationsschwierigkeiten, Kontaktprobleme kennt man nicht, Hemmungen werden in den Hintergrund geschoben. Dafür treten diese Erscheinungen bei Nüchternheit umso mehr hervor.
Heute begann der Tag mit einer Streikdrohung. Hausi, der

eingewiesen worden war, weil er mit einem Sturmgewehr durch die Gegend ballerte, als er keinen «Stoff» mehr fand, rief ihn aus. Ein Patient, der schon weg vom Fenster ist, verschläft beinahe täglich. Es sei endgültig genug, polterte Hausi, alle anderen seien ja Trottel, die pünktlich aufstünden. Bevor dieser Herr nicht an seiner Arbeitsstelle stehe, fange keiner mit der Arbeit an. Prompt wurde der Faulpelz vom Therapeuten geweckt. Es kam noch zu einem gehässigen Wortwechsel, dann nahm der Tag seinen gewohnten Lauf.
Zweimal, nein dreimal musste ich mich heute grausam ärgern. Das erste Mal, weil ich sämtliche Selbstmordarten durchdachte, das zweite Mal, weil man mich nicht Traktor fahren liess, und das dritte Mal über den Ungarn, der immer die Bude verstinkt. Seit der da ist, passiert Abend für Abend dasselbe: Er läuft umher wie ein angeschossener Steinbock und – egal, wieviele Leute in den Aufenthaltsräumen sind – furzt durch die Gegend. Das, so meine ich, verstösst wirklich gegen die minimalsten Anstandsregeln in einer Gesellschaft. «Das kommt vom Spital!» verteidigte er sich lapidar. Wenn das jeder machen würde? Den wird man wohl zustöpseln müssen!

18. Tag: Der Therapeutin erzählte ich heute etwas von meinen Komplexen und Neurosen, die mich plagen. Sie wollte mit geschlossenen Augen in meine Gefühlswelt vordringen. Sie wolle mich abtasten, äusserlich und innerlich spüren, um mich besser zu verstehen, philosophierte die sympathische und intelligente Frau. Darauf musste ich richtig ausgelassen lachen. Als sie mich deswegen ansprach, sagte ich ihr, dass ich mir das bildlich vorgestellt habe.
Wir diskutierten über den Sinn einer solchen Kur. Ich bin nämlich immer mehr davon überzeugt, dass irgendetwas bei dieser Art von Entzug falsch ist.
Ich fange immer mehr an, Patienten mit mir bekannten Leuten zu vergleichen. Ich sehe Ähnlichkeiten im Aussehen, in der Bewegung, im Reden und im Charakter einzelner. So benimmt sich ein Patient haargenau gleich wie ein Studienkollege. Ein anderer hat das Aussehen wie der Vater eines Lehrerkollegen. Überhaupt kommt mir vor, viele dieser Mitpatienten schon mal gesehen zu haben. Ein Patient, es ist der Faulpelz, gleicht dem Millionenbauer in Österreich wie ein Ei dem anderen, der Brotausträger ist da, ein Landwirt und andere mehr.

19. Tag: Der letzte Arbeitstag in dieser Woche. Ich rannte den ganzen Tag mit einer Spritzmaschine auf dem Rücken durch die Gegend und vergiftete Tausende von Pflanzen, die als Unkraut aus dem Boden schossen.
An der Sitzung der Land- und Gartenarbeiter kam nichts Gescheites heraus. Da wird stundenlang über belanglose Sachen geredet, und am Ende geschieht ganz anderes. Zwei Patienten mussten vor uns erklären, wieso sie nicht miteinander arbeiten können. Eine höchst peinliche Auseinandersetzung. Ich schämte mich direkt für die zwei und den Therapeuten, der dies verlangte. Das ist eine gegenseitige Ausspielerei ohnegleichen. Ich fand das sehr, sehr schlecht. Manche erwachsene Männer in diesem entzogenen Stadium benehmen sich wie kleine Kinder. Da wird mit einem kindlichen Wortschatz geredet, stundenlang mit dem Hund gespielt und vor allem, was ich am schlimmsten finde, auf die Schwächeren eingehämmert. Das sind dann die, die ihre Aggressionen abbauen und eigene Fehler und Komplexe überspielen müssen.
Mauro, mit dem ich immer Karten spiele und der sonst nach aussen ein lässiger Typ ist, hatte es heute böse erwischt. Irgendein Ereignis musste ihn aus der Bahn geworfen haben. Er schlitterte in einen katastrophalen Absturz hinein. Er schüttete sich Dutzende von Tabletten in die Figur, so dass er kaum noch stehen, geschweige denn zusammenhängend reden konnte. Es war ein trauriger Anblick, wie dieser sonst ausgeglichene und gut aufgelegte Mensch zusammenbrach.
Endlich kam die Mitteilung betreffend den Führerschein. Demnach hatte ich unter 0,8 Promille Alkohol im Blut. Das heisst, die netten Behörden haben mich eineinhalb Monate umsonst hingehalten. Ich war ziemlich wütend und überlegte mir die verschiedensten Möglickeiten, mich an diesen zu rächen. Ich kam aber schliesslich zu dem Entschluss, einige Nächte darüber zu schlafen. Die Fremdenpolizei meldete sich auch mit der Nachricht, die ich schon längst wusste. Da ich mich als Ausländer im schweizerischen Gesetzeswald nicht ordnungsgemäss aufhielt, kann man mir keine Niederlassungsbewilligung bescheinigen. Da hat ein Herr in St. Gallen kräftig in der Verleumdungs- und Gerüchtesuppe gerührt! Das kommt alles einmal zurück, Sir! Das verspreche ich hoch und heilig!
Im Schach gegen den allwissenden Druckereimeister verlor ich meine erste Partie gleich haushoch.

20. Tag: Das war ein richtig «aufgestellter» Tag. Nach dem Morgenessen und Zeitunglesen schrieb ich einige Seiten mit der Schreibmaschine. Ebenso am frühen Nachmittag. Dann kam ein Kollege mit seiner Frau auf Besuch. Das war wahnsinnig nett. Wir spielten Tischfussball wie in den guten, alten Zeiten. Er erzählte von der Schule, ich revanchierte mich mit Erlebnissen rund um den Bau. Ich hatte heute sicherlich ein riesiges biorhythmisches Hoch. Das erste Mal hatte ich Spass, dazusein. Ich genoss es wieder einmal richtig, positiv zu denken. Dadurch wurden die grossen Probleme klein, die Schwierigkeiten betrachtete ich von einer anderen Seite, und siehe da – sie wurden immer belangloser, hatten kein Gewicht mehr.

Ich fuhr mit den Freunden nach Aarau. Dort assen wir herrisch, tranken Tee und Mineralwasser und lachten die ganze Zeit über alle Blödeleien, die uns einfielen. Ich genoss auf eine Art die Freiheit in diesen Stunden. Ich verdrängte den Pessimismus, der mich ansonsten zur Unruhe zwang. Im Regen spazierten wir zum Auto zurück, in der frischen Luft, inmitten vieler Leute, herrlich. Um 22 Uhr verabschiedete ich mich und fiel todmüde ins Bett.

21. Tag: Nur schwer kam ich aus dem Bett heraus. Nach dem Frühstück legte ich mich sofort wieder hin. Ich döste vor mich hin, im Halbschlaf träumend.

Der Nachmittag war langweilig. Dichter Nebel trug dazu bei, dass die Stimmung gereizt war. Man hing im Aufenthaltsraum herum, wusste nicht, was anstellen, und wartete halbbelämmert bis halb drei Uhr, als dann das Autorennen übertragen wurde. Sogar das brachte nicht die erhoffte Stimmung. So glotzte man teilnahmslos in die Flimmerkiste, mit Zündhölzchen zwischen den Augen, den Schlaf bekämpfend.

Der Schlaf ist ein Kapitel für sich. Da ich ein ausgesprochener Nachtmensch bin, hasse ich im Grund die Schlafenszeit wie die Pest. Das Alleineschlafen überhaupt. Ich habe immer Angst, nicht schlafen zu können. Dabei habe ich keinerlei Schwierigkeiten, wenn ich trocken bin. Gut, ich liege jetzt nie länger als 5–6 Stunden, denn, obwohl ich um acht Uhr abends saumüde bin, ist um zehn Uhr das Gegenteil der Fall. Wenn ich ins Bett gehe, ist es meistens 11 Uhr. Dann beginne ich zu schreiben. Wenn ich finde, es sei genug, lese ich noch ein paar Zeilen in einem Buch und lösche anschliessend das Licht. Die Schlafangst wurde in der letzten Phase meiner Trunksucht ein neurotisches Problem. Ich besuchte immer noch Bekannte, allein traute ich mich gar nicht mehr zu schlafen, war katzkegelvoll und musste trotzdem noch Schlaftabletten oder Valium in den Körper jagen. Es entwickelte sich eine psychische Abhängigkeit, die abnorme Ausmasse annahm. Dazu kam noch meine abergläubische Veranlagung, die das ganze verstärkte. Es war ein höllischer Kreis, in dem ich mich befand.

Am Abend wurde mir so richtig bewusst, wie gut und zugleich gefährlich ein Kuraufenthalt war. Gut war, wenn mehrere zusammenhockten und über ihre Probleme redeten. Denn in diesem Zustand logen die wenigsten, da Lüge zugleich Selbstlüge wäre. So entstand eine Offenheit, die die Schwierigkeiten, das Elend und all das Schlimme, das die Alkoholkrankheit mit sich bringt, an den Tag legte. Auf der anderen Seite wurde man immer wieder mit dem Problem konfrontiert, wie schwer das Aufhören ist, wie wenig Chancen ein als Alkoholiker abgestempelter Mensch in der Gesellschaft hat, etc. In solchen Augenblicken wurde man um Wochen zurückgeworfen, dachte unweigerlich an einen Kurabbruch, ans Aufhören...

Ich musste mich dann zwingen, das Gute zu sehen und mich darauf zu konzentrieren.

Eines kommt bei solchen Diskussionen deutlicher denn sonst an den Tag. Der Alkoholiker durchläuft die einzelnen Stationen seiner Krankheit, als sei es ein Rezept aus einem Kochbuch. Nur die Gründe für die Sucht sind verschieden. Dabei ist es egal, ob einer intelligent oder dumm, ob er Wissenschafter oder Handlanger, ob er reich oder arm ist. Der eine oder andere kann vielleicht besser Theater spielen, es vertuschen und verheimlichen, auch weil er das Geld dafür hat, aber die Probleme sind bei allen gleich.

22. Tag: Das war der Tag, an dem ich zum ersten Mal in meinem leben «Wetterschicht» hatte. Es regnete in Strömen. Der Himmel war tief verhangen, und auf 1200 m schneite es sogar. Dementsprechend kalt war es. Nach dem Frühstück ging ich wieder ins Bett. Zum Mittagessen kam die Praktikantin. Sie soll ja hauptsächlich mit uns im Garten arbeiten. Die nächsten Stunden sass ich an der Schreibmaschine und schrieb haufenweise Briefe.

Als ich einmal in den Aufenthaltsraum guckte, sass der grossgoscherte Typ mit Ursi, so hiess die Hilfe (sie lernt übrigens Krankenschwester) an einem Tisch. Während ich Billard spielte, unterhielt ich mich mit ihr.

Beim Abendessen wurde geblödelt. Nachher hiess es wieder hobeln und schleifen. Ich kam sehr gut vorwärts mit meinem Hocker. Langsam merkte ich, wie sich der «Moralische» anschlich. Zu meinem Entsetzen musste ich feststellen, dass mir alles auf den Wecker ging. Die Leute kotzten mich an, ihre Gespräche noch mehr. Ich sah deutlich die lange Zeit vor mir. In solchen Momenten habe ich das Gefühl, keine Luft mehr zu bekommen. Alles zieht sich zusammen, Panik macht sich bemerkbar. Schlimm!
Bei der Hausversammlung wurde heftig diskutiert. Neuwahlen standen vor der Tür, denn der alte Patientenrat trat geschlossen zurück. Als der Leiter, der extra wegen dieser Sitzung seine Ferien unterbrochen hatte, denjenigen mahnte, der damals an den Tegernsee gefahren und wieder zurückgekehrt war, wurde es bösartig und gemein. Als er nämlich erzählte, dass bei diesem allerlei Suchtmittel und Medikamente gefunden wurden, rief einer aus dem Kreise: «Der ist doch nicht normal, der ist doch geisteskrank!» Auf diesen dummen Ausspruch hin entstand ein äusserst heftiges Streitgespräch, das die Grenzen zu überschreiten drohte. Gerade der Epileptiker war es, der allem Anschein nach in einen Anfall schlitterte. Die restliche Zeit verstrich in angespannter, frostiger Atmosphäre. Jeder war froh, als die Versammlung geschlossen wurde. Beim Kartenspielen und Billard beruhigte sich mein Inneres einigermassen.
Ein Brief von Sandra kam. Ich hatte grosse Mühe, den Sinn des Geschriebenen zu verstehen und zu begreifen, stand doch genau das Gegenteil der letzten Aussprache vor Kurantritt drinnen. «Das musst du noch einige Male lesen und darüber schlafen!» dachte ich, bevor ich das Blatt zur Seite legte.

23. Tag: Seit ich da bin, habe ich am ganzen Körper verteilt kleine Pickel. Die beissen furchtbar und sind deshalb sehr lästig. Ich habe keine Ahnung, was ich mir da aufgelesen habe. Ein Wunder wär's nicht, wenn man sich etwas holte, laufen doch da einige Tag und Nacht mit den gleichen Klamotten herum und schauen auch sonst nicht sauber aus.
Heute fuhr ich mit dem «Landwirtschaftsprofessor» und der Praktikantin ins Dorf. Ursi und ich hockten oder standen im Anhänger des Traktors und unterhielten uns. Die ist ein sehr umgänglicher Kerl, unkompliziert und fröhlich. Das macht Spass und belebt die Bude.
Am Nachmittag fehlte sie mir eigentlich. Ich weiss nicht wieso,

aber ich hätte gerne mit ihr gearbeitet. Das wäre sicher lustig geworden. Und Abwechslung ist nun mal etwas Wichtiges auf'm Berg. Ich schlug Pfähle in den Boden und band daran die Tomatenpflanzen auf. Kopfsalat setzten wir zwischen Kohlrabi, und den ersten Sonnenbrand holte ich mir auch. Etwa eine halbe Stunde lief ich ohne Hemd im Garten herum, doch das reichte. Am Abend kam die Post. Unter anderem war ein eingeschriebener Brief vom Strassenverkehrsamt dabei. Ungeduldig riss ich das Couvert auf und zog den Briefbogen heraus. Folgendes konnte ich lesen:

«Sehr geehrter...
... und begründen dies wie folgt:
Wir müssen davon ausgehen, dass Sie alkoholabhängig sind und deshalb die Voraussetzungen gemäss Art.... des SVG nicht mehr erfüllen. Der Führerausweis ist Ihnen deshalb gestützt auf Art.... auf unbestimmte Zeit zu entziehen.»

Das warf mich fast aus den Socken!
Die können doch aufgrund einer Anzeige, die ja jeder x-beliebige machen kann, die nichts einbrachte, keinen Ausweis entziehen! Da ist doch etwas faul an der Sache. Die machen sich das ja furchtbar einfach.

24. Tag: In der Nacht hatte ich einen komischen Traum. Die Psychotherapeutin, die mich hier betreut, sagte mir bei einer Sitzung unvermutet, dass sie glaube, die Behandlung nütze nichts. Man müsse bei mir hautnah dran sein und mich immer und überall beeinflussen. Sie holte mich aus dem Bau und nahm mich mit zu ihr nach Hause. Dort erlebte ich eine Behandlung, die weit über die psychische Betreuung hinausging. Wir fuhren nach Ibiza in den Urlaub, lebten eine wunderschönes Leben, und plötzlich waren meine Probleme und Sorgen wie weggeblasen. Doch als mir das bewusst wurde, war sie wie vom Erdboden verschluckt. Ich suchte nach ihr, doch ich fand sie nicht und wachte auf.
So irreale Gedanken beschäftigten mich nicht nur in der Nacht, auch meine Tagträume haben oft einen Inhalt, der nur von etlichen gestörten Gehirnzellen produziert werden kann. Der Tag verlief an und für sich nicht aufregend. Das erste Mal, dass ich nicht im Garten arbeitete. In der Landwirtschaftstruppe fehlten Arbeitskräfte. Das Wetter war wechselhaft. Trotzdem

riskierten sie es, zu silieren. Ich balancierte den ganzen Tag an sehr steilen Hängen mit dem Rechen in der Hand herum, das Mädchen neben mir. Wir unterhielten uns vortrefflich, während wir das halbtrockene Gras zusammenrechten. In der Neun-Uhr-Pause erzählte uns Mike recht fröhlich und unumwunden von seiner Fixerzeit, wie er an Gelbsucht erkrankt war, gedealt und Tabletten geschluckt hatte.
Nach dem Mittagessen flippte er jedoch total aus. Er warf Äpfel im Zimmer an die Wände, streikte bei der Arbeit, wollte nicht mehr weiterleben. Nach gewisser Zeit beruhigte er sich wieder und fuhr sogar mit uns ins Hallenbad. Wieder wurden sehr gehässige Pfeile gegen ihn abgeschossen, die darin gipfelten, dass einer aufgebracht schrie: « Bringt mir ein Sturmgewehr, damit ich ihn erschiessen kann!»

25. Tag: Das war eine Nacht, in der ich nicht gut schlafen konnte. Ich wachte um zwei Uhr auf und bekam so etwas wie einen Lagerkoller. Plötzlich hatte ich Herzflattern und Atemnot. Aber auch diese Nacht ging vorbei.
Man fragte mich heute, ob ich bei der Bewegungs- und Ausdruckstherapie mitmachen wolle. Daraufhin erkundigte ich mich bei Mitpatianten, die sowas machen. Man müsse herumlaufen, Grimassen schneiden, Tiere nachmachen, verschiedene Laute ausstossen und dergleichen mehr. Als Sepp und ich einige Szenen nachahmten, kamen wir aus dem Lachen nicht mehr heraus. So etwas machst du auch, dachte ich mir, schon wegen der Therapeutin. Das ist eine langbeinige, blonde Deutsche mit einer irren Figur.
In der Einzeltherapie unterhielt ich mich mit der Dame über den Fall mit der Behörde. Sie gab mir die Adresse eines Anwalts in Zürich. Ich rief dort an und schilderte ihm mein Problem in groben Zügen. Ich solle ihm eine Kopie und die Vollmacht schicken, antwortete er spontan, da müsse man etwas unternehmen. Ich bin gespannt wie ein Regenbogen, was dabei herauskommt. Nicht auszudenken, wenn dabei herauskäme, dass die bestimmte Person dabei manipuliert und ihre Beziehungen ausgespielt hätte.
Der Arbeitstag war sehr anstrengend. Der Schweiss rann in Strömen, die Blasen an den Händen mehren sich und der Rücken reagierte wie nach einem verunglückten zweifachen Salto mit Schraube. Aber: Gelobt sei, was hart macht!
Das neueste Hobby einiger Insassen ist es, Todesanzeigen zu

lesen. «Z'Guggis Marie muss auch nicht mehr einkaufen!» Oder: «Der Fritzli Oberbär Guscht hat seine Kleider abgegeben», usw., heisst es dann. Das ist zwar recht makaber, aber die Leute amüsieren sich dabei herzlich. Und den Toten wirds nicht schaden.

26. Tag: Es regnete in Strömen, und ich musste am Vormittag nicht arbeiten, da der Boden zu nass war. So hatte ich Gelegenheit, den Brief an den Anwalt zu schreiben.
An der Arbeitsgruppenversammlung flogen die Worte hart durch den Raum. Die Fragwürdigkeit einer solchen Sitzung stand zur Diskussion. Ich hörte lange zu, bis es mir zu bunt wurde. Nachdem ein Sprecher lautstark eine solche Vorausplanung in der Landwirtschaft als Dummheit abstempelte und der Bauer selber zustimmte, ergriff ich das Wort: «Arbeitstherapie ist eine Notwendigkeit. In unserem Fall kann man das Wort Therapie jedoch streichen. Da zählt nur noch die Arbeit. Wenn wir aber, wie dies hier der Fall ist, nur zum Arbeiten ausgenützt werden, haben wir Anspruch auf Lohn. Das Wort 'Arbeitstherapie' wird so zu einem Modewort degradiert. Wir werden unter diesem Decknamen als Arbeitstiere gehalten, das zum Wohle von Dritten. Ich frage mich ernstlich, was eigentlich das Ziel ist: Ein Jahr gratis für jemanden zu arbeiten oder aber das Problem Alkohol in den Griff zu bekommen. Wofür muss die gesamte Mannschaft dasitzen und an dieser sinnlosen Plansollfestsetzung teilnehmen? Wir stehen um halb acht Uhr morgens vor der Tür, und ein Verantwortlicher soll uns Arbeitsanweisungen geben, basta! Die Motivation, schnell und produktiv zu arbeiten, fehlt den meisten logischerweise sowieso, das müssen die Leiter und Therapeuten begreifen. Solange sich diese Situation des unentgeltlichen Arbeitszwanges nicht ändert, wird das eben so bleiben. In jedem Zuchthaus bekommt man Fr. 10.– Taggeld, ohne dass man noch soviel Franken zahlen muss.«
Die Zusammenkunft wurde geschlossen, weil es 12 Uhr schlug. Der Therapeut dürfte sehr froh gewesen sein. Der Nachmittag war ruhig. Am Abend kam Gitte direkt aus München hierher.

27. Tag: Draussen vor dem Fenster zwitscherten die Vögel, es tagte langsam. Es war noch früh am Morgen. Als ich aufwachte, musste ich an das Gespräch in der Sitzung denken. Warum geht das nicht, warum bestehen diese Streitereien und Schwierigkeiten in dieser Wohngemeinschaft? Grundlage dafür ist mal, dass zu viele ihren Senf dazugeben. Hier in der Heilstätte für alkoholkranke Männer würde es am besten klappen, wenn einzelne, die etwas von der Arbeit verstehen, sagen, was zu machen ist. Sonst ist das ein Kampf um Machtverhältnisse, um Rangordnung in der Gemeinschaft, bei dem man das primäre Ziel aus den Augen verliert.

Beim Frühstück wurden wir informiert, dass ganz in der Nähe der Kamin einer Zementfabrik gesprengt würde. Um neun Uhr sahen wir aus dem Fenster zu, wie sich der 122 m hohe Turm zur Seite neigte. Erst nachher erfuhren wir, dass die Richtung nicht exakt war. Er flog auf ein Bürogebäude und richtete einen Schaden in Millionenhöhe an.

Am Nachmittag besuchte mich eine Freundin, die vierzehn Tage mit einem befreundeten Ehepaar in die Ferien ins Tessin fährt. Da wurde mir wieder einmal klar, wegen welchen banalen Kleinigkeiten Menschen wie wir unzufrieden sind. Man muss sich in das Schicksal dieser beiden Leute hineindenken. Der Mann hat MS, die Frau Kinderlähmung. Er kann sich nicht mehr bewegen, ist also 100% pflegebedürftig. Die Ehefrau ist an den Rollstuhl gebunden, trotzdem pflegt sie den Mann praktisch alleine. Das muss sich einer vorstellen!

28. Tag: Gestern kam einer nicht vom Urlaub zurück. Ausgehängt! Dem nervlichen Stress war dieser labile, schmächtige Kerl nicht länger gewachsen; er redete die ganze Zeit nur vom Trinken, sang vor sich hin: «Der schönste Platz ist immer an der Theke...» Das ist anscheinend normal. Das sei sowieso ein Wunder, wenn jemand nach dem ersten Urlaub normal zurückkäme; ja, so einer sei nicht ganz voll zu nehmen. Und es wurde viel geredet vom Abhauen, Ausreissen, wie's «draussen» jetzt schön wäre, was der einzelne machen würde, wo er was saufen würde.

Ich fühlte eine Krise nahen. Sie kam langsam, aber bestimmt. Mit Herzflattern und unruhigem Atem wusste ich nichts Besseres, als mich ins Bett zu legen. Ich döste dahin, tausend Gedanken schossen durch den Kopf. Ich stand wieder vor diesem ausweglosen Tunnel.

Am besten wäre es, zusammenzupacken und zu gehen. Aber was dann? Verdammt, ich war doch ein feiges Arschloch! Mir passierte es nun, dass ich Lust darauf hatte, einige Flaschen gekühltes, helles Bier hinunterzudonnern. Ein gedanklicher Absturz, sozusagen.

An diesem Tag war alles deppert. Jeder jammerte, hatte den «Stinker», nichts passte niemandem, alles ging daneben. Dann kam einer zurück. Ein todkranker Mann – Kehlkopfkrebs. Er wusste es und kehrte trotzdem in eine Trinkerheilanstalt zurück. Unerklärlich für uns. Doch er sagte, er würde in der Schreinerei abgelenkt, jammern nütze auch nichts. Das braucht Kraft! Ich würde mich erst recht jeden Tag vollaufen lassen. Mit leerem Magen stirbt sich's schlecht, heisst es doch.
Am Abend sah ich im Fernsehen ein Stück aus dem Film «Waterloo». Dieses sinnlose Gemetzel in einem noch sinnloseren Krieg!
Ein Satz des Herzogs von Wellington, gesprochen, nachdem die Preussen in letzter Minute eingetroffen waren und Napoleon geschlagen war, gab mir zu denken: «Ausser eine Schlacht zu verlieren, ist es am schlimmsten, eine Schlacht zu gewinnen!» Ich habe versucht, das auf uns Alkoholiker zu übertragen. Wenn wir uns zu Tode saufen, ist es schlimm. Wenn einer von uns aber trocken hinauskommt, ist es noch schlimmer. Denn dann bist du abgestempelt, kannst eine Arbeitsstelle vergessen, stehst vor dem Nichts. Alles geht wieder von vorne los. Ein Bumerang, das ganze. Eine verschissene Situation – ausweglos!
Trotzdem hofft man, klammert sich an den seidenen, trügerischen Faden der Illusion, glaubt an Wunder wie an einen Lottosechser.
Ich konnte nicht einschlafen. Um halb zwei war ich noch pudelmunter.

29. Tag: Als der Morgen graute, war ich furchtbar müde. Die drei Stunden Schlaf langen doch nicht. Da es regnete, räumten wir das Magazin gründlich auf. Schnell verschwand meine Müdigkeit, und ein lässiger Tag bahnte sich an.
Neuwahlen standen vor der Tür. An der Hausversammlung sollte der gesamte Patientenrat neugewählt werden. Einige wollten mich unbedingt in das Amt des Präsidenten hineinheben, doch ich lehnte entschieden ab.
Ich war hierhergekommen, um gegen meine Sucht zu kämpfen. Da habe ich keine Zeit und keine Lust, für andere meine Nerven zu opfern. Erstens erzeugt nur das Wort «Präsident» durch Gedankenspiel hervorgerufene Aggressionen, und zweitens sind diese Ämter eine scheindemokratische Alibiübung.
In einer solchen Situation hilft nur eines: Da muss jeder ein totaler Egoist sein, oder zumindest werden. Kollegialität, ja,

auch Hilfsbereitschaft – aber nicht viel mehr. Das eigene Problem beansprucht alle Energie, um durchzuhalten.
Am Nachmittag sortierte ich im Keller Äpfel. Im Herbst stand der eineinhalb Meter unter Wasser. Kartoffeln, Obst, Karotten und anderes Gemüse schwammen auf der Oberfläche oder befanden sich unter Wasser. Sehr viele Äpfel waren angefault, von Ratten angefressen und ungeniessbar. Zusammen mit der Praktikantin stand ich nun vor diesen Kisten.
Wir sprachen über alles mögliche. Sie ist wirklich ein junges, aber sehr kluges, sympathisches Mädchen, mit dem man ruhig das «Kalb» machen kann. Wir sassen nachher noch lange zusammen und plauderten.
Später erzählte mir ein Patient, wie er seinen «Schluckzähler» (Mensch von der Alkoholfürsorge) übers Ohr gehauen hatte. Da er Antabus schlucken und die Tabletten selber besorgen musste, fiel ihm folgendes ein: Er kaufte in einer Apotheke ähnliche Tabletten ein und präparierte diese mit einer Nagelfeile so, dass sie von den anderen nicht mehr zu unterscheiden waren. So schlug er sich fast ein halbes Jahr durch. Da muss man sich wundern, was die Sucht für Ideen gebärt.
Von meinem Samstagbesuch habe ich einen Sack voll Pralinen und dergleichen bekommen. Einige davon, die in neutralen Papier verpackt und sehr nach verschiedenen Schnäpsen schmeckten, waren besonders gut. Ich teilte sie mit meinem Zimmergenossen, und es war fast wie ein Pakt zwischen uns. Ich brachte es sogar fertig, ein schlechtes Gewissen zu haben, obwohl, wenn es wirklich etwas war, das nur Aromastoffe sein konnten.

30. Tag: Ein schizophrener Tag. Alles ging daneben, und doch war es ein schöner Tag. Wir schöpften den Komposthaufen um. Ich war danach k.o. Muskelkater in den Fingern, einen Rücken zum Wegwerfen, die Zehen geschwollen.
Sonst passierte nicht viel. Ausser, dass ich mit dem Traktor fuhr. Das mache ich halt seit meiner Kindheit gerne.
Wieder einmal kam ein Brief von einer Behörde – diesmal war wieder die Fremdenpolizei an der Reihe. Sie verweigerten mir nicht nur die Niederlassung, jetzt wollen sie auch noch Geld von mir. «Da mein Aufenthalt in der Schweiz nicht ordnungsgemäss ist und zu Klagen Anlass gibt...» lautete die Anklage und Begründung. Dazu fällt mir das herrliche Lied von Konstantin Wecker ein: «Es ist schon in Ornung, wenn jemand regiert...»

31. Tag: «Alles auf der Welt ist so masslos traurig!» Dieser fromme Spruch, der auf einem Glas steht, das ich von einer Freundin bekommen hatte, wanderte durch meinen Kopf. Es regnete den ganzen Tag, das Thermometer zeigte 5 Grad an. Furchtbar – das Wetter, der Bau, die Stimmung. Der Honigmond ist vorbei. Einen Monat lang ist das Befinden von getrockneten Alkoholikern scheinbar besser. Zuallererst ist man ein «Neuer», sieht die ganze Zeit vor sich, und resigniert. Dann kommen andere, man lebt sich ein. Körperlich fühlt man sich zunehmend wohler, geistig wieder beweglicher, hat neuen Mut. Unweigerlich folgt der Absturz. Er kommt nicht von einem Tag auf den anderen. Das ist ein Prozess, der sich auf Tage erstreckt. Ja, man arbeitet geradezu darauf hin. Wie ein Luftballon, den man aufbläst, bis er platzt. Da staut sich die Furcht vor dem Absturz, bis er tatsächlich eintritt.
Ich könnte momentan alles zusammenschlagen, eine totale Zerstörungswut hat Besitz genommen von mir.
Unangekündigt und deshalb überraschend kam Gitte zu Besuch. Extra fuhr sie von München durchaus hierher, um mich zwei Stunden zu sehen. Sie habe gespürt, dass es mir schlecht gehe, behauptete sie. Das kann ich nun glauben oder nicht. Jedenfalls war die da. Ich konnte nichts anfangen mit ihr, da ich vollkommen abwesend war: «Ja, nein, ja, aha...»
Ich war richtig froh darüber, als sie wieder fuhr, obwohl ich, das hatte ich gewusst, nachher eigentlich unglücklich war. Ich bin halt so, damit muss ich leben.

32. Tag: Christi Himmelfahrt – grosses Heilstättenfest – Menschenauflauf – Stress!
Um zehn Uhr kamen die Leute. Ehemalige mit Familien, Freunde der Patienten und neugierige Leute aus den verschiedensten Gegenden. Zu Mittag wurden auf dem Grill die Bratwürste gebraten. Ein Pfarrer zelebrierte, begleitet von einem Jugendchor, eine Messfeier vor der versammelten Masse. Ich lag im Bett und hatte Herzflattern. Keine Ahnung, warum. Das erste Mal nahm ich wieder eine Beruhigungstablette. Den ganzen Vor- und teilweise auch Nachmittag ging es mir verschissen. Nichts interessierte mich, das Gespiele, das da aufgeführt wurde, ging mir auf den Wecker; Kindergarten!
Als die Praktikantin kam, die den letzten Tag im Bau hatte, wurde es besser. Mein Mundwerk lief wie in den besten Tagen. Beim Abschied versprach sie, mich anzurufen, damit wir mal

ausgehen könnten. Sie fuhr vierzehn Tage nach Spanien in den Urlaub. Das Nachtessen war grausig. Ich schoppte es zwar hinunter, dafür war mir auch die längste Zeit schlecht. Ich spielte wieder einmal Tischtennis. Abwechslung tut gut in dem so tristen Dasein.

33. Tag: Ein komischer Tag, wirklich, ein äusserst komischer Tag. Man könnte das Sprichwort anwenden: Aussen hui, innen pfui! Die Sonne schien, die Arbeit war lässig. Beim Spielen gewann ich mehrere Franken. Ideale Voraussetzungen für einen gelungenen Tag, wenn man noch dazurechnet, dass eine alte Freundin anrief, sie käme morgen abend. Und doch war ich unzufrieden. Als ich mir überlegte, was der Grund dafür war, musste ich feststellen, wie blöd der Mensch, in diesem Fall ich, ist. Da ich nämlich das letzte Tischfussballmatch verlor, war ich so wütend.

Das ist ein Beispiel für mein gestört hohes Anspruchsniveau. Ich möchte alles sehr gut können, alles erreichen, allen gut, überhaupt ein Supermensch sein. So wie im Traum. Da gelingt alles. Das muss der alkoholische Grössenwahn sein! Ich erinnerte mich daran, dass ich nicht zuletzt hierhergekommen bin, um diesen unrealistischen Anspruch auf den Boden der Wirklichkeit zu senken. Danach war ich richtiggehend schadenfroh gegenüber mir selbst. Ich freute mich, dass ich mich erwischt hatte.

Als ich heute in die Stadt fuhr, um auf die Bank zu gehen, passierte mir so etwas Komisches, dass ich glaubte, jetzt spinn' ich. Während ich die Zeitung durchblätterte und abwesend die Bilder anguckte, nahm ich die Flasche, die neben dem Glas stand, und trank die längste Zeit daraus. Brumm..., dachte ich, nun ist es soweit. Richtig frustriert lief ich heim. Ich beobachtete die Leute, die auf der Strasse fuhren oder auf dem Gehsteig an mir vorbeiliefen. Sind das jetzt die Normalen? In den Gartenwirtschaften betrachtete ich die Arbeiter, die friedlich und genussvoll Bier tranken. Wieso sind die nicht auch im Hort droben? Warum ich?

Ich erinnerte mich an das «Positive Denken», das ich praktizieren wollte. Sofort eilte ich in die nächste Konditorei und kaufte zwei Stück Obsttorte, die der Gärtner und ich, nachdem ich heimkam, mit Genuss verspeisten. Wenn nur jeder diesen Positivismus anwenden könnte und würde? Um wieviel schöner würde das Leben sein, problemloser, glücklicher? Aber so einfach ist das gar nicht.

34. Tag: Es war ein schöner Tag. Ich schlief lange. Nur zum Morgenessen stand ich auf. Die Sonne weckte mich um elf Uhr auf. Nach dem Mittagessen spielte ich Karten. Dann kam Eveline den Berg herauf. Ein nettes Mädchen. Wir unterhielten uns auf der Bank vorm Haus über dieses und jenes, über Vergangenes und Zukünftiges. Eveline habe ich sehr viel zu verdanken. Jedesmal, wenn es mir dreckig ging, war sie da. Kein Weg war ihr zu weit. Als ich sie kennenlernte, war sie von Kopf bis Fuss emanzipiert. Aber wie! Doch als wir uns näher miteinander beschäftigt hatten, wurde ihr klar, dass eine Frau eben Frau bleiben sollte. Später holte sie mich aus den tiefsten psychischen Gräben heraus, warf in allerletzter Sekunde den Rettungsanker aus.
Wir spazierten stundenlang im Wald umher und erinnerten uns an die Jugendzeit. Damals war der Wald der Ort, wo man seine ersten Erfahrungen mit den Schätzchen machte. Es war romantisch und wunderschön. Ich war zufrieden mit der Welt, dem Mädchen und mit mir. Ich hatte Luft zum Atmen, Zeit zum Lachen und Laufen, Lust zu dem, was kommen musste.
Am Abend stand Kegeln auf'm Programm. Ich schob eine ruhige Kugel und gewann, was es zu gewinnen gab. Wir hatten sehr viel Spass.
Manch einer beneidete mich. Ich lachte, hatte Freude an der Arbeit, bekam meinen Lehrerlohn immer noch bezahlt, hatte viele Besuche von draussen, keine sexuellen Probleme, keine Schwierigkeiten mit Patienten und Team und gewann noch im Spiel. Ein rundherum glücklicher Mensch müsste ich sein. Doch das trügt!

35. Tag: Das einzige Nennenswerte an diesem Tag war das Kartenspiel am Abend. Die Gambler im Haus, zu denen ich mich auch zählen muss, waren bei einem «Schieber» versammelt. Dass ich mich zu den Spielern zählen muss, hat zweifelsohne einen negativen Beigeschmack.
Obwohl das Spielen zur Freizeitgestaltung gehört, fürchte ich, dass es sich in meiner Situation als Bumerang auswirken könnte. Es macht mir nämlich Spass, wenn's um Geld geht. Nicht unbedingt materiell gesehen, aber ein gewisser Nervenkitzel muss dabeisein. Doch wo wird schon um Geld gespielt? Natürlich in Casinos, aber auch in Gasthäusern. Da lauert schon wieder der Teufel auf Alkoholiker. Es ist zum Kotzen, aber man darf überhaupt nichts mehr machen! Das hängt einem ganz schön zum

Halse heraus.
Beim heutigen Jass war das so eine G'schicht. Wenn man als Ausländer unter eingeborene Profis gerät, muss man viel einstekken. Zuerst wird die Schuld immer auf den Neuling geschoben. Wenn man noch dazu ein ruhiger Spieler ist, erst recht. Diese emotionsgeladenen, vergifteten Kartenspieler können zehn Minuten und länger über «Wenn und Aber» diskutieren, was mir gar nicht liegt. Entweder habe ich es, oder ich habe es nicht. Über ungelegte Eier zu reden ist blöd. Wenn man aber nicht mitschreit, muss man in Kauf nehmen, als Blitzableiter missbraucht zu werden. Ich hielt mich zum Glück ordentlich und gewann mit meinem Partner einige Franken.

36. Tag: An der Hausversammlung haute es mich fast aus den Socken. Das hältst nicht aus, Georg, das geht daneben, rief es in mir. Als der Heimleiter jedem, der länger als drei Monate da war, einen zusätzlichen Urlaubstag über Pfingsten versprach, wurde mir die ganze Tragik bewusst. Du kommst da nicht raus, bist gefangen. Das war ein Schlag, der mich traf. Ich kaute den restlichen Tag daran. Die Arbeit wurde plötzlich unheimlich streng. Und wieder diese Atemnot...
Bevor ich dazukam, in die Schreinerei zu gehen, fing mich eine Angestellte des Hauses ab: «Besuch für Sie!» rief sie. Gespannt trat ich auf die Türe zu. Wer war es? – Gitte, die Krankenschwester. «Was machst du denn da?» fragte ich ehrlich überrascht. Sie habe am Nachmittag Kuchen gebacken und wolle mir denselben nun bringen. Ausserdem habe sie mich schon eine Ewigkeit nicht gesehen, antwortete sie, als wäre das das Selbstverständlichste auf der Welt. Die spinnt, schoss es mir durch den Kopf. Am letzten Mittwoch war sie schon da. Und überhaupt! Ich fahre in den Ferien schon ungern nach Hause, weil mir die 200 Kilometer zu weit sind. Das Mädchen fährt zwei Stunden, d.h. vier, um mir Kuchen zu bringen. Da hört mein logisches Denken auf, das verstehe und begreife ich nicht mehr.
Wir fuhren in die nächste Stadt, setzten uns in ein Strassenrestaurant und assen eine Kleinigkeit. Wir bauten uns auf, indem wir ziemlich dreideutig sprachen. Als sie anfing, unruhig auf dem Stuhl hin- und herzurutschen, wusste ich, wieviel es geschlagen hatte.

37. Tag: Mein Grundproblem macht auf sich aufmerksam. Jetzt hat es mich so lange geschont, nun scheint es,

reaktiviert zu sein. Es darf aber nicht sein, dass es überhand nimmt. Ich muss es wegsuggerieren. Aber wie? Es einfach ignorieren hilft nichts. Ich muss die nächsten Tage abwarten.
Ein bunter Vogel ist ausgeflogen. Beim Frühstück war er noch da und benahm sich unauffällig. Danach fort – einfach vom Erdboden verschluckt. Der Wechsel geht wie abgemacht vor sich. Schon ist ein neues Opfer eingetrudelt. Scheu und ruhig wie alle von uns vor ihm, versucht er, sich an seine Position heranzutasten.
Der Italiener, der als letzter gekommen war, wird hier im Bau auch nicht viele Kilo Salz essen. So was Nervöses, Aggressives und Jähzorniges von einem Menschen habe ich schon lange nicht mehr gesehen. Der surrt durch die Gegend wie ein ganzer Bienenstock auf einmal. Er leiert jedem seine Schwierigkeiten mit Behörden und Frau vor und frisst dabei Tabletten en masse.
Ich will raus. Wenigstens an Wochenenden und Feiertagen. Dann wär's erträglicher. Dass ich nichts trinke, Alkoholisches natürlich, ist mir sonnenklar. Wie bringe ich das den anderen bei? Dem Leiter und den Therapeuten, den Mitpatienten selbstverständlich? Da ist eben der Haken. Ich glaube, dass ich vom Personal frei bekäme. Wie aber reagieren die übrigen Insassen? Gerade in solchen Gemeinschaften ist der Neid überall zu finden, wo einer nur Kleinigkeiten anders macht oder anderes machen darf. Dass ich gestern abend Besuch hatte und fortging, wusste heute schon jeder. Ich dürfte nämlich gar nicht das Hausareal verlassen. Dementsprechend zweideutig und scheinheilig wurden auch die Fragen gestellt. Heute hätte ich die Möglichkeit gehabt, mit dem Leiter die Dauer der Kur abzuklären. Aber, ehrlich gesagt, ich traute mich nicht. Denn wenn er auf dem Jahr besteht, weiss ich nicht, was ich machen würde. So schieb ich es hinaus, solange es geht. Wenn er später auf die Bestimmungen hinweist und auf der Zeit beharrt, bin ich schon so lange da, dass ich sofort meine Koffer packen und abhauen würde.

38. Tag: Es regnete. Darum konnte ich richtig ausschlafen. Nachher schrieb ich und schnitzte. Zwischendurch las ich im «Playboy», was mich ziemlich anmachte.
Das sehr grausige Wetter bewirkte ein starkes Stimmungstief. Als wir ins Hallenbad fuhren, hatte ich den inneren Drang, aus dem fahrenden Auto zu springen. Ich malte mir aus, wie schön es sein müsste, hätte alles ein Ende. Doch ich war zu feige; wie schon so oft in meinem Leben.

Zwei Neue versuchen ihr Glück. Mir kamen die Worte des Heimleiters in den Sinn, als er beim Vorstellungsgespräch zu mir sagte: «Tun Sie es ihrem Körper zuliebe! Niemand anderem als Ihnen selbst.» Das sagt sich so leicht...
Man macht hier den gleichen Fehler wie draussen. Man erinnert sich nur an das Schöne und vergisst dabei, dass es auch Tage gab, die verschissen waren, an denen es einem hundeelend ging, man nicht mehr weiter wusste. Dann haute man sich eine Menge Alkohol rein, vergass für kurze Zeit die Probleme, um am nächsten Tag wieder gleich deppert dazustehen, wenn nicht schlimmer. Der Mensch sehnt sich eben immer danach, was er nicht hat.
Ich weiss genau, dass es, wenn ich draussen bin, Zeiten geben wird, in denen ich mich erinnern werde, wie gut es mir eigentlich ging.

39. Tag: Dieser Aufenthalt verführt zu einem regelrechten «Leck-mich-am-Arsch-Gefühl». Durch die verschiedenen Unterhaltungen und Gespräche verliert man den Sinn für's reale Leben. «Ist mir doch egal!» meldet sich immer öfter der innere Schweinehund. Mir passierte das heute wieder. In der Einzeltherapie erklärte ich mein Tief damit, dass ich über Pfingsten nicht weg dürfe. Ich hatte zwar nie gefragt, aber wusste es. Die Bestätigung dafür folgte am Mittag. Wieso ich nicht fragte, hatte seinen Grund wie beim Arzt die «Angst des Patienten vor der Diagnose». Das Gefühl, wenn der Leiter nein sagt, wollte ich nicht miterleben.
Andererseits sagte ich mir, Pfingsten wird auch im Fuchsbau vorübergehen. Muss vorübergehen! Um Besuch werde ich halt schauen müssen.
Die Gruppentherapie war doof. Die Probleme anderer interessieren mich im Moment überhaupt nicht.
Ausserdem war ich in einer miesen Stimmung. Da kann und will ich auch nicht in einer Gruppe reden.
«Ich werde abhauen!» dachte ich die ganze Zeit. Was kann mir schon passieren? Nichts! Ich werde in die Sperre kommen und das nächste Mal einfach wieder abhauen. Ich bin ein freier Mensch. Ich habe niemandem etwas zuleide getan, wurde nicht eingewiesen, nicht verurteilt, bin niemandem Rechenschaft schuldig. Wenn man es noch so ungläubig und ungern anhört: Ich werde keinen Alkohol trinken, solange ich hier oben bin!
Aber ich möchte raus an Wochenenden. Das einzige Problem ist

dieser Herr, der nur darauf wartet, dass ich durchdrehe und mich zu einer Amokhandlung hinreissen lasse. Das Gegensätzliche dabei ist, dass er mir Ungutes wünscht, und mich aber dadurch erst recht zum Durchhalten motiviert. Macht irgendwo Spass!

40. Tag: Als ich einen kurzen Ausschnitt aus einem amerikanischen Film sah, überkam mich das Fernweh. Vier Abenteurer fuhren auf einem Kanu einen wilden Strom abwärts durch noch wildere und aufregendere Wälder. Da hält man's nicht mehr aus. Man will weg. Ich weiss genau, wieso ich so wenig vor dieser Flimmerkiste hocke. Man läuft Gefahr, von dieser «heilen» Welt, diesem Trugbild, in eine Traumwelt entführt zu werden und darin steckenzubleiben. Genauso ungesund ist es aber auch, der Wirklichkeit in den aktuellen Sendungen gegenüberzutreten. Da sieht man nur noch Mord, Streiks, Krieg und Streitereien, politische Machtkämpfe, die auf dem Rücken des kleinen Mannes ausgetragen werden. Der Pessimismus ist grenzenlos. Der Negativismus wird der Menschheit von klein auf eingetrichtert.

Es gibt kein Mittelmass in den Massenmedien, nur noch extreme heile, rosarote Welt oder schwarzes, abgrundtiefes Chaos. Beides bewirkt aber im Menschen das gleiche: totale Resignation.

Das «Mädchen für alles» ist seit Tagen verschollen. Als er endlich Arbeit fand, hielt er es ganze zwei Tage aus. Seither ist er spurlos verschwunden. Die Sucht hat ihn eingeholt, wahrscheinlich sitzt er bei seinem geliebten, feinen «Tröpfchen Egli».

An der Arbeitsgruppenversammlung wurde von der Patientenseite der Vorschlag gemacht, einige für den Bauernhof selbstverständliche Maschinen anzuschaffen. Das wurde von der Leitung zwar gutgeheissen, wird aber sicher nicht gemacht. Sie brauchen ja eine Beschäftigung für die sogenannte Arbeitstherapie, für's Zeitotschlagen und Geldsparen. Sowieso werden schon viele Arbeiten durchgeführt, die sinnlos sind. Was soll's!

Am Abend kamen die Eltern einer ehemaligen Schülerin zu Besuch. Es war lässig. Wir fuhren in die Stadt, assen gut, spielten Karten und unterhielten uns über dies und jenes. Als ich im Bett lag, sehnte ich mich danach, mit einem Mädchen in einem richtig schönen, breiten Bett zu schlafen, mit allem Drum und Dran.

41. Tag: Für die Pfingstfeiertage hat sich ein Regiefehler eingeschlichen. Ich telefonierte durch die Gegend, doch war es zu spät. So hatten alle Bekannten etwas vor oder waren schon ins Ausland gefahren. Eigentlich geschieht mir recht. Einmal musste es so kommen. Nun, die Zeit wird auch so vergehen. Das sind Tage, wo ich mir eingestehen muss, dass die Lebensweise, wie ich sie führe, ziemliche Nachteile haben muss. Heute fuhr ich mit dem Traktor heuen. Der Platz war deppert steil. Es war nicht möglich, den Hang von unten, im Rückwärtsgang, hinaufzuklettern. Also versuchte ich es von oben. Es war schon ein irres Gefühl, von der Strasse weg in die zuerst unübersehbare Tiefe zu stechen.

42. Tag: Grausam!

43. Tag: Bald hau ich ab! Das ging mir durch den Kopf. Beinahe alle waren ausgeflogen, entweder im Urlaub, im Ausgang oder auf einer Wanderung, die der Leiter schnell organisierte. Das Wetter war gut. Jeden Tag höre ich neue Geschichten über den Fuchsbau. Wie bekannt er landauf, landab ist etwa, oder wie Insassen nach dem Ende der Kur behandelt werden. Der Neue erzählt ununterbrochen, dass er in diesem Jahr in acht Kliniken, Heilstätten oder Spitälern war. Jetzt sei es aber das letzte Mal, sonst hänge er sich auf. Nur wegen dieser vollgefressenen Säcke, die ihn eingewiesen hatten, sei er da.
Überhaupt wird das Publikum, das eintrudelt, immer wilder. Der eine furzt, die Sau, der andere benimmt sich wie ein Stier. Er schnauft wie ein Dampfross, spricht wie ein Urviech, und – essen kann man gar nicht sagen – er frisst. Am Tisch sitzt er noch neben mir. Da vergeht einem der Appetit. Die Suppe schlürft er mit undefinierbarer Lärmbegleitung. Alle seine Bewegungen sind ruckartig, ja gierig. Die Hauptspeisen verschlingt er mit Schnaufen und Schmatzen, wie ich es noch nie annähernd gehört oder gesehen habe. Aber es sind noch mehr da, die unter Missachtung sämtlicher Anstandsregeln ihren Frass verzehren.
Nachmittags half ich oben beim Heuen mit, obwohl Feiertag war. Es war mir so langweilig, dass ich etwas machen musste. Mit Schnitzen war ich fertig, maschineschreiben konnte ich nicht, weil andere schliefen, und lesen mochte ich nicht.
Also fuhr ich aufs Feld mit. Was heisst Feld – ein steiler Hang zur Strasse war's. Und da passierte es auch. Ich mähte mit der Maschine, wobei ich alle Kräfte mobilisieren musste, um die Spur zu halten. Doch plötzlich kippte das Gerät. Ich versuchte noch verzweifelt, es zum Stehen zu bringen, aber es war zu steil. Bei diesem Versuch wurde mein Fuss zwischen Rad und Mähbal-

ken eingeklemmt. Mit letzter Kraft hechtete ich über den Motor und Balken nach vorne, rollte mich ab und landete Hals über Kopf auf der Strasse. Als ich hinaufschaute, sah ich mit Entsetzen, dass die Mähmaschine ratternd auf mich zurollte. Schnell sprang ich auf und brachte sie zum Stehen. Das war ja ziemlich knapp.
Nach dem Duschen kam Gitte. Das gefiel mir gar nicht. Denn sie kam wieder unangemeldet. Wir fuhren dann doch in die Stadt. Mittlerweile regnete es in Strömen. Als wir in einen Waldweg einbogen, hagelte es fast.
Eines weiss ich beinahe sicher. Einmal werde ich bei der Ausübung zwischenmenschlicher Turniere den Schirm zumachen. Es war schön, sauschön sogar. Als es ruhiger wurde, fuhren wir in ein Restaurant. Gleichzeitig mit den Keglern erreichte ich den Bau und musste «blasen». Natürlich war das Ergebnis negtiv. Müde und befriedigt ging ich ins Bett.

44. Tag: Das war ein strenger Tag. Wir krabbelten in steilen Hängen umher, um entweder Gras zu mähen oder zu rechen. Die Füsse brannten höllisch, und zudem hatte ich mir einen irren Sonnenbrand eingehandelt.
Schön langsam füllt sich der Bau. Innerhalb kürzester Zeit sind rund zehn Neuzugänge zu verzeichnen. Allerdings sind auch relativ viele Abgänge, unvorhergesehene und geplante.
So sind auch heute zwei verschwunden. Miro aus der Küche, der schon lange davon redete, und das «Mädchen für alles». Der Leiter kündigte dessen Kommen an. Am Morgen tauchte er auf, am Nachmittag war er schon wieder weg.
Ich kann mir den Grund dafür gut vorstellen. An der heutigen Hausversammlung hätte der «Flüchtling» vor der gesamten Mannschaft Rechenschaft ablegen müssen und wurde sicher vom Leiter darauf angesprochen. Daraufhin fiel er in Panik.
Das ist auch meines Erachtens ein psychologischer Tiefschlag. Ihm nützt es gar nichts, und die anderen interessiert das nicht. Wofür also dieses öffentliche, mittelalterliche Gericht? Nur zur Abschreckung der Mitpatienten?
Das ist nur eines von mehreren Vorkommnissen, die zu denken geben und die Frage aufkommen lassen, wie es in diesem Haus mit der Psychologie steht.
Es fehlt, so macht es den Anschein, eine Portion Idealismus bei einigen, die hier Patienten beeinflussen sollen. Mir kommt es so vor, je länger desto mehr.

45. Tag: Heute fuhr ich nach Zürich zum Anwalt. Es war drückend heiss im Zug und in der Stadt, und doch war's schön. Ich musste feststellen, dass es für mich ungewohnt ist, unter vielen Leuten zu sein. Wie ein eingeschüchterter Hase lief ich durch die Strassen und Gassen. Oft setzte ich mich und beobachtete die Menschen. Vor allem am Hauptbahnhof war das ein einmaliges Schauspiel. Aus aller Herren Ländern kommend, liefen sie kreuz und quer, lachten, schimpften, eilten, schlenderten, waren bedenklich, gehetzt, mehr oder weniger angezogen, den täglichen Stress bekämpfend.

In den bekannten Strassen sah man die käuflichen Frauen lokkend aus den Fenstern blicken, augenzwinkernd, mit eindeutigen Handbewegungen.

Eigentlich fühlte ich mich wie von vorgestern, ziemlich hilflos als Landmensch zwischen dem bunten, supermodernen Stadtvolk. Der Taxifahrer fluchte, weil ich nur einige Strassen fahren wollte. Der Anwalt hatte nicht viel zu erzählen, man wird sehen.

Dann ging's zurück. Noch einmal setzte ich mich in ein Strassencafé und betrachtete vor allem die Jugend, die vorbeikam. Schaut schlimm aus, im Grunde genommen und im ersten Moment.

46. Tag: Der Vormittag verging bei einem dreistündigen Gespräch mit der Therapeutin. Bei Kaffee und Zigaretten versuchten wir, den Grund des Übels zu lokalisieren. Dabei kamen interessante Sachen zum Vorschein. Es ist schon irgendwie faszinierend, wenn man das Unterbewusstsein bewusst zu machen versucht.

Das dicke Ende des Tages kam überfallsartig. Am Abend erzählte mir die Krankenschwester am Telefon brühwarm, dass sie schon längere Zeit erhöhte Temperatur habe und die Periode ausblieb. Mich warf es aus der Kabine. Ich setzte mich und musste mal schlucken. Im ersten Moment begriff ich noch gar nicht, was sie da sagte. Das darf doch nicht wahr sein! Das fehlte gerade noch.

Sie freue sich riesig, wisse noch keinen Namen, ich bräuchte mir keine Gedanken machen (!) usw. Ich hörte mir das an, obwohl ich geistig abwesend war. Ob ich mich denn nicht auch freue, wollte sie wissen. Erschrocken nahm ich diese Frage auf, ohne jedoch zu antworten.

Was sollte ich mit einem Kind? Auf dieser Welt, in meiner Situation? Ich hoffe aus ganzem Herzen, dass der Schwangerschaftstest negativ verläuft. Schon des Kindes wegen, oder vor allem. Ich kann keine solche Verantwortung tragen. Unmöglich!

47. Tag: Im Moment läuft hier alles ruhig. Ausser der Arbeit, nämlich dem Heuen, das doch anstrengend ist, geschieht gar nichts. Ich habe mal über das Telefonat von gestern geschlafen, d. h. schlecht geschlafen. Es ist und bleibt eine Katastrophe! Ich kann mir mit noch so viel Phantasie nicht vorstellen, dass das gut geht. Gestern noch hatte ich mir überlegt, einen Film zu drehen, der das Schöne zeigt, gedreht an schönen Gegenden, auch in Städten, am Meer, auf Bergen. Weg von der verfluchten Panikmacherei. Weg von dieser Politik, weg von dieser Kirche, die sich immer mehr nach rückwärts entwickelt statt umgekehrt, die uns von Kindheit auf zwingt, mit Schuldgefühlen zu leben, uns ein unerträgliches Opfertum aufschwätzt; weg auch von dieser gekünstelten West-Ost-Spannung. Diese muss ja geschürt werden, damit Waffen erzeugt und verkauft werden können. Eine Alibispannung, mit der das Geschäft gemacht und die Menschheit für blöd verkauft wird.
Mit zehn Prozent der Militärausgaben könnte man den Hunger in der Welt ausradieren, habe ich mal gelesen. Weg auch mit diesen extremen Parteien, deren Vertreter, nachdem sie mit grossem Blah-Blah an die Spitze kamen, sich gesättigt alle zehn Finger abschlecken und mit Luxus prassen.
In meinem Film würde jeder jeden mögen, keine Streitereien wären notwendig, um Probleme zu lösen, da sich diese Welt zu uneingeschränktem Positivismus bekennen würde.
Es gäbe nur mehr eine soziale, menschliche Partei, unter deren Einfluss die macht- und geldgierende, aber momentan dominierende Minderheit untergraben und weggewischt würde. Es würde viel Liebe und Zärtlichkeit im Film geben, alle Handlungen wären gefühlsbetont. Er sollte zeigen, wie die Welt wieder lebenswert wäre, er sollte vor allem die Jugend aus der «Null-Bock-Stimmung» herausführen, aus der Resignation und Selbstaufgabe.
So schön wären die Gedanken, und dann kommt das Mädchen und stellt fest, dass es schwanger ist – boing!

48./49. Tag: Wir unternahmen einen zweitägigen Ausflug in ein abgelegenes Tal. Auf einem einsamen Bauernhof quartierten wir uns ein. Das ganze begann damit, dass wir am Samstagmorgen Taschen, Schlafsäcke und Fressalien in den Bus stopften. Das Wetter war herrlich. Auch für die nächsten Tage wurde viel Sonne gemeldet. Ich fuhr mit dem Therapeuten dem Bus hinterher. Über sanfte Hügellandschaft führte die Reise bis zum Zielort, an dem wir uns für eine einfache Bergtour rüsteten. Das Tempo bei der Wanderung war recht langsam, weil einige ziemlich schnell ermüdeten. Ich musste feststellen, dass ich seit fünf Jahren, ausser bei Schulreisen, keine Bergwanderung unternommen hatte. Als ich so in Gedanken versunken durch den kühlen Wald und über saftige Wiesen wanderte, wurde mir bewusst, wie sinnlos ich so viele freie Stunden verbracht hatte und wie schön die Natur doch ist.

Das ist es halt, wenn nur mehr das Saufen im Kopf herumgeistert. Da bleibt keine Zeit dafür, Blumen zu erkennen, sich am Zwitschern der Vögel zu erfreuen, den Bauern auf den Feldern zuzuschauen, ja, überhaupt sich selbst aufzuraffen und etwas zu unternehmen.

Als wir an der Hütte ankamen, richteten wir die Schlafplätze ein, kochten Kaffee und ruhten uns erst mal aus. Wir genossen die Ruhe, die Freiheit und die gute Luft.

Während die einen das Abendessen am offenen Feuer vor der Hütte zubereiteten, lief ich mit einem Mitpatienten die lange, steile Strasse zum nächsten Dorf hinunter, um die Lage zu peilen. Wir waren ziemlich enttäuscht, als wir das «Dorf» sahen. Fünf Häuser, zehn Misthaufen, ein Gasthaus und eine Kapelle. Da war nichts zu holen. Nach einer kurzen Erfrischung im Restaurant machten wir uns auf den Heimweg. Wir erreichten das Ziel, als gerade der Tisch gedeckt wurde.

Am Abend spielten wir, redeten über Frauen. Um zwei Uhr morgens ging einer nach dem anderen ins Bett. Am nächsten Morgen, nach überreichem Frühstück und gesättigtem Herumliegen, begannen wir, das Haus aufzuräumen. Nachher fuhren wir ins nächste grössere Dorf und suchten das Schwimmbad. Das Wasser war saukalt, Leute hatte es genug. Ohne grössere Probleme erreichten wir am Abend unseren Hort.

Obwohl ich zu Beginn Bedenken hatte und eigentlich gar nicht mitfahren wollte, stellte sich das Wochenende als sehr gelungen heraus, und ich war angenehm überrascht, dass ich mich geirrt hatte.

Der Ungare ging mir schwer auf die Nerven, weil er wieder durch die Gegend furzte, unkontrolliert herumlief und dabei sehr an die Muppets-Show erinnerte. Sonst vergingen diese Tage viel zu schnell.

50. Tag: Am Tag war es furchtbar heiss. Im Garten, der auf der oberen Seite durch eine Mauer abgegrenzt wird, entstand ein richtiger Hitzestau. Ich zupfte das Unkraut aus dem Boden und hatte dadurch wenig Bewegung. Ich sass bachnass zwischen Zwiebeln und Erdbeeren. Mit der einen Hand jätete ich, mit der anderen führte ich die köstlichen Beeren zum Munde. Am Abend besuchte mich die Krankenschwester mit ihrem schwulen Freund, der an einer Oper im Ballett tanzt. Wir fuhren mit seinem Cabrio durch die warme, nach Heu duftende Nachtluft.

Die nebenbei hingeworfene Bemerkung «jetzt darf ich wieder rauchen» liess in mir einen riesengrossen Stein hinunterfallen. Das hiess also, der Schwangerschaftstest war negativ. Ich frohlockte innerlich und fühlte mich wie als Kind vor dem Weihnachtsbaum. Der Unterschied lag nur darin, dass ich froh war, nichts geschenkt zu bekommen.

Das hätte sie mir nicht sagen sollen, dachte ich. Das Mädchen werde ich sicher nicht mehr beschlafen. Die hatte genau gewusst, wann der Zeitpunkt der Befruchtung am Günstigsten war. Die wollte mich kaufen. Eigentlich schade! Denn sie war gut, sehr gut sogar.

Ich erinnere mich an die Hausversammlung. Die Frau des Leiters gab bekannt, dass sie einen Malkurs starten wolle. Es sei interessant, das Gefühl zu erleben, mit den Fingern in die Farbe zu tauchen, Farben auszusuchen, auf das Papier zu kleksen und zu malen. Von innen heraus seine Gefühle aufs Papier zu bringen und sich anschliessend zu überlegen, wieso habe ich das gemacht, bringe Aufschluss über das eigene Wesen und sei psychologisch sehr wertvoll. So bekommt man zu spüren, für wie deppert man eigentlich gehalten wird. Das muss ja auf die Patienten abschreckend wirken. Da wird an Psychologie übertrieben. Es stimmt schon, man kann praktisch jede Handlung, jede Bewegung und jedes Wort psychologisch auswerten. Aber ist das denn notwendig? Ist das vor allem in so einer Trinkerheilanstalt mit solchem Publikum sinnvoll? Ich bezweifle es schwer.

51. Tag: Ein schöner Tag! Schon um halb sechs begann ich mit der Arbeit im Garten. Ich hatte richtig Freude daran, die Setzlinge in die Erde zu stecken, die doch recht kalte Morgenluft zu atmen mit der Gewissheit, am Nachmittag um halb drei Uhr Feierabend zu machen. Das erste Mal seit langer Zeit roch in an den Blumen, und erst da merkte ich, wie herrlich

zum Beispiel Pfingstrosen duften. Ich merkte, was einem Schönes durch diese blöde Trinkerei entgeht. Man hat keine Augen mehr für die Schönheit der Natur, keine Ohren für Zartes, Nettes, keinen Sinn für Herrliches, Angenehmes. Es zählte nur mehr der Weg zum nächsten Glas. Verrückt, aber wahr!
Am Nachmittag fuhr ich mit der Krankenschwester an einen wunderschönen See. Die Sonne stach herunter, weshalb wir uns unter einen Baum legten. Dann liess ich mir das mit der Schwangerschaft erzählen. Ich versuchte, ihr klarzumachen, dass ich das für eine «Fängerei» halte und es besser wäre, die sexuelle oder besser die ganze Beziehung zu beenden.
Wir redeten und diskutierten sehr lange und intensiv, wobei ich auch auf meine Fehler hinwies und ziemlich offen sprach. Ich wollte einfach einen Schritt tun, um in meinem Gefühlsaustall etwas aufzuräumen.
Nachher kehrten wir ein und assen gediegenes Schweinsfilet mit Salat. Ein Kuss vorm Fuchsbau beendete das Gastspiel von Gitte, vorläufig wenigstens, wer weiss das schon genau.

52. Tag: Langsam nähere ich mich in den therapeutischen Sitzungen dem Grundproblem. Ich werde mich in Zukunft zwei Stunden die Woche mit der Therapeutin unterhalten. Am Abend konnte ich einem Gespräch zuhören, das eine reine Schimpforgie auf die normale Gesellschaft war. Das klang in etwa so: «Diese verdammten Schafsäckel! Die gleichen Leute von der Behörde, die mich in dieses Promillehotel eingewiesen hatten, sah ich vorher in einem noblen Gasthaus mitten in der Stadt, als ihnen, stockbesoffen wie sie waren, Mädchen oben ohne servieren mussten. Sie stritten sich lallend, wer welchem Mädchen den Slip unter dem Miniröckchen ausziehen dürfe. Da regt sich keiner auf, weil sie sich alle gegenseitig decken. Unsereins wird versorgt, wenn er einen zuviel getrunken hat, wird in diese Versorgungsheime gesteckt...!» Schon verrückt, was sich die «Besseren» leisten können.
Mit dem Führerschein schaut es gar nicht rosig aus. Die Lage habe ich, so sieht es momentan aus, total unterschätzt. Die wollen mich als Alkoholiker abstempeln, d.h. ich würde den Ausweis für lange Zeit nicht mehr erhalten, ja, ich müsste eventuell die Prüfung nochmals machen. Das ist zum Kotzen.
Vor dem Schlafengehen rief ich Nicole, die Zahntechnikerin, an. Mit ihr hatte ich drei Monate keinen Kontakt mehr. Ich machte auf Samstag ab. Mal schauen...

53. Tag: Im Laufe der Zeit wird mir so richtig klar, was es heisst, in den Mühlen des Alkoholikerdaseins zu kämpfen. Bei dem heutigen Gespräch mit dem Leiter nun kam heraus, dass er mich gar nicht gehen lassen will. Zuerst komme die eigene Person und dann die Arbeitsstelle, war das in meinen Augen widersprüchliche Argument. Denn auf der einen Seite wären sie um jede Stelle für Patienten froh, doch kriegen sie nur schwer eine, auf der anderen Seite verhindern sie den sicheren Wiedereinstieg. Ich will aber diese Stelle nicht verlieren. Ich will ihnen beweisen, dass man nicht abgeschrieben ist, dass ich genauso wieder Schule spielen kann wie vorher. Auch das ist Weitergeben von Erkenntnissen.

In letzter Zeit kommen die verschiedenen Therapeuten mit der Frage zu mir, wie es mit meinen zwischenmenschlichen Beziehungen steht. Sie sehen eine enge Verwicklung zwischen dem Alkoholproblem und Frauengeschichten. Ist auch nicht zu leugnen.

Ich denke oft nach, dass es besser gewesen wäre, ich hätte das erstbeste, liebe Mädchen geheiratet. Aber eine Garantie, dass es gut gegangen wäre, gibt es auch dafür nicht. Jetzt wird es immer schwieriger. Man kennt zu viele, weiss von jeder irgendetwas Gutes, baut sich ein Idealbild auf, das es nicht gibt. Und wenn es das gäbe, wär's nochmals schlecht!

Und das ist ein Teufelskreis, wie andere Süchte auch. Davon kommt man fast nicht los. Obwohl im Inneren ein unheimlicher Drang nach Ruhe, Geborgenheit, Familie und dergleichen besteht. Im Prinzip bin ich nämlich phasenweise der einsamste Mensch, den man sich vorstellen kann; trotz der vielen Telefonnummern in der Agenda, von Mädchen, bei denen ein Anruf genügt. Das können sich sicher viele Männer gar nicht vorstellen. Die haben ein ganz falsches Bild. Besonders diejenigen, die am Stammtisch davon prahlen.

Einmal mehr bin ich in das Stadium totaler Resignation abgerutscht. Mir ist es gleich, wenn mich der Schulrat nicht mehr anstellt. Ich will einfach raus. Mir ist Wurscht, was die von Psyche und Rückfall und anderem daherquasseln. Ich habe es satt!

54. Tag: Erst hier im Fuchsbau merke ich, wie nervenraubend eigentlich der Lehrerberuf ist. Obwohl ich nie Schwierigkeiten mit meinen Schülern hatte, obwohl die Schule der Platz zum Erholen für mich war, denkt man Tag und Nacht

daran, wie kann ich das bringen, was ist das Nächste, wie geht man methodisch und didaktisch vor, damit man am meisten herausholen kann.
Ich habe, wenn ich vorher in der Nacht aufgewacht war, kaum mehr einschlafen können, weil mir diese verschiedenen Gedanken durch den Kopf schossen. Da habe ich jetzt gar kein Problem. Nach dieser neuen Erfahrung kann ich erst die Leute verstehen, die beim Lehrer nur die Ferien und das Sonntagsgewand sehen. Das Drum und Dran können sie gar nicht verstehen. Zurzeit befinde ich mich im zweiten Tief. Habe ich die letzten Wochen und Tage die Vorgänge und Gegebenheiten eher plastisch gesehen, so scheint mir jetzt alles unmöglich zu sein. Ich denke an die Vergangenheit, habe die Hoffnung auf die Zukunft aufgegeben. Eigentlich möchte ich zurück. Alles aufgeben, liegenlassen und davonspringen. Alles ist so traurig, so schwer. Ich möchte einschlafen können und nicht mehr aufwachen. Mir ist zumute, wie wenn der Film gerissen ist. Aus...
Nach dem Nachtessen zog man mir den letzten Nerv. Der Leiter holte mich in sein Zimmer und las mir den Brief vor, den er an den Schulrat zu schicken gedachte: «... aber meiner Meinung nach ist es besser, wenn der Patient ein volles Jahr durchziehen würde, da...»

Das ist gleichzusetzen mit einer Kündigung. Mein Gott, ein Handlanger des Schulrates. Das genau will doch dieser Rat erreichen.
Die Mühle dreht sich schneller. Im Frühjahr einzusteigen kann ich vergessen. Ich kann mir vorstellen, wie es weitergeht. Wenn ich im Oktober nicht in der Klasse stehe, pack ich meine Sachen und fahr nach Österreich. Das war meine Antwort. Nun ist's vorbei mit der Freiheit. Von nun an bestimmen andere Besserwisser und Klugscheisser, was für mich wann und wo und wie gut ist!

Jetzt kannst du das Handtuch werfen. Das subjektive Leben ist zu Ende. Es beginnt das Vegetieren mit dem Warten auf ein Ende. Ich ging ins Zimmer und weinte. Am Rande eines Nervenzusammenbruchs, mit ohnmächtiger Wut im Bauch und zugleich gemartert von der Hilflosigkeit, lag ich im Bett. Nun war es soweit, dass mein eigener Wille gebrochen wurde. Der letzte Zupf war raus. Ich konnte nicht mehr. Die Tränen rannen auf das Kissen, ohne dass ich sie stoppen konnte und auch wollte.

55. Tag: Ein turbulenter Tag war das. Als die Zahntechnikerin eintraf, war ich überrascht. Das erstemal sah ich sie mit einem Minirock, und da ich sie schon lange nicht mehr gesehen hatte, überkam mich sofort ein wohliges Gefühl. Als ich sie auf den Rock ansprach, antwortete sie schnippisch: «Siehst, den Rock braucht man nur hochzuheben!» Dabei drehte sie sich auf einem Bein. Im Zimmer bewarf sie mich mit Schimpfworten, weil ich mich so lange nicht gemeldet hatte. Doch gleich schmiegte sie sich an mich, und wir sperrten die Türe ab...
Nachher fuhren wir in die Stadt, da ich am Bahnhof noch Geld holen musste. Als wir bei einem Restaurantparkplatz losfahren wollten, passierte es. Sie fuhr ihr Auto nach hinten in einen Eisenpfahl. Das krachte fürchterlich. Wie das geschehen konnte, war uns ein Rätsel. Aber eben, es war passiert. Während ich ass, mietete sie ein Hotelzimmer, in dem wir später mehr oder weniger ein Fussballspiel im Fernsehen anschauten. Am liebsten wäre ich geblieben, wollte aber unter keinen Umständen eine Sperre riskieren. Morgen ist auch noch ein Tag, überlegte ich mir.
In den Fuchsbau zurückgekehrt, schlug ich gleich, noch völlig gelockert und losgelassen, meinen Erzfeind im Tischtennis dreimal hintereinander. Ich gab ihm den Tip, auch so eine Entspannungsübung zu probieren.

56. Tag: Ich überlegte am Morgen, ob ich ins Hotel hinuntergehen sollte, doch liess ich es dann bleiben. Nicole holte mich später ab, und wir spazierten Hand in Hand durch die Stadt. Ich ertappte mich dabei, auf eine Art richtig verliebt zu sein. Die längere Trennung in dem Fall war sehr positiv. Das Wetter spielte verrückt. Abwechslungweise regnete es in Strömen, dann brannte wieder die Sonne herunter. Wir fühlten beide, dass es schön war und dass dieses Wochenende einen geeigneten Abschluss verlangte.
Auf der Heimfahrt zweigte sie in einen Wald ab und gelangte auf einem holprigen Weg an eine Lichtung. Das gegenseitige Verlangen erreichte ein Stadium, das keine Vorsicht mehr kannte.
Als wir uns später verschwitzt und entspannt anzogen, lachten wir ausgelassen. Diese Ausgelassenheit sollte aber nur den Abschiedskummer überspielen.
Es ist immer schade, dass diese Stunden so schnell vergehen. Im Prinzip weiss ich nun erst recht nicht, wie es um meine Gefühle bestellt ist. Ich mag sie alle. Und doch sehe ich die Zeit einer

Entscheidung auf mich zukommen. Obwohl ich mir einredete, nur von einem Tag auf den anderen zu leben, merkte ich, dass dieses Leben auch nicht das Nonplusultra ist.

57. Tag: Irgend etwas lag in der Luft. Zwei Patienten, darunter der Präsident des Patientenrates, kamen vom Urlaub nicht zurück. Um acht Uhr, wir waren mit dem Traktor unterwegs, spazierte der Italiener seelenruhig die Strasse hinunter. Als er mittags wieder zurückkam, war er ziemlich angetrunken. Dementsprechend benahm er sich daneben und schrie durch die Gegend: «Ich bin frei, Ricardo keine Angst vor niemand, habe alle Rechte, sonst macht es zag (dabei machte er eine typische Handbewegung); das alles Idioten...» usw.
Am Nachmittag hatten wir Hausversammlung, ohne Präsident und Vize. Sie verlief sehr hektisch. Der Patient, der den Fahrdienst ausübte, erklärte den Austritt aus der Kur. Der Leiter, so erfuhr ich, hatte den Brief an den Schulrat doch abgeschickt. Der berät heute abend über mein Schicksal. Es ist ein komisches Gefühl, wenn so über die eigene Zukunft abgestimmt wird, ohne dass man die Möglichkeit hat, etwas zu unternehmen.
Es ist schon idiotisch. Da lässt man sich von einzelnen Personen zur Sau machen, sich die Nerven ruinieren, und dabei genügt ein Blick auf die Weltkarte, um das als winzige Kleinigkeit abzutun. Die sollen mich doch alle am Arsch lecken.
Heute hatte der Epileptiker einen Anfall. Plötzlich fiel er die Treppen herunter und lag dann auf dem Steinboden. Genau sah man es nicht, ob er sich den Kopf anschlug. Patienten legten, so gut es ging, Decken unter den leblosen Körper. Nach einer Viertelstunde kam der nächste Schub. Er zitterte am ganzen Körper. Unterdessen hatte man den Arzt angerufen, der dann sofort eintraf. Was mir nicht einleuchtete, war, dass man dem Mann nach einiger Zeit eine Pille gab. Wenn man bedenkt, dass eine Tablette ja erst nach ca. einer halben Stunde wirkt, war es für mich unverständlich, wieso der Arzt nicht zur Spritze griff. Später trugen sie ihn auf sein Zimmer.
Der Nachmittag war hart. In einem steilen Hang rechten wir Heu zusammen. Die Sonne knallte herunter, dass literweise Flüssigkeit aus dem Körper rann. Am verrücktesten waren die Mücken. Zu Hunderten schwirrten sie um den Kopf herum, einmal flogen sie ins Auge, dann wieder in die Nase oder den Mund. Alles Wedeln half nichts, und das Kettenrauchen nützte auch nur teilweise.

Je mehr ich nachdenke, und beim Jäten und Rechen habe ich zuviel Zeit dafür, desto mehr kommen mir die Zweifel, ob ich überhaupt noch Lehrer spielen will. Da ich ja sicherlich die Einschränkung erhalte, dass das Dienstverhältnis nach einem Rückfall aufgelöst werden kann, wird der Druck von oben noch verstärkt werden.
Ich versuche, die Vor- und Nachteile eines gutbürgerlichen Lebens abzuwägen. Wäre es besser, wenn ich mich für eine Bekannte entscheiden würde, solange dies noch geht, um ruhig, normal und spiessig dahinzuleben?
Doch sofort sehe ich die Ehen, bei denen der Saft heraus ist. In denen die Partner nebeneinander herleben, sich doch auf die Finger schauen, wo jeden die bange Frage quält, ob er etwas versäumt habe. Es ist gehüpft wie gesprungen. Man kann es anstellen, wie man will, alles kann falsch oder auch richtig sein. Diese Ungewissheit ist das Schlimmste, das Lähmende, das einen in die Resignation treibt.

58. Tag: Da ist der Teufel drin im Bau. Jeder hier spinnt mehr oder weniger in den letzten Tagen. Am Abend ging es rund. Als erstes kam die Therapeutin zu mir in den Garten. Sie erzählte mir, was ihr der Leiter zu meinem Fall sagte. Da war nicht viel Gemeinsames zu finden mit meinem Gespräch. Ich glaube bald, da will niemand, dass ich wieder in meinen Beruf zurückkehre. Das habe ich mir anders vorgestellt.
Sie reden von «anderen Möglichkeiten, neuen Situationen» und dergleichen mehr! Ich aber will und muss zurück, verdammt nochmal, das begreift keiner. Morgen würden wir eine Aussprache zu dritt haben, verriet sie mir. Da bin ich ja neugierig! Eines weiss ich nun, erwarten kann ich auch da nichts. Die rühren in der gleichen Suppe.
Nach dem Essen stand der Epileptiker im Hof, liess sein Transistorradio volles Rohr laufen und wollte ihn für 150.– Franken verscherbeln. Während wir uns darüber amüsierten, wie er mit seiner Bassstimme versuchte, mitzujohlen (es lief das Kufsteiner-Lied), erschien plötzlich der sensible, ehemalige Küchenschindel auf dem Dach. Er setzte sich auf die äusserste Ecke des Giebels und dirigierte. Das waren gute 15 Meter bis zum Boden. Erst nachher erfuhr ich, dass er im Dorf seine paar Bier getrunken hatte und mit einigen Flaschen zurückkehrte. Nach langem Hin und Her stieg er vom Dach. Es kam zu einer Schlägerei zwischen ihm und einem Mitpatienten. Anschliessend rannte er aus dem

Haus wieder Richtung Dorf.
Da bin ich gespannt wie ein Regenbogen, wie lange sich das Team das anschaut. Aber das ist ja das Frustrierende, Unverständliche. Bei uns «anständigen» Insassen wird, so scheint es zumindest, der Druck abgelassen. Wenn ich um einen Freitag frage, wird er abgelehnt. Diese bekommen eine Sperre und fertig. Da stimmt doch etwas nicht. Ich werde mich zwangsläufig umstellen müssen. Da sind solche, die keine Schwierigkeiten machen, die Deppen.

59. Tag: Die wollen mich fertigmachen. Ich hatte wieder ein Gespräch mit dem Leiter und der Therapeutin. Keiner will, dass ich wieder im alten Beruf arbeite. Alle möglichen Ausreden und Argumente wurden angewandt, meine Worte wurden mir im Mund verdreht. Von den Äusserungen im Vorstellungsgespräch wollte keiner etwas wissen. Es geht mir gleich wie dem Mann, der vor die Himmelspforte tritt. «Wohin willst du, mein Sohn?» fragte Petrus. «Ich schaue mal. Zeig mir den Himmel.» Petrus öffnete die Himmelstüre, und man sah die Leute vor dem Thron knien und das Halleluja singen. Es war still sonst und friedlich. «Nun zeig mir noch die Hölle!» sagte der Mann. Als er durch die Eingangstür guckte, sah er schöne Frauen, die nackt die ebenfalls nackten Männer verwöhnten und bedienten. Der Whisky wurde eingeschenkt nach Lust und Laune, die Leute vergnügten sich auf riesigen Betten und Fellen. Musik erfüllte den ganzen Raum. Nachher fragte Petrus den nachdenklichen Mann, wohin er nun wollte. «Ja, im Himmel ist es schön, aber wenn ich so überlege, will ich doch lieber in die Hölle», entschied er sich.
Gut, der Petrus rief den Teufel.
Der führte ihn sofort durch den Raum mit der Orgie hindurch, öffnete eine weitere Tür und schubste den armen Kerl in einen riesigen Raum, in dem andere bei wahnsinniger Hitze Kohle schaufelten. «Nein!» schrie der Unglückliche, «ich will in den ersten Raum. So war das nicht abgemacht!». Der Teufel lachte höhnisch und rief zurück, bevor er das Tor schloss: «Das ist die Hölle, das andere war nur das Werbezimmer!»
So ist's auch hier. Entmündigt, des eigenen Willens beraubt, als kleiner Süffel abgestempelt. Ausgenommen wie eine Weihnachtsgans, zum Arbeitssklaven verurteilt. Alles natürlich im Rahmen des Heilungsprozesses.
Ich werde nurmehr das Nötigste machen. Auch werde ich ein

paar Tage «Urlaub» einschieben; die folgende Sperre ignorieren. Man wird zum Querulanten erzogen. Sie dürfen sich nicht wundern. Wenn man schon so behandelt wird, ist das die logische Folge.
Ich bin nicht der Typ, der sich so «mir nichts, dir nichts» verarschen lässt. Das mussten andere auch schon feststellen. So intelligent bin ich alleweil noch, um das zu checken und die nötigen Massnahmen zu treffen. Meinem Prinzip folgend: «Wenn ich untergehe, dann nicht alleine!»

60. Tag: Mit Gruppensitzung, Wischen und Traktorfahren verging der Tag.
Wir holten Sägemehl auf der anderen Seite des Tales. Zum ersten Mal fuhr ich mit dem Traktor auf der Landstrasse. Wahrscheinlich dürfte ich das gar nicht. Scheisse wäre es, wenn ein Unfall passierte. Dann stiege die Versicherung aus, das hängige Strafverfahren würde dramatisch werden und ich auf dem Zugerberg im «Häfen» landen.
Als ich den Kollegen von der Schule anrief, erfuhr ich interessante Neuigkeiten. Es sickerte langsam durch, dass ich nicht im Herbst anfangen könne. Auch die anderen kompetenten Damen und Herren hätten eine Wut und seien natürlich schlecht zu sprechen auf mich. Das Wichtigste – ich vermeide den Ausdruck «Erfreulichste» daher, weil es mir nichts mehr nützt, so schien es – las ich in der Zeitung. Der Schulratspräsident ist zurückgetreten. Mein Gott, und ich durfte das nicht mehr unmittelbar erleben. Einen grossen Strauss schwarzer Rosen hätte er bekommen. Als Dank für vier Jahre psychischen Terrors. Als Anerkennung für seine Hochnäsigkeit, Skrupellosigkeit und Hinterlist. In solchen Momenten glaube in an das Jüngste Gericht und freue mich darauf. Doch eigentlich müsste man nicht so lange warten, wenn es eine Gerechtigkeit gäbe.

61. Tag: Es war wieder Samstag. Strahlender Sonnenschein machte den Tag optisch und aufmunternd freundlich. Ich war aufgestellt. Ein Patient kam angesoffen vom Dorf zurück. Schon am frühen Morgen war er runtergelaufen. Schreiend und fluchend belästigte er viele und ging allen auf den Wecker.
Ja, und ich hatte Geburtstag. Briefe und Pakete kamen mit der Post. Um 11 Uhr kam meine Psychologiestudentin zu Besuch, um mir zu gratulieren.

Der Nachmittag verging langsam. Es befanden sich nur wenige Insassen im Fuchsbau. Der Italiener rannte durch die Gegend wie ein angeschossener Hirsch. Er hatte einen Brief vom Anwalt erhalten, in dem man ihm mitteilte, dass er zwar nicht ins Gefängnis müsse, dafür aber nach der Kur ausgewiesen würde. Wütend zerriss er den Brief.
Ich erinnerte mich daran, dass ich nun genau zwei Monate da bin. Die Zeit verging schnell. Hinterher stellt man das immer fest. Doch als ich an die Tage und Monate dachte, die noch kommem würden, erschrak ich.
Dann, um halb zehn Uhr abends, war es soweit. Meine Schwester und meine österreichische Freundin trafen ein. Ich war eigentlich ziemlich nervös, da ich überhaupt nicht wusste, was mir bevorstand. Als wir uns das letzte Mal sahen, hing alles in der Luft. Doch die Angst war unbegründet. Es wurde ein herrlicher Abend.
Ich meldete mich beim diensthabenden Therapeuten ab. Wir fuhren in die Stadt und assen. Die Hotelzimmer hatte ich schon am Vormittag bestellt. Als wir engumschlungen im Bett lagen, waren meine Sorgen vergessen, und ich liess mich hineinfallen in die Wogen der Leidenschaft. Nach langer Zeit, in der wir, immer noch umschlungen, schwitzend und losgelöst dalagen, fragte sie leise: «So, wie oft hast du mich betrogen?» Mit einem Kuss beantwortete ich die Frage.

62. Tag: Es war eine irrsinnig schöne Nacht. Wieder in einem schönen breiten Bett liegen, mit einem Mädchen im Arm, ohne Käfigphobie, herrlich. Nachdem wir den Tag gebührend eingeweiht hatten, legte ich mich in die Badewanne. Ich fühlte mich rundherum pudelwohl.
Nach dem Frühstück liess ich mich zum Fuchsbau hinauffahren. Ich holte meinen Fotoapparat, rasierte mich und meldete mich zurück und wieder ab zugleich. Das ging reibungslos, und so fuhren wir ab nach Luzern. Wir beschlossen, eine Schiffsrundfahrt zu machen und verbrachten so den Nachmittag. Am Abend gingen wir ziemlich früh zu Bett.
Die lässigen Momente haben einfach den Nachteil, dass sie viel zu schnell vergehen. So wurde es auch hier zu rasch wieder Tag.

63. Tag: Nach dem Frühstück zahlte ich die Hotelrechnung. Es war mir nicht klar, ob die Preise im letzten Monat gestiegen waren, oder ob wir einfach mehr zahlen mussten, weil wir mit Tiroler Nummer auf dem Auto vorfuhren. Meine Freunde hatten das letzte Mal zehn Franken weniger bezahlt. Aber es liegt mir nicht, wegen eines solchen Betrages zu feilschen. Ausserdem werde ich dieses Hotel sicherlich noch öfters brauchen. Also, Schwamm darüber!

Wir spazierten noch eine Weile durch das Dorf, bis die Zeit gekommen war, Abschied zu nehmen. Das Mädchen fragte verzweifelt, was sie denn jetzt machen solle. Leben und Freunde suchen, war meine Antwort. Sie habe das probiert, es sei nichts, verriet sie mir. Momentan kann ich da auch nicht helfen, so leid es mir tut.

Kurz vor dem Mittagessen meldete ich mich im Bau zurück. Ich musste in die Maschine blasen, die natürlich nichts anzeigte. Dann war Hausversammlung.

Nach verschiedenen anderen Punkten ergriff der Leiter das Wort, und was ich befürchtet hatte, wurde von ihm ausgesprochen. Das Team sei von mir nicht informiert worden. Nach zwei Monaten dürfe ich noch nicht weg und auswärts schlafen. Was ich dazu zu sagen habe, usw. Nach einiger Zeit antwortete ich: «Ich wusste nicht, wie weit die Kompetenzen der einzelnen Teammitglieder reichen. Ich habe mich beim Therapeuten abgemeldet und auch wieder zurückgemeldet. Auch habe ich keinen Schluck Alkohol getrunken, was mit dem »Blastest« bewiesen wurde. Ich glaube nicht, dass meine Schwester und meine Bekannte sechs Stunden mit dem Auto fahren, um mit mir eine Stunde zu reden. Ich weigere mich, für jeden Besuch, und das werden noch viele sein, denn nur so ist es auszuhalten, eine Genehmigung einzuholen. Ich habe mich bei meinem Chef im Garten abgemeldet, der Therapeut war über meine Abwesenheit informiert, damit ist für mich die Sache in Ordnung!»

Das war nun freilich dumm für den Therapeuten. Natürlich hatte ich ihn psychologisch ausgetrickst, weil ich ihn in einem Ton und einer Formulierung orientierte, woraus er schliessen musste, dass alles besprochen und o.k. war. Aber das war nicht mein Brot. So ganz blöd bin ich halt noch nicht, darüber freute ich mich irgendwie. Ich hatte ein wunderschönes Wochenende «erarbeitet und verdient», das mir keiner mehr nehmen konnte. Ich war drauf und dran, dem Leiter den Satz zuzurufen, dass ich mir meine Arbeitsstelle verhunzen lassen musste, die Bekanntschaften aber nicht mehr, doch unterliess ich es schliesslich. Das bringt nur Unruhe und verstärkte Bewachung und Überprüfung, sonst nichts, dachte ich.

Nach der Versammlung beglückwünschten mich viele Mitpatienten. Bisher hatten sie mich nur immer lächelnd und beruhigend erlebt. Auch die Therapeuten waren überrascht worden von meiner Reaktion. «... und ich habe immer geglaubt, du bist so ein lahmer Typ, der alles mit sich machen lässt», staunte einer davon.
Am Abend, während wir schwatzten, war noch einmal die Rede davon. Der Arbeitstherapeut wollte wissen, ob ich verstehe, warum sie mich angesprochen hätten. Ich verneinte entschieden. «Ich lasse mich nicht entmündigen. Ich fühle mich noch immer geistig so voll, dass ich allein entscheiden kann, was für mich gut ist und was ich zu tun habe. Ich habe nichts verbrochen, wurde nicht eingeliefert und habe bisher keinen Grund zur Klage gegeben. Ihr sollt nicht auf den «Sauberen» herumreiten, sondern die drannehmen, die besoffen zurückkehren oder im Wald ihr Getränkedepot eingerichtet haben. Da sollt ihr härter durchgreifen!» Es geht doch nicht, dass gewisse Leute ihre Frustration, ihre Hilflosigkeit und die Folgen einer andauernden Selbstlüge an Personen auslassen, bei denen sie annehmen, dass sie nicht reagieren würden.
Ein Neuer wurde abgeladen. Das Wort könnte man fast wörtlich anwenden. Der hatte einen solchen Rausch, dass er aus dem Auto seines «Schluckzählers» flog und der letztere ihn mehr tragen als stützen musste. Prost, der hatte noch einige schöne Tage vor sich. Wenn der voll in den Entzug kommt, wird das die Hölle auf Erden.

64. Tag: Es war kalt wie im Herbst. Wir jäteten. Es kamen zwei Patienten in den Garten, um uns zu helfen. Mit der Post erreichten mich noch nachträgliche Geburtstagsgrüsse. Eine Karte kam von der Praktikantin aus Formentera.
Am Abend teilte uns der Leiter mit, dass der Patient, der unheilbar an Krebs erkrankt war, gestorben war. Wie jedesmal konnte ich mich auch diesmal nicht damit abfinden, dass dieser trockene, doch freundliche Mensch nicht mehr zurückkehren würde.
Dafür kam schon wieder ein Neuer. Der nagt auch am letzten Stück, dachte ich unweigerlich. Er sah furchtbar schlecht aus. Er wurde erst kurz aus dem Spital entlassen. Überhaupt wurden in diesen zwei Monaten, in denen ich nun hier bin, dreizehn neue Patienten eingeliefert. Da herrscht ein ständiges Rein und Raus.

65. Tag: Es war nicht viel los heute. Das Gespräch in der Einzeltherapie verlief etwas im Sand.
Ich hatte wieder Zeit, mir die Mitpatienten genauer anzusehen. Vor allem die Neuen nahm ich unter die Lupe und versuchte für mich, einmal rein vom Äusseren Gründe für das Saufen bei den einzelnen zu finden. Das ist schon interessant. Wenn man den Leuten Komplexe anhängt, d. h. annimmt, dass sie welche haben, dann ist es oft gar nicht schwer, die Problematik zu finden. Natürlich haben diese auch andere Probleme wie die Leute sonst auch. Die wenigsten wollen die Schwierigkeiten, die ihr Leben erschweren, im Grunde genommen vermissen. Das brauchen diese Leute, sonst wäre es langweilig. Das Leben wie eine Suppe ohne Salz. Sich das nur vorzustellen, wie es laufen könnte, wenn alles eben ginge, erzeugt ein Kopfschütteln. Es muss irgendwo knistern, dabei spielt es weniger eine Rolle, ob im positiven oder negativen Sinne. Es geht uns im Prinzip so wie den reichen Amerikanern, die nach Las Vegas fahren, um ihr Geld zu verlieren. Sie wollen nicht gewinnen, Geld haben sie ja genug. Aber zu verlieren erzeugt Spannung, ein völlig neues Lustgefühl. Ausserdem natürlich lebt sich's mit Schwierigkeiten schizophrenerweise einfacher. Wenn alles gerade läuft, muss man immer aufpassen, dass das so bleibt. Wenn man sich jedoch an Schwierigkeiten gewöhnt hat, spielt es keine grosse Rolle, wenn es noch schlechter wird. Und Schwierigkeiten jeder Grössenordnung sind der beste Humus für das Selbstmitleid, ohne das der Alkoholiker nicht Alkoholiker sein könnte. Dann gäbe es keine Ausreden mehr, keine Schuldigen, keinen Grund zum Trinken!

66. Tag: Heute morgen wurde ich in die Zange genommen. Der Leiter, der am Samstag und Sonntag anwesende Therapeut und meine Betreuerin sassen gegenüber von mir in ihrem kleinen Raum. Sie wollten, das wurde mir gleich klar, mein Problemverhalten testen. «In der Hausordnung sind die verschiedenen Bedingungen und Regelungen für den Ausgang festgelegt. Sie haben dagegen verstossen, es aber so gedreht, das der Therapeut den Fehler machte. Angenommen, in der Schule weigert sich ein Schüler, die Hausaufgaben zu machen. Er wird doch bestraft, oder?» Das war die einleitende Frage des Leiters. «Ich kann hier nicht sagen, ob oder welche Strafe ich geben würde. Das hängt ganz von der Situation und vom Schüler ab. Das behandle ich individuell verschieden. Nur schon, ob ein solches Fehlverhalten einmal oder öfters auftritt, ist ein entscheidender Punkt. So fühle ich mich auch hier nicht schuldig, obwohl ich eigentlich nicht korrekt handelte. Da ich mich aber ab- und anmeldete und zum anderen Leute die am Montag schon erwähnten Verfehlungen bauten, glaube ich nicht an eine Schuld meinerseits.» Es wurde noch hin- und hergeredet, wobei ich nicht schlecht abschnitt. Der Therapeutin jedenfalls hatte mein saubers Verhalten und die Argumentation gefallen. Man schlug mir einen Kurortwechsel vor.

67. Tag: Das Tier ist abgehauen. Vorgestern liess er sich ein Taxi kommen, packte seine Koffer und verschwand. Die gespannte Stimmung ist wie weggeblasen. Ich kann wieder normal essen, am Tisch wird gelacht und gescherzt. Sein Zimmerkollege erzählte nun Einzelheiten. In der Nacht stand er auf, schaltete das Radio ein, rauchte, jammerte laut vor sich hin. Wenn er schlief, schnarchte er, dass man es auf den Gang hinaus hören konnte. Dazwischen rief er seine Mutter und die heilige Madonna an und fluchte zugleich wie eine angesengte Sau. Wenn der eine etwas deswegen sagte, schrie er, dass man es in allen Häusern mitkriegte. Das war eine Tortur, die man sich gar nicht vorstellen kann. Der war auch völlig deplaziert. So etwas gehört nie und nimmer in so ein Heim. Ich hatte oft gewünscht, wenn er wieder mal alle schikanierte, ich wäre für fünf Minuten Arnold Schwarzenegger. Dann hätte ich dem unzumutbaren Übel abgeholfen. Aber leider...
Seit langem war wieder ein wunderbarer Tag. Die Arbeit machte Spass; meine Stimmung auch dementsprechend gut.
Sogar der Anruf meines Kollegen beeindruckte mich wenig, obwohl mir dieser darin mitteilte, dass offen davon im Dorf gesprochen wird, dass die gewissen Herren mich das ganze Jahr in der Kur schmachten lassen wollen, in der Hoffnung, dass ich es nicht mehr aushalte und einen Blödsinn anstelle. Das wäre dann ein handfester Grund, mich zu entlassen. Das habe ich mir sowieso von Anfang an so gedacht. Ich muss noch etwas warten und die Lage prüfen. Anschliessend werde ich mal mit dem Anwalt reden. Das ist der Tupfen auf dem «i» in der nun vier Jahre andauernden Kampagne gegen mich.
Während der Arbeitsgruppenversammlung drehte der Typ durch, der damals an den Tegernsee fuhr. «Ich halte das nicht aus!» lallte er und rannte die Strasse zum Dorf hinunter. Am Abend kehrte er angestochen zurück. Jetzt war er eine Woche aus der Sperre, nun hat er sich die nächste gekauft.

68. Tag: Es gab einen neuen Dämpfer. Als ich am Vormittag mit dem Therapeuten in die Stadt fuhr, fragte ich ihn nebenbei, was ich in Bewegung setzten müsse, wenn morgen die Zahntechnikerin käme und mit mir baden gehen wolle. «Du musst in der Umgebung des Hauses bleiben, du bist in der Sperre», lautete die Antwort, die mich fast aus den Socken riss. Was soll denn das wieder? «Wieso das? Das glaube ich nicht! Das ist so ein Psychotrick. Ich stehe nicht auf der Tafel, und kein Mensch hat was ernsthaft davon gesagt.» Ich lächelte noch ein bisschen, da ich es einfach nicht glauben konnte und wollte.
Doch es war so! Das Team hat mir wegen des Wochenendes meinen Ausgang und Urlaub gesperrt. Zorn und Trotz stiegen in mir hoch. «Das lasse ich mir nicht gefallen! Ich gehe trotzdem! Niemand kann mich entmündigen. Weil ich euch keinen Grund dafür gebe, sucht ihr einen, um meine Reaktion bei Schwierigkeiten zu untersuchen und zu analysieren!» Ich kochte.
Tausend Gedanken und Ideen gingen mir im Zorn durch den Kopf. Die wollen dich total fertigmachen, damit du richtig erfährst, was es heisst, in der Scheisse zu stecken, dachte ich mir sofort. Daraufhin rief er den Leiter an. Ich sass im Zimmer und wurde immer trauriger. Als es klopfte, rührte ich mich nicht. Der Therapeut trat ein und teilte mir mit, dass ich morgen nachmittag mit der Bekannten wegfahren dürfe. Ich überlegte nachher, was es mir bringt, wenn ich jetzt einen auf verrückt spiele. Ich kam zu dem Entschluss, dass ich mir nur selbst schade und es unnötig schwermache. Wenn sie nämlich wirklich einen Test machen, lauf ich ihnen ja gerade in den Hammer.
So änderte ich mein Verhalten wieder blitzartig. Abwarten, dachte ich.

69. Tag: Am Morgen früh kam Nicole. Ich meldete mich ab, und wir fuhren ins Dorf. Da ich zum Mittagessen zurück musste, konnten wir nicht gleich an den See fahren. Nach dem Speisen mussten wir «Zähne putzen». Das war unser Codewort für eine gemeinsame Turnierstunde. Es war herrlich und ich beglückwünschte jetzt schon jeden, der das Vergnügen hat, mit diesem Mädchen zu schlafen. Nachher fuhren wir an den See. Tausend Leute lagen wie Sardinen im Gras. Das Wasser war dunkelbraun, richtig grausig. Und trotzdem war es herrlich.
Am Abend liefen wir durch den wunderbaren Mischwald. Was sie in den Pausen mit mir anstellte, war der absolute Gipfel. Es kam mir vor, als würde ich bei lebendigem Leib in den siebten

Himmel schweben.
Als ich, nachdem sie gefahren war, den Therapeuten traf, entschuldigte ich mich für gestern.

70. Tag: Gestern schrieb ich nichts. Ich streikte. Auch heute blieb ich der Arbeit und dem Tisch fern. Es war mein kleiner, bescheidener Protest gegen eine ungerechte Sperre, die man über mich verhängte. Jetzt steht es schwarz auf weiss im Protokoll der Hausversammlung. Das ist schlimm. Ich hatte mir vor Eintritt vorgenommen, während der Kur keinen Tropfen Alkohol zu mir zu nehmen und nie in die Sperre zu kommen. Und jetzt bin ich drinnen, ohne dass mir ein richtiger Grund gesagt wurde. Wenn der Therapeut den Fehler gemacht hat, ist mir absolut nicht klar, warum ich ihn ausbaden muss. Aber die helfen alle zusammen. Da bist du einfach hilflos den Launen und Bestimmungen ausgesetzt. Da werden das Ego und der eigene Wille vergewaltigt. Je kleiner du wirst, umso besser ist es. Ein willenloses Arbeitstier ist bequem, ungefährlich und leicht zu dirigieren. Sie stellen damit an, was sie wollen.
Wenn man keinen Grund gibt, suchen sie sich einen, damit man Schwierigkeiten kriegt. Es scheint nicht gut zu sein, nicht in die Therapie zu passen, wenn es einem zu wohl wird.
Wenn ich bedenke, dass für meine Kollegen von der Schule fünf Wochen Ferien begonnen haben und ich im Fuchsbau eingesperrt bin, wird mir übel. Ich darf am Abend nicht mal baden gehen mit den anderen; muss irgendwo bei dieser Hitze rumsitzen und die Zeit totschlagen.
Den heutigen Tag verbrachte ich mit Schlafen, Denken und Schreiben. Wenigstens hatte ich Zeit genug, mehrere Briefe zu schreiben, die schon längst fällig waren. Es ist mir klar, dass ich mir mit meiner Protestaktion eigentlich selber in den Finger schneide. Nun werden die Betreuer erst recht aufmerksam die Bestimmungen befolgen. Ich werde jedesmal zum Abendessen hier sein müssen und keine Vergünstigungen mehr wie bisher bekommen. Aber das war sowieso nur eine Frage der Zeit, bis das eintraf.
Vom Anwalt habe ich schon die längste Zeit nichts mehr gehört. Da habe ich allem Anschein nach auch unnötig viel Geld verbraucht. Aber das ist auch schon egal. Wer weiss, für was das gut ist? Wenn alles und jeder gegen dich ist, kann man nichts, aber auch gar nichts machen.
Ein Abschnitt aus einem Buch von Guy de Maupassant kommt

mir in den Sinn: «Ich sehe ihn näher kommen. Ich merke das am Welken der Blätter, beim Zertreten einer Insekte, an den grauen Haaren im Bart meines Freundes – er ist da, der Tod...»
Heute schreibe ich meiner Freundin in Frankfurt. Ich werde zu ihr fahren. Schon mehrmals erholte ich mich in ihrem irrsinnig schön am See gelegenen Ferienhäuschen. Hier hat es keinen Sinn mehr. Alles ist dunkel, fad und einsam tödlich. Morgen kommt meine Betreuerin. Der werd' ich mal erzählen, was ich von diesem traurigen Verein da halte. Die können mich doch mal kreuz und quer...

72. Tag: War das ein Tag! Es war irre heiss. Schon am Morgen hatte es weit über 20°C Lufttemperatur. Wir brachten abwechselnd Erbsen, Erdbeeren, Salat und Himbeeren, Zucchetti und Zwiebeln in die Küche. Die Köchin, die den letzten Tag arbeitete, machte jedesmal Anstalten, als würde sie explodieren. «Jemand anderer würde beim Anblick dieses schönen Biogemüses glänzende Augen kriegen», necke ich.
Um 10 Uhr musste ich in die Einzeltherapie. Ich legte los, wie wenn ich von einem tollwütigen Affen gebissen worden wäre. Der ganze Zorn brach aus, die Enttäuschung über die Sperre, das Verschaukeltwerden, das Nichtverstehenwollen. Es sprudelte über meine Lippen wie ein Wasserfall. Der Beweis der Macht steht oft im Vordergrund, Komplexe und Neidgefühle werden an Insassen abreagiert. Therapeutische Massnahmen werden oft als Alibiübungen durchgeführt, damit die Leute mit halbwegs gutem Gewissen den saftigen Zahltag abholen können. Man will mich abschieben. In eine andere Heilstätte verlegen. Wo die Kur nur ein halbes Jahr dauert. Ich passe nicht hierher, weil ich die Lage erfasse, zuviel von Psychologie und Umgang mit Menschen verstehe, kurz, noch zu wenig abgesoffen bin. Der Fehler vieler Leute aber ist es, Alkoholiker zu unterschätzen. Trinker vermögen ihre Lage sehr genau abzuschätzen und zu beurteilen; besser als mancher «Studierter».
Ich werde überhaupt nichts mehr sagen, weil es nichts nützt. Gemacht wird's sowieso hinterm Rücken der Patienten. Da hat es mir wenig geholfen, dass ich bei der Hausversammlung und folgenden Gesprächen meine Lage und Handlung erklärte. Wenn man nicht spurt, wird einem mit den Behörden gedroht. Wenn ich hier rauskomme, dachte ich, errichte ich ein eigenes Heim. Die Therapie wird anders sein, ich würde versuchen, Alkoholiker nach einer längeren Trockenzeit wieder zum norma-

len Trinken zu erziehen. Natürlich hätte das nur einen Sinn mit Patienten einer bestimmten Altersgruppe. Mit einem Sechzigjährigen braucht man da wirklich nicht mehr anfangen. Alle Angestellten müssten selbst mit Alkoholproblemen konfrontiert worden sein, die Situation also am eigenen Leibe erfahren haben. Mehr als danebengehen kann das auch nicht. Und ich bin überzeugt, dass die Erfolgsquote steigen würde.

73. Tag: Es erinnert mich sehr an zu Hause. Wir kletterten den ganzen Tag auf dem Kirschbaum herum, und es machte Spass. Anfänglich wollte ich nicht, weil ich glaubte, nicht schwindelfrei zu sein. Als ich noch studierte, arbeitete ich in den Ferien bei einem Maurerpolier. Dabei renovierten wir unter anderem einen Kirchturm. Damals kletterte ich auf dem Gerüst herum, ohne Sicherung. Das machte mir überhaupt nichts aus. Dann hatte ich einen Unfall mit dem Rennrad. Ich handelte mir eine linksseitige Gehirnquetschung ein. Ich lag eine Woche im Koma und war mehrere Monate rechtsseitig vollständig gelähmt. Mit viel Bewegungstherapie wurde ich geheilt. Später hatte ich keinerlei Beschwerden, weder Kopfweh noch Störungen in der Motorik. Einzig merkte ich noch später, dass mir sofort schwindlig wurde. Auch hatte ich immer das fast unwiderstehliche Bedürfnis, wenn ich irgendwo hoch oben stand, z.B. auf einer Staumauer oder einem Wolkenkratzer, herunterzuspringen.
Heute nun, als ich die hohen Leitern hinaufkraxelte, ohne irgendwelche Anfälle zu verspüren, stellte ich fest, dass das auch nur auf das Saufen zurückzuführen war. Anders konnte ich es mir nicht erklären.
Das Gruppengespräch am Nachmittag war ein Dialog zwischen Leiter und mir. Dabei sagte ich ihm unverblümt, was ich gestern so für mich überlegt hatte. An und für sich war es eine aufschlussreiche Diskussion, obwohl ich eher annehmen muss, dass es auf mich zurückkommen wird. Anschliessend hatte ich das Einzelgespräch. Ich wetterte frisch fröhlich weiter. Diese Frau ist faszinierend. Wie sie das aufnimmt, retourniert, mich aufbaut. Sie versteht etwas vom Fach. Ich bin froh, dass ich eine Therapeutin habe. Überhaupt würde ich jedem raten, psychologische oder therapeutische Behandlungen andersgeschlechtlich zu führen. Man ist ehrlicher, offener und motivierter. Solche Behandlungen nützen nur etwas, wenn man sich das selber einredet, wenn man ganz fest daran glaubt. Jeden Zweifel muss man verdrängen. Wir kamen sehr gut voran, stiessen sogar bis zum Grundproblem vor.

Jetzt beginnt erst die eigentliche Therapie. Jetzt kann auf das konkrete Ziel hingearbeitet werden.

74. Tag: Am Vormittag hingen wir auf den Leitern. Die Zeit verging ziemlich rasch. Die zwei, die bei mir waren, erzählten aus ihrem Süffelleben. Der eine, wie er jahrelang immer wieder in psychiatrischen Kliniken landete, von seinen Erlebnissen mit der Polizei und Frauen. Der andere, der lang in Amerika war, schlug sich als Dealer durch.
Wenn man bedenkt, dass von der Hälfte des Erzählten noch einmal vieles wegzudenken ist, reicht das Restliche immer noch aus, einem Normalbürger kalte Schauer über den Rücken zu jagen.
Am Abend zeigte mir ein Mitpatient sein Gerichtsurteil. Er sei geistig abnorm, unberechenbar und leide an einer totalen Wesensveränderung. Dabei war er Vizedirektor einer grossen Firma, leitender Angestellter in einer riesigen Einkaufskette und dergleichen. Er besass Häuser und Wohnungen im Tessin, Engadin und weiss sonst noch was. Wenn er getrunken hatte, stieg er in fremde Keller ein und trank literweise den besten Wein, den er fand.
Ein anderer war als Aussendienstmitarbeiter in einer Maschinenfabrik an den verschiedensten Messeveranstaltungen vertreten. Er zeigte mir davon alte Fotos. Darauf erkannte ich ihn zuerst nicht. In Schale gekleidet, Krawatte um den Hals, schlank und sportlich.
Ich musste viel nachdenken, wie's mit mir weitergehen würde. Ob ich auch mal von der Fürsorge eingewiesen würde, mit 40 Franken Wochenlohn? Mein Gott, dann lieber einen Schuss in den Kopf!

75. Tag: Ein Scheisstag. Langweilig ist ein Kosenamen dafür. Ich sass da und wartete, bis der Tag vorbeiging. Beim Kegeln überfiel mich der Moralische. Was soll das alles? Ich bin in ein Scheissleben hineingeschlittert und komme nicht mehr raus! Die verschiedensten Gedanken peinigten mich. Mist! Mist! Mist!

76. Tag: Die Stimmung hatte sich über Nacht nicht verbessert. Im Gegenteil, sie steigerte sich noch negativ, denn am Morgen regnete es in Strömen. Auch war es saukalt, und es stürmte. Als Gitte kam, stürzte ich ins Chaos ab. Was sollte ich

bei diesem Wetter anfangen? Den ganzen Tag im Schlag wäre auch nicht das Wahre gewesen. Das Scheissbett regte mich auf. Es krachte und quietschte, als ob es jeden Augenblick zusammenkrachte. Da kann man sich nun wirklich nicht entfalten. Man muss versuchen, das Beste daraus zu machen. Wenigstens hat man noch den Reiz und das gewisse Kribbeln, da die ganze Bude hellhörig ist.
Trotz meiner Sperre durfte ich wegfahren, und es wurde dann noch ein angenehmer Nachmittag.
Abends vergass ich schon zum zweiten Mal, meine Wäsche abzugeben. Ich verzichtete, das zu melden, um nicht weiter aufzufallen. Hier muss ich mehr psychologisch denken als in der Schule. Da heisst es abwarten, was man wen wo wie fragt. Dann kommt erst noch das warum dazu!
Im Bett überwältigte mich das Fernweh. Durch Discomusik im Radio verursacht, flogen meine Gedanken nach Spanien, Italien, Griechenland, an die Algarve in Portugal. Ich sah die Discos an den Stränden, in denen sich die Mädchen nach den Klängen der Musik bewegten, lässig angezogen, sexy zum Bersten, gierig und abenteuerlustig. Draussen der Strand, das Meer, die Liebe...
Ich liege hier im Bau, im Abseits, auf dem Abstellgeleis des Lebens. Es ist zum Durchdrehen angerichtet. Statt fünf Wochen Ferien die Gratisarbeit im Fuchsbau, moderne Sklaverei und erst noch in Sperre. Wer da nicht durchdreht, spinnt!

77. Tag: Ich halte das nicht mehr aus. Ich drehe durch, ich merk's. Den ganzen Tag die gleichen Visagen, der gleiche Trott. Die Gespräche kotzen mich an. Ich will hinaus. Was kann ich verlieren? Die Arbeitsstelle bin ich los, sonst gar nichts. Ich bin noch jung genug, etwas Neues anzufangen. Man verhungert nicht so schnell. Da gehe ich kaputt.
Heute fuhr einer von uns hier oben mit dem Moped ins Tal. Unten kam ein Auto aus einer Einfahrt heraus und dieser knallte voll darauf. Er musste mit der Rettungsflugwacht ins Spital geflogen werden. Sieht schlimm aus. Er war ohne Helm unterwegs, Pech gehabt, oder war es Glück? Ich erschrecke zwar ob solchen Gedanken, aber da muss man auf solche kommen. Ich muss meinen Kollegen und Freund in Österreich anrufen. Er muss mich hier rausholen. So geht es nicht mehr lange. Sehnsüchtig warte ich auf den Knall, auf eine Affekthandlung. Dass ich alles liegenlasse und verreise. Alle können mich mal am Arsch lecken. Ich bin und fühle mich zu jung, um willenlos und

gesteuert auf den Tod zu warten. Es kann nurmehr besser gehen. Es muss!
In der Sperre bin ich immer noch, und bei der Hausversammlung weigerte ich mich, um eine Aufhebung zu bitten. Ich bin kein Griesstreuer, kein Arschlecker, schon gar nicht wegen einer Sache, die so ungerecht ist.
Ich bin total fertig. Nichts geht mehr. Ich habe genug von allem.
Ich werde alle Bekanntschaften beenden.
Fertig mit den Mädchen.
Möchte allein sein.
Total allein.
Aus!

78. Tag: Ich habe den absoluten Tiefstand erreicht. Auch körperlich wirkt sich das aus. Die Nerven spielen nicht mehr mit. Ich habe Herzflattern, Busenstechen und fühle mich überhaupt wie ein Flipperautomat. Ich überlege mir ernsthaft, in die andere Klinik zu wechseln. Ich habe Angst, zu verblöden, ja schlimmer, das zu überleben. Seit der Leiter diesen Brief an den Schulrat geschrieben hatte, ging's nur noch bergab. Ich kann nicht mehr objektiv denken. Alles hat von vornherein einen negativen Stich.
Ich will gar nicht aufhören, will nicht bis an mein Lebensende trocken bleiben.
Öfter ertappe ich mich bei dem Gedanken, wie schön es war, in meiner Stammbeiz Bier zu trinken, oder Wein; zu lachen und angeheitert zu blödeln. Ich erinnere mich oft an früher, wenn ich mit meinen deutschen Freunden in Österreich trank und lustig war.
Ich bin mitten drin im Fehlermachen, nurmehr das Gute, Lässige und Angenehme zu behalten. Kein Gedanke verirrt sich in diese Zeit, als ich mit Magenkrämpfen, unkontrolliert und dem Kollaps nahe dahinsiechte.
Ich versuche krampfhaft, eine Ausrede zusammenzubasteln, stichhaltig und selbst glaubwürdig, um in den alten Trott flüchten zu können.
Ich möchte zu meiner Freundin nach Frankfurt fahren, im Häuschen am See wohnen, mit dem Velo ins Dorf, zum Zeitungshändler um die Ecke fahren, mit Einheimischen reden und drei, vier Flaschen Bier trinken. Ich möchte wieder die Tochter meiner Freundin vernaschen, weil mich dieses Mutter-Tochter-ich-Verhältnis unheimlich reizt.

So wie jetzt ist mein ganzer Rhythmus gestört. Zeit meines Lebens hatte ich im Sommer fünf Wochen Ferien. Ich brauche drei Wochen frei. Dringend!

79. Tag: Das Gespräch mit der Therapeutin verlief schlecht. Ich sagte ihr, dass ich keinem mehr glauben kann. Alle helfen zusammen. Bei ihr zwinge ich mich oft, zu glauben, weil ohne Glaube eine Therapie keinen Zweck hat. Aber auch in dieser Stunde fällt es mir schwer, richtig motiviert zu sein. Das Vertrauen sinkt. Misstrauen breitet sich aus. Wieder Hoffnungslosigkeit!

Ein Brief von der Polizei kam. Sie bitten um eine Stellungnahme, ob ich überhaupt noch fahrtüchtig sei. Das passt ja wie die Faust aufs Auge. Wie ein Puzzlespiel des Abstiegs. Ein Stück ans andere auf dem Weg nach unten. Eine Ansammlung von Tiefschlägen, die mich schon lange überfordern. Ich halte das nicht mehr aus.

Die Sperre werde ich versuchen aufzulösen. Ich werde das hohe Team bitten, meine wohlverdiente Strafe für eine schändliche Tat zu lindern und eventuell aufzuheben.

Etwas Leben in den Alltag bringt ein Mädchen, das beim Bauern Ferien macht. Es ist recht hübsch, und es ist lustig, wie unbekümmert sie sich in dieser Masse sexuell frustrierter Männer bewegt. Am Abend war wieder eine Sitzung der Freizeitgruppe. Am Wochenende ist ein zweitägiger Ausflug angesagt. Ich werde auch mitfahren. Wenigstens ein kleiner Tapetenwechsel. Der letzte Ausflug war schön, die Kameradschaft gut, die Landschaft herrlich.

80. Tag: Es war ein hektischer Tag, dieser Donnerstag-Psychotag. In der Einzeltherapiestunde kamen wir nur teilweise zum Grundproblem hin. Sie konnte nicht begreifen, wieso ich am Montag nicht um Aufhebung der Sperre ansuchte. Sie sehe ja, wie ich darunter leide, das müsse doch zu machen sein, meinte sie.

Ich hätte auch meinen Stolz, ich wäre nie ein Griesstreuer gewesen und werde nie einer sein. Ausserdem müsse ich Ferien bekommen. Ich hätte einen Supervorschlag, erwiderte ich. Ich werde meine «Flucht» mit dem Team besprechen. Dann haue ich bei Nacht und Nebel ab und komme nach ca. drei Wochen zurück. Man wird mir Auflagen machen und mich in die Sperre werfen.

Ich wusste zwar, dass das nie genehmigt wird, doch war ich richtig aufgestellt ob meinem Plan. Als ich ihr das mit der Affekthandlung beichtete, erschrak sie irgendwie. Sie forderte mich auf, sie vorher privat anzurufen.
Am Abend kam meine «Französischmeisterin». Wenn die dran ist! Schon super, das Mädchen!
Ich hatte den Leiter nach dem Essen gefragt, ob ich wegfahren dürfe. Er gab mir die Erlaubnis dafür. Das war schon ganz flott. Doch ich war die ganze Zeit furchtbar aggressiv. Das kommt von diesem Leben im Fuchsbau. Paradoxerweise war ich ziemlich erleichtert, als sie mich zum Bau zurückfuhr.

81. Tag: Immer das gleiche. Es ist langweilig. Und alle reden vom Alkohol, erzählen immer wieder von ihren Erlebnissen in anderen Kliniken und Heilstätten, vom Gefängnis und vom Saufen. Ich glaube, ich werde hier erst recht Alkoholiker. Momentan bin ich einfach ein geistiger Süffel. Wenn man tagaus, tagein nichts anderes hört, muss es dazu kommen. Mein Gott, es liegt so wenig Hoffnung in der Luft.

82–83. Tag: Wir fuhren zwei Tage ins Glarnerland. Bei schönem Wetter stiegen wir zum Ferienhaus auf 1600 m auf. Der Hund vom Fuchsbau war mit von der Partie. Es ging ziemlich steil bergauf. Am Abend, nach einem hervorragenden Nachtessen, diskutierten wir bis spät in die Nacht über das Grundproblem der Alkoholiker, nämlich die Freizeitgestaltung. Einigen ging das auf den Wecker, und so spielten sie, redeten Blödsinn oder zeichneten. Es kam mir vor wie bei so manchem Fortbildungskurs als Lehrer. Die Hütte war irrsinnig. Ich schlief gut und lange, was normalerweise an einem fremden Ort nicht der Fall ist.
Am Sonntagmorgen unternahmen wir eine anstrengende Bergtour. Wir kamen mit dem Zeitplan ins Schleudern, da die zwei Gruppen, die sich gebildet hatten, verschiedene Wege benützten. Trotzdem erreichten wir den Besammlungsort und fuhren über Pass- und Uferstrassen nach Hause.

84. Tag: Wieder Montag. Hinein in den gleichen Trott. Man steht auf, macht seine Katzenwäsche, geht frühstükken und arbeiten. Das Frühstück besteht aus Kaffee, Brot und Marmelade. Da bleibt nur noch die Erinnerung an Käse, Schinken, Ei, Radieschen- und Gurkenbrötchen. Um halb zehn Uhr

Uhr ist Pause. Man muss sich mit Händen und Füssen wehren, damit man zu der Jause kommt. Oft denke ich, die Patienten im Küchendienst müssen das selbst berappen, so knauserig wird oft ausgegeben. Auch am Mittagstisch wird allem Anschein nach rationiert und gespart. Dafür, dass ich den ganzen Tag gratis arbeiten darf und erst noch 55 Franken zahlen muss, finde ich es mühsam.
An der Hausversammlung wurde geredet und diskutiert, dass die Ohren wackelten. Obwohl ich von allen Seiten gestupft wurde, weigerte ich mich, einen Antrag auf Aufhebung der Sperre zu stellen. Ich habe dieses leidige Thema nun mit fast jedem Teammitglied besprochen, das reicht mir jetzt. Die sollen machen, was sie wollen! Mir fehlt jede Motivation zum Reden, Arbeiten und Streiten. Mach ich nicht mehr.
Wenn ich meine Hände anschaue, erinnert gar nichts mehr an meinen Beruf. Fingernägel abgerupft mit schwarzen Rändern, die Innenseiten durch Schwielen deformiert.
An Abend sassen wir auf dem Bänklein vor dem Haus. Die Nacht war lau. Es erinnerte mich an frühere Zeiten. Da hockte ich nun auf der Bank und studierte über mich und das Kommende nach. Von irgendwo tönte Musik, die Grillen zirpten. Friedlich wäre es, wenn nicht dieser Ort Schauplatz und Kulisse darstellte.

85. Tag: Ich spürte jeden Muskel in den Beinen. Diese Wanderung am Sonntag hat doch ihren Preis verlangt. Es hinderte mich jedoch nicht an der Arbeit. Mein Chef im Garten fluchte das erste Mal so richtig in allen Tönen und wildesten Ausdrücken auf mich. Die Bodenfräse lief nicht richtig, weil Dreck im Benzintank war. Der musste hineingekommen sein, als ich auftankte. Ich machte jedoch darauf aufmerksam, dass er selbst mir das Zeug bereitstellte. Ich sei nur ein Arbeitssklave, der seine Aufträge erfülle. Das Denken habe ich mir abgewöhnt. Er war ziemlich böse.
Heute füllte ich ein Urlaubsgesuch aus. Auf dem Büro fragte sie mich verwundert, was ich wolle, denn ich sei doch in der Sperre. Mit einer kurzen Erklärung fertigte ich die Dame ab und liess sie stehen. Im Zimmer schrieb ich noch einen Brief an das Team dazu. Ich bin gespannt wie ein Regenbogen auf die Reaktion.
«Sehr geehrte Damen und Herren!
Ich beantrage hiermit einen Urlaub vom 1. 8.–28. 8. 1984. Ich begründe dies folgendermassen: Ich beende jetzt den dritten

Monat hier, ohne einen Absturz oder andere Schwierigkeiten. (Das Thema «Sperre» besprach ich in der Gruppen- und Einzeltherapie, also mit Hr. D. und Frau R. ebenso mit den Herrn S.und E. Ich betrachte es als abgeschlossen, d.h. als nicht existent). Ich bin damals in diesen Hort gekommen, weil es sonst nirgends Platz gab. Ich wurde weder eingewiesen noch verurteilt, beanspruche keinerlei Extrakosten von einer Fürsorgestelle oder anderen Ämtern. Ich habe niemandem etwas zuleide getan oder sonstwie geschadet, sondern will einzig und allein mein Problem mit dem Alkohol bekämpfen. Seit ich auf dieser Welt bin, hatte ich um diese Zeit Ferien. Ich sehe keinen Grund, wieso sich das ändern sollte. Ich fühle mich noch zu jung und zu wenig abgesoffen, dass ich mich so einsperren und entmündigen lassen muss. Dazu kommt vor allem, dass mir der Wiedereinstieg in meine Lehrertätigkeit höchstwahrscheinlich vermiest wurde. Ein halbes Jahr hätte ich es wohl ausgehalten. Sie wissen genausogut wie ich, dass hier nicht gerade der ideale Platz für mich ist. Trotzdem habe ich keine Arbeit gescheut.

Bis zu dem Zeitpunkt, als Hr. D. den Brief an den Schulrat schrieb, war auch kein Murren meinerseits zu hören. So spielt sich halt alles in einem negativen Nebel ab. Das wird auch wieder vergehen. Es gibt drei Möglichkeiten für mich, den Urlaub anzutreten:

1. Er wird von Ihnen gebilligt.
2. Ich flüchte mit Ihrem Wissen und werde nachher bestraft.
3. Ich haue ab.

Ich bitte Sie höflich, die Sache zu prüfen, und verbleibe hochachtungsvoll
Georg»

Nun werd' ich mal auf Nadeln hocken!
Ich vermute stark, dass dieser Ungare TBC hat. Der hustet und kotzt die ganze Nacht. Es ist nicht sicher, ob er überhaupt geröntgt wurde. Es ist unverständlich, dass da nichts gemacht wird. Der gehört doch zumindest in ein Sanatorium. Da wird's wohl mit der Krankenkasse nicht klappen, stell ich mir vor. So ein Typ kann doch das ganze Haus anstecken. Nun ja, wir sind nur Süffel!

86. Tag: Der Typ, der vorgestern abgehauen war, kam leider wieder. Das ist ein unkollegiales A...loch, wie's im Buch steht. Als wir am Montagvormittag auf dem Feld die nassen, schweren Strohballen luden, stolzierte er die Strasse hinunter und rief schön frech: «Arbeitet nur fleissig, ich geh' etwas trinken. Viel Vergnügen!» «Verschwind' doch, komm doch nicht wieder, du Psycho!» retournierte einer von uns. Schimpfend und schreiend ging er weiter. «Du Sauaffe, ihr Deppen, ihr Feiglinge!» und so ähnlich war zu hören.
Als er heute in der Nacht wiederkam, hatte man aufgepasst. Diesmal wurde er geschnappt. Den ganzen Tag lief er herum und fluchte auf das Team und die «lackierten Affen», die ihn in den Bau brachten. Allerdings schenkte ihm niemand Beachtung, der wurde ignoriert.
In der Einzeltherapie zeigte ich meiner Betreuerin den Brief mit dem Gesuch. Sie musste einigemale herzhaft lachen. Sie erzählte, wie sie sich bei dem Satz «Seit ich auf dieser Welt bin, hatte ich meine Ferien» bildlich vorstellt, wie mich meine Mutter in den Kinderwagen legt und sagt: «So, mach winke winke, wir machen Urlaub». Sie meinte, ich solle ihn nur abgeben; Hoffnung bräuchte ich mir allerdings keine machen. Aber das ist mir sicher klar. Wir setzten noch den Brief an die Fremdenpolizei auf. Schade ist, dass mein Anwalt nicht erreichbar ist. Es geht hier schliesslich um sehr viel. Es kann ohne weiteres der Fall eintreten, dass ich die Fahrprüfung noch einmal machen muss. Das wäre recht verschissen.
Der zeitweise übermässige Alkoholgenuss sei eine Folgeerscheinung von Primärproblemen psychischer Art, die therapeutisch angegangen würden. Die Kur verlaufe erfolgreich. An der Fahrtüchtigkeit sei nicht zu zweifeln, schrieb sie.
Hoffentlich nützt es. Ich meine, es stimmt ja auch.
Am Nachmittag gingen wir mit der Sportgruppe baden. Der Sportminister schlug auch neue Töne an. Er schickte alle, die nur schwimmen wollten, und auf's Laufen verzichteten, wieder weg. Das war alles andere als sauber. Abgesehen von teilweisen giftigen Bemerkungen kann er das so von einer Minute auf die andere nicht bringen. Was wäre schon dabei gewesen, hätte er gesagt: «Horcht, heute nehme ich noch alle mit, aber das nächste Mal ändern wir das folgendermassen...» Obwohl auch das nicht korrekt wäre, denn Schwimmen ist Sport und Sport gehört zur Therapie.
Mindestens zum sechsten Male erklärte ich einem Therapeuten,

dass wir eben die therapeutische Betreuung brauchen und nicht nur als Arbeitsviecher da sind, wie man bald annehmen muss. Aber wie immer stiess ich auf taube Ohren. Die Zeit dazwischen kraxelte ich auf den Kirschbäumen herum, um möglichst viele Kirschen für's Fass zu pflücken. Die werden dann nämlich zu Schnaps (!) gebrannt. Also, Insassen einer Trinkerheilanstalt ernten Kirschen zur Gewinnung von hochprozentigem, alkoholischem Gesöff. Wenn das kein Widerspruch ist?
Auf der anderen Seite muss man fairerweise zugeben, dass man sich, um dem Problem Alkohol aus dem Weg zu gehen, einsperren müsste. In kein Geschäft könnte man gehen, keine Zeitungen lesen, kein Fernsehen schauen, kein Radio hören, usw. Alles hat sein Für und Wider.

87. Tag: Psychotag – Donnerstag! In der Einzeltherapie besprachen wir die einzelnen Punkte für den Fall, dass der Urlaub abgelehnt würde. Das Problem ist, dass ich selbst nicht weiss, wie's weitergeht. Der Brief ans Polizeidepartement wurde vom Leiter etwas umgeändert. «... ist fahrtauglich, solange er abstinent bleibt», konnte ich lesen. Vor dem Essen fuhr ich mit der fünfzehnjährigen Nichte meiner Therapeutin Kirschen pflücken. Wir unterhielten uns über Generationenprobleme, über Politik und Lebenssinn, über Ehe (!) im allgemeinen und Ängste. Es ist unwahrscheinlich, was für Anschauungen das Mädchen hatte. Es tat mir wohl, mich mit Problemen Jugendlicher konfrontiert zu sehen, ich bekam Sehnsucht nach der Schule. Völlig unkompliziert konnte man mit ihr reden, und das in einem sprachlichen Mischmasch aus Deutsch, Französisch und Englisch.
Kaum zurückgekehrt, erwartete mich das Team zu einer Spezialsitzung. Die Erinnerungen an die Schule wurden wach, denn auch da hatte ich alle Hundsgeburt vor dem Schulrat anzutreten. Also sass ich mitten unter den hohen Gremien und hörte mir an, dass der Urlaub erwartungsgemäss abgelehnt wird. Die Gründe dafür wusste ich schon im voraus. Es entwickelte sich mit der Zeit ein recht heftiges Gespräch, das aber schliesslich doch unvollendet und unbefriedigend abgebrochen wurde. Auf morgen wurde eine neue Runde angesetzt. Ein Erfolgserlebnis brachte mir diese Sitzung. Ich weiss, dass ich auch in grösseren Gruppen problemlos reden kann. Und noch etwas musste ich eingestehen: Wenn die Sache beredet wird und man sich über Differenzen ausredet, tut das gut. Es ist falsch, wie ich es machte,

die Schwierigkeiten hinunterzuschlucken. Irgendwo staut sich das nämlich, wird zu Aggressionen umgewandelt und bricht dann aus. Am Nachmittag war Gruppentherapie. Auf die Frage, wie es mir gehe, antwortete ich mit vor Ironie triefender Stimme: «Ich fühle mich rundherum glücklich und zufrieden».

88. Tag: Ich merke immer deutlicher, dass ich mich selbst therapieren muss. So hat es keinen Sinn. Ich schlage hier die Zeit tot und sonst gar nichts. Gut, ich kriege jeden Monat den Zahltag und brauche fast nichts, also erspare ich mir ziemlich viel, und die Einzeltherapie wäre auch sehr gut, wenn nicht jedesmal etwas dazwischenkäme. Aber sonst?
Mit dem Leiter hatte ich wieder ein kurzes Gespräch. Er vertröstete mich auf nächste Woche. Vielleicht würde man andere Möglichkeiten durchdenken müssen, und ich müsse einsehen, dass ich jetzt anders rede als zu Beginn, was eigentlich der Fortschritt sei.
Das Letztere muss ich zugeben. Nach Ostern wäre ich in jede Heilstätte gegangen, sogar in eine geschlossene Abteilung einer psychiatrischen Klinik, so schlecht ging es mir. Das vergisst man halt so schnell.
In meinem Kopf ist ein Gedankensalat, dass es nur so eine Freude ist. Ich finde keine gerade Linie mehr, überall sind Kreuzungen und Sackgassen. Bei jedem Weg, den ich mir überlege, ecke ich an, komme ich nicht weiter. Wenn es da gut ist, hat es woanders einen Haken, und umgekehrt. Der Blick nach vorwärts ist katastrophal. Immer mit dem Gedanken leben zu müssen, dass ich vorbestraft bin, ein hängiges Strafverfahren läuft, in einer Trinkerheilstätte war, usw., macht mich fertig. Ich bin zu verweichlicht, zu degeneriert dafür. Dass das nun ein Bestandteil meines Lebens ist, mir immer wieder und überall nachgehen wird, in einer Akte über meine Person festgehalten, nicht mehr davon loskommend, daran muss ich mich erst gewöhnen, wenn das überhaupt geht.

89. Tag: Beim Mittagessen gab's Krach. Der Epileptiker und der Heilstättenprofi gerieten sich in die Haare. Der eine fuhr dem anderen mit der Hand über den Teller. Das passierte scheinbar des öfteren, doch diesmal ging das Fass über. Wüste gegenseitige Beschimpfungen waren die Folge. Wenn der eine nicht noch kranker gewesen wäre, hätte man diesen Kleiderschrank nicht mehr bremsen können.

Am Abend, beim Kegeln, trank ich das erste Mal Ex-Bier. Ich versuchte es bis jetzt noch nicht, weil ich glaubte, dass der Geschmack, die Flasche und das Gefühl dem richtigen Bier zu ähnlich sind. Ich stellte fest, dass ich dieses Wasser mit der gleichen Geschwindigkeit wie normales Bier schluckte. Auch ein schlechtes Gewissen stieg in mir hoch. Es kann allerdings sein, dass sich das ändert. Wer weiss.

90. Tag: In der Nacht auf heute verreiste Mike wieder. Das ist derjenige, der vor Monaten nach Tegernsee fuhr, vermutlich aber nie dort gelandet war. Mit vier Taschen in den Händen, mit Tabletten beladen, haute er wieder ab. Ziemlich sicher wird er nun nicht wieder aufgenommen, sollte er zurückkehren.
Ich war heute im Ausland, das erste Mal wieder über eine Grenze gefahren. Mit Gitte unternahm ich einen Ausflug nach Deutschland, zum Schluchsee. Genauer gesagt, ins Wehratal. Dort ist es wunderbar romantisch. Ein enges Tal mit vielen Kurven führte hinauf zu sonnigen Wiesen, eingerahmt von Mischwäldern. Dort legten wir uns nackt in die Sonne. Es ist immer wieder ein herrliches Gefühl, in der freien Natur zu lieben.
Als ich in den Bau zurückkam, sah ich etwas abseits einen grossen Scheiterhaufen. Er war für den 1. August gedacht. Einige Patienten sassen an einem kleinen Feuer und grillierten. Ein Blick in die Augen genügte, und man sah, dass sie ein «Lager» im Wald gefunden haben mussten. Am Abend kamen sie dann auch angesoffen zurück. Als man noch dazu durchs Haus den schrillen Pfiff des «Blasinstrumentes» hörte, wusste man, dass der Karren gelaufen war. Das gibt wieder Sperren am Stück.
In der Nacht fuhr ein Taxi vor. Ich glaube, da will einer «nach Hause» zurück. Es lag sowieso Komisches in der Luft. Viele fluchten, wetterten über Gott und die Welt. Die Dümmeren schimpften über die Dummen.
Einem anderen schien die Sicherung durchgebrannt zu sein. Er sass auf der Bank vor dem Haus und ass Katzenfutter, diese steinharten Dinger mit Fleisch und Fisch. Es herrscht richtige Abbruchstimmung. Das «Mädchen für alles» ist auch noch nicht aufgetaucht. Das kann ja eine heitere Nacht werden.
So ein diensthabender Therapeut ist nicht zu beneiden. Was soll er in so einem Fall unternehmen? Da wird der eine oder andere

schon so manche eingefangen haben. Ich erinnere mich, wie mir meine Krankenschwester, die in einem Münchner Süffelspital gearbeitet hatte, schilderte, wie es so zugeht. Wie oft sie Schläge einstecken musste, wie mancher Besoffene um sich schlug, so dass sie ihm eine Spritze durch die Kleidung jagen mussten und dabei nur hoffen konnten, dass die Nadel nicht abbricht. Von Desinfizieren natürlich keine Rede.
Um Mitternacht waren hysterische, ekstatische Schreie zu hören. Von der Bocciabahn herüber leuchtete es rötlich. Das Holz krachte und prasselte. Wenn man bedenkt, dass das genau an den Wald grenzt...

91. Tag: Nachdem ich gestern eingeschlafen war, ging's erst los. Heute morgen erfuhr man Genaueres. Mit dem Taxi kam niemand zurück, sondern die bereits Besoffenen liessen sich Wein und dergleichen bringen. Diese Orgie musste ganz schön ausgeartet sein, denn um ca. zwei Uhr wurde es handgreiflich. Das Büro wurde verwüstet, Stühle flogen aus dem oberen Stockwerk, Schreie gellten durch die Nacht. Es endete vorläufig damit, dass die angeforderte Polizei eintraf und einen Patienten zur Ausnüchterung mitnahm.
In der heutigen Hausversammlung wurde die Rechnung präsentiert. Die Kur wurde abgebrochen und man wird nach einer anderen Möglichkeit suchen, die Leute zu versorgen. Überhaupt fiel auf, dass eine höhere Gangart eingeschaltet wurde. Auch das «Allroundmädchen» wurde gespeicht. Er ist bis jetzt immer noch nicht aufgetaucht. Und schliesslich wurde auch der komplett Süchtige, abhängig von Tabletten, Alkohol und Drogen, fortgeschickt. Er hatte sich auffallend viele Pakete mit Ovomaltine schicken lassen. Da er einer Gepäckkontrolle ausgesetzt war, waren seine Konsumgüter in den Büchsen versteckt. Ein alter Trick, aber für hier oben schien das zu langen.
Ich wurde nicht mehr als «gesperrt» aufgeführt. Wenigstens etwas! Am Nachmittag wurde ich seit Kurbeginn zum ersten Mal wegen eines Mitpatienen so zornig, dass ich ihn anschrie. Wir sollten in der sengenden Hitze auf einem Sonnenhang Heu zusammenrechen. Da passte nun einer mit der fadenscheinigsten Ausrede. Da «verklöpfte» es mich. Später musste ich allerdings noch mehr fluchen. Wir fingen an, zu dritt den steilen Hang hinunterzurechen. Der Schweiss rann in Strömen vom ganzen Körper. Es war nicht zum Aushalten. Was mich am meisten ärgerte und die anschliessende Explosion verursachte, war die

Tatsache, dass weder der Herr Arbeitstherapeut noch der Bauer oder einer von den anderen Häuptlingen half. Wir schmissen die Rechen hin und marschierten die Strasse hinauf. Bis jetzt redete ich immer von moderner Sklaverei. Das heute war jedoch höchst mittelalterliche Ausbeuterei. Eine Stunde vor Schluss ging ich duschen.
Ich meine, so weit drücken muss ich mich nicht lassen. Ich war recht anständig geladen.
Als ich am Abend eine Rechnung des Hauses bekam, wurde ich aufmerksam. Es war eine Rechnung des Arztes für das erste Gespräch. Soundso viele Viertelstunden, macht Franken soundso. Auch andere mussten diesen gleich hohen Betrag berappen. Als ich dann sah, von wem diese Rechnung kam, hängte es mir aus. «Behandelnder Psychiater: Dr. Soundso» Der ist doch normaler praktischer Arzt. Als ich scheinheilig fragte, hiess es, das zahle ja die Krankenkasse. Das wäre Manna für meine Giftspritze.

92. Tag: Auf mein Urlaubsgesuch will niemand so recht einsteigen. Ich habe langsam das Gefühl, dass sie es tolerieren oder sogar warten würden, dass ich eine zeitlang abhaue. Nur so ganz sicher bin ich mir auch nicht. Weder die Betreuerin noch der Leiter, mit denen ich heute Gespräche führte, wollten eigentlich davon reden. Sie wollten vielmehr die Zukunft besprechen. Was passiere, wenn ich nicht mehr an die Schule zurückkäme, Möglichkeiten für andere Berufe aufzeigen, andere Orte zur Kurfortsetzung finden. Ich werde halt in Lauerstellung verbleiben müssen. Ins Sporthotel nach Neustift gehe ich auf alle Fälle, das habe ich besprochen und gesagt. Sonstige Ferien werde ich in den Kamin schreiben können.
Die angesagte Fallbesprechung mit dem Psychiater fand aus Zeitnot nicht statt. Ich kann mir nicht vorstellen, wie das vor sich gehen soll. In so kurzer Zeit wird mich der wohl nicht einstufen können, denke ich. In diesem Saftladen ist scheinbar alles möglich.

93. Tag: 1. August – Schweizerischer Nationalfeiertag! Vormittags mussten wir arbeiten. Es war nicht viel los, weil es regnete. Nach der Neunuhrpause blieb ich im Zimmer und suchte mal alle Rechnungen zusammen. Genau einen Tausender durfte ich auf die Post tragen.
Von wegen auf die Post tragen. Als ich im Büro meldete, dass ich

ins Dorf fahren muss, wollte mich ein Therapeut zurechtweisen, wegen Sperre und so. Ich erklärte ihm ganz ruhig, dass ich nicht mehr auf der Liste stehe, dass ich nicht mehr vorgelesen wurde, und dass ich gar nicht wisse, was er meine. Daraufhin verliess ich den Raum und fuhr ins Tal. Der gleiche Typ schnitt sich am Abend schwer «in den Finger». Wir spielten zu viert Karten. Als mein Freund mit seiner Frau aufkreuzte, verabschiedete ich mich von der Runde. Der Therapeut verweigerte mir nun den Ausgang mit den Worten: «Heute muss jeder hierbleiben. Bei der Hausversammlung wurde bekanntgegeben, dass keiner Ausgang kriegt.» «Sicher gehe ich mit denen Abendessen!» konterte ich. «Das gibt Sperre, ganz klar!» «Das glaube ich nicht.» Als ich das sagte, sah ich den Leiter zum Auto gehen. Blitzartig sauste ich zur Tür hinaus. Der Freund und seine Frau standen beim Auto. Ich stellte sie dem Leiter vor und wir unterhielten uns über die Schule und den Schulrat. Dann fragte ich, ob ich in die Stadt fahren dürfe, um mit meinem Besuch zu essen. Er gab die Erlaubnis und wünschte viel Vergnügen. Damit bekam der Therapeut, der meiner Meinung nach immer öfter seine Kompetenzen überschreitet, eines ans Bein. Ich weiss nicht, aber der gibt mit seiner Berufsbezeichnung an, ohne seine Aufgaben zu kennen. Der glaubt doch, er müsse Kindermädchen spielen. Dem werde ich mal ein Fremdwörterlexikon schenken müssen. Ich ass auf alle Fälle friedlich zu Abend in der Stadt. Als mich mein Freund zu vorgerückter Stunde in den Bau zurückfuhr, war ein Lotto-Match im Gange. Ich kaufte, kaum dass ich sass, drei Karten und gewann auch schon einen Fotoapparat. Da konnte man nicht mehr von Erfolglosigkeit sprechen.

94. Tag: Als ich am Vormittag Johnannisbeeren pflückte, störte ich unabsichtlich ein Wespennest in der Erde. Eine von diesen unliebsamen Viechern landete auf meinem Kopf und stach zu. Es schmerzte höllisch.
Als ich ins Büro ging, um mir kühlende Salbe zu besorgen, war der Therapeut von gestern anwesend. Er fing sofort an, wie enttäuscht er von mir sei, usw. Ich wolle sie gegenseitig ausspielen, sie hätten darüber geredet...
Ich konnte mich nicht mehr beherrschen. Er hatte dem Leiter erzählt, dass ich ihn gefragt hätte, ob ich ins Dorf dürfe. Nun sagte ich ihm all das, was ich gestern nur dachte, auf den Kopf zu. Dann verliess ich zornig und freudig zugleich das Zimmer.
In der Einzeltherapie liess ich den Leiter kommen, um die

falschen Informationen zu korrigieren. Ich fragte noch wegen des Urlaubs. Die wollten das einfach nicht begreifen. Da rede ich gegen eine Mauer. Am Schluss stellte ich resignierend fest, dass sie mich so zwingen, ohne Bewilligung abzuhauen. Ob sie mich dann speichen oder nicht, überlasse ich ihrem Gutdünken.
Ich weiss, in was ich mich da wieder hineinmanövriere, aber ich begreife einfach nicht, warum mir dieser Urlaub nicht erlaubt wird. Ich sehe nicht ein, dass man hier nicht individueller entscheiden kann. Als ich anschliessend wieder zu den Beeren ging, dauerte es nicht lange, und eine zweite Wespe stach zu. Diesmal war meine Hand das Ziel des Angriffs. Das langte mir, und ich liess Beeren Beeren sein. Die Vögel sollen auch was haben. Dafür ging ich mit dem Bauer zu dem steilen Hang, der am Montag meinen Zornausbruch auslöste. Wir rechten in dieser Affenhitze zusammen und luden das Heu auf. Als ich nach dem Nachtessen mit Kollegen ins Tal wollte, wurde ich wieder mit dieser magischen Sperre konfrontiert.

95. Tag: Ich hatte ziemlich schlechte Laune. Den Grund dafür kannte ich zwar auch nicht so genau, aber es ging mir so ziemlich alles im Umkreis von 100 Kilometern auf den Wecker. Es besserte sich erst gegen Mittag, als mich mein Freund aus Österreich anrief und mitteilte, dass er komme. Er war bei einem Bekannten in der Schweiz. Später, als wir zusammen Eis assen und rege diskutierten, bewirkten seine Argumente ein Aha-Erlebnis, wie ich es seit der Schulzeit nicht mehr hatte. Mir ging plötzlich das Licht auf über die Hintergründe meiner Problematik. Leider musste er schon sehr früh wieder fahren. Nachdenklich blieb ich zurück.
Beim anschliessenden Billardspiel lief es mir ausgezeichnet. Ich konnte mal so richtig abschalten, keine Probleme, keine Schwierigkeiten. Wieder schrieb ich einen Brief an das Team. Vorher besprach ich mich mit dem Leiter. Schön langsam pendeln wir uns auf einen konkreten Zeitpunkt und eine bestimmte Dauer meines Urlaubs ein. Es schaut aus, als würde es doch noch im letzten Augenblick klappen.

96. Tag: Am Morgen um sieben wäre Abfahrt zum Ausflug der Freizeitguppe gewesen. Ich meldete mich beim Sportminister ab. Ich bekam gestern noch einen Anruf von Nicole, die gerade aus Mallorca zurückgekehrt war. In Anbetracht dessen, dass ich einen längeren Urlaub plante, beschloss

ich, auf die Reise zu verzichten. Also liess ich den Bus abfahren und wartete mehr oder weniger gelangweilt auf Neues.
Sie kam dann um zwei Uhr und wir begaben uns sofort aufs Zimmer. Mit meinem Zimmerkollegen habe ich diesbezüglich überhaupt keine Schwierigkeiten. Wenn ich ihn informiere, dass ich einen Mittagsschlaf nötig hätte, bleibt er auch mal den Nachmittag weg. So schliefen wir auch heute einige Stunden, bevor wir zum Nachtessen fuhren.
Ich habe nachgedacht, wie es wäre, wenn ich keinen Besuch hätte. Ich glaube, es wäre nicht zum Aushalten. Ich kann es mir eigentlich gar nicht vorstellen. So ist es schon fast zur Gewohnheit geworden, dass jedes Wochenende etwas läuft. Gott sei Dank habe ich noch diese Möglichkeit, dass mich Freunde und Bekannte besuchen. Sonst wäre ich hundertprozentig schon längst ausgerissen.

97. Tag: Nach dem Frühstück liess ich mich von einem Aufseher ins Hotel fahren, in dem Nicole schlief. Ich fuhr mit dem Lift nach oben und klopfte an ihre Türe. Schlaftrunken öffnete sie. Schnell zog ich mich aus und legte mich ins angenehm angewärmte Bett zu ihr. Es war herrlich, wieder einmal in der «Freiheit» zu schlafen. Dass es das gleiche Hotel war, in dem ich schon öfters schlief, erhöhte eigentlich den Reiz. Nachher war ich todmüde und döste vor mich hin bis mittags. Wir assen phantastisch gut. Dann führte sie mich zum Bau zurück und wollte vorm Abschied noch unbedingt ein Foto von mir, das mich in der Arbeitsmontur zeigt. Wieso, weiss ich nicht.
Nach dem Nachtessen, das sehr mikrig war, spielte ich Billard, schaute fern oder sass auf der Bank und rauchte. Immer musste ich an morgen denken, wenn über mein Urlaubsgesuch und die Sperre abgestimmt werden würde. Wahrscheinlich werde ich vor dem Team antreten müssen.

98. Tag: Am Vormittag fuhren wir ins Dorf und brachten Äpfel und Pflaumen ein. Da wir früher fertig waren, gingen wir in ein Restaurant, um den Mittag abzuwarten.
Die Hausversammlung. Nach den üblichen Traktanden kam der Leiter auf mich zu sprechen, was über eine halbe Stunde Zeit in Anspruch nahm. Zuerst wurde die Sperre endgültig annuliert. Sie hätten es eingesehen, dass sie einen Fehler gemacht hätten. Ich äusserte mich nicht dazu. Dann kam der 1. August an die Reihe. Mitpatienten hätten sich beklagt, im Patientenrat herr-

sche Uneinigkeit, und das Team sei in der Meinung gespalten. Wieder musste ich den ganzen «Gugus» aufzählen. Es entwikkelte sich eine heftige Diskussion, wobei ich mich mit allen Mitteln der Rhetorik verteidigte und schliesslich selbst zum Angriff überging. Meiner Meinung nach war es sehr ungeschickt, dass sich das Team auf so eine Diskussion mit mir einliess. Sie entblössten sich noch und nöcher, was in dem Ausspruch eines Therapeuten gipfelte: «Ja, habt ihr gesoffen oder wir! Wollt ihr ein Luxushotel?» Das erhitzte natürlich auch andere Gemüter stark, und so folgte ein offener Schlagabtausch verbaler Natur. Als mir dann noch der Vorwurf gemacht wurde, dass ich mich am Samstag zu spät abgemeldet hätte, bzw. dass das nicht korrekt war, war der Ofen ganz aus. Es wurde fast peinlich. In diesem Rummel ging mein Urlaubsgesuch total unter. Vermutlich wollte es der Leiter ansprechen, wie er am Freitag gesagt hatte, doch liess er es sein. Ich wäre zwar genau in der richtigen Form gewesen, um allen auch hier klipp und klar meine Vorstellungen mitzuteilen.
Auf diese Sitzung hinauf kann ich die Ferientage allerdings vergessen. Jetzt wird sicher eine Hetzkampagne auf mich beginnen. Es wird sehr schwer werden, Erleichterungen oder Ausnahmegenehmigungen zu erhalten. Nun ja, da werde ich halt meine Taktik ändern müssen. Viel werden sie mir wohl nicht antun können, hoffe ich.

99. Tag: Es war ein irre harter Tag. Wir misteten den Stall der Stiere aus. Viele Ladungen wurden zu einem riesigen Miststock geformt. Blasen bildeten sich an den Innenflächen der Hände. Alles schmerzte, doch ich biss auf die Zähne. Auch nachher, als ich in einer Wiese Heu zusammenrechte. Am Nachmittag riss es mir einige Blasen auf. Es brannte höllisch. Zum Trotz arbeitete ich weiter, während viele andere Mitpatienten vor dem Fernseher sassen und einen uralten Film anschauten. Ich hoffte, dass ich erfahren würde, wie es mit dem Urlaub steht. Aber nichts geschah.
Die Hoffnungen schwinden, dass ich fahren darf. Im Team sind sie sehr schlecht auf mich zu sprechen. Das merkte ich wieder bei der Sekretärin, der ich ganz schön auf den Wecker gehen muss. Ich habe mir überlegt, dass ich noch bis morgen vormittag warten werde, bis das Gespräch mit meiner Therapeutin vorbei ist. Dann werde ich endgültig entscheiden, was ich machen werde. Ich darf es nicht riskieren, dass ich rausgeschmissen werde. Da

hängt zuviel davon ab. Ich würde dastehen wie ein nackter Neger.

100. Tag: Ein Tag, der schwer auf die Nerven schlug. Die Zeit ab zehn Uhr verbrachte ich in den Räumen der Therapeuten. Thema war mein Urlaub. Ich hatte mir nicht im Traum gedacht, was für eine nervliche Zangengeburt diese paar Tage würden. Auch der Grund, dass ich reinen Tisch machen muss, dass ich mich um meine Verlobte kümmern muss, da ich annehme, das Verhältnis stehe auf einem kritischen Punkt, nützte nichts. Nun war die Zeit gekommen, in der der Bumerang zurückflog. Nun zeigten sie mit allen Mitteln, ja beinahe sadistisch, wer die Autorität und Macht hatte.

Am Mittag dauerte die Besprechung bis zwanzig Minuten nach zwölf Uhr. Ich ass nichts, sondern ging auf mein Zimmer und weinte. Ich konnte und wollte dem Druck nichts mehr entgegensetzen. Dabei weiss ich nicht genau, ob es Traurigkeit, Ohnmacht oder einfach Wut und Zorn über soviel Verständnislosigkeit des Teams war, als meine Drüsen sich öffneten. Es tat auf alle Fälle gut.

Am Nachmittag stellte ich resignierend fest, dass meine Anschauung von zwischenmenschlichen Beziehungen nicht verstanden wird, bzw. für diese Teammitglieder unakzeptabel ist. Da kommen diese frommen Leute nicht mehr mit, da sind sie überfordert.

Kurz darauf schmiedete ich neue Pläne. Wenn sie es so wollen, begeben wir uns halt in den offenen Kampf. Der Schlagabtausch kann beginnen. David gegen Goliath, was die Position anbelangt. Ich telefonierte meinem Kollegen vom Tischtennisclub, dass ich einen Tag später komme. Dann rief ich meinen Freund in Österreich an, er solle mit Dr. O., einem sehr aufgeschlossenen und weitsichtigen Arzt, in Verbindung treten. Das weitere werde ich besprechen, wenn ich erst mal drinnen bin.

Ich habe noch nicht alles Pulver verschossen. Ich glaube, mir fällt noch viel ein, um meinen Aufenthalt zu erleichtern. Ich fühle mich auch nicht schuldig, irgendetwas Krummes zu drehen. Ich bin hier einzig da, um mein Problem mit dem Alkohol zu bekämpfen. Sonst zu gar nichts!

Mit der Post kam ein Brief aus Südamerika, den mir eine Kollegin schickte. Wenn man bedenkt, dass sie zwischen 50 und 60 Jahre ist, hört sich das phantastisch an. Er stellte mich wahnsinnig auf. Ich freue mich auf Freitag, freue mich auf die freien Tage und freue mich auf das Unterrichten, auf die Schüler.

101. Tag: Jeden Tag erlebt man eine Fülle von Eindrücken, die kaum zu bewältigen sind. Immer noch um diesen depperten Urlaub kämpfend, verbrachte ich den Vormittag. Ich wurde zu einer Spezialsitzung mit dem Leiter und der Therapeutin geladen. Sie wollen sich in diesem Gespräch über meine Zukunft, d.h. über die verschiedenen Möglichkeiten, unterhalten. Ferner über den Sinn der Kur, was ich mir davon verspreche, was sie mir geben können und was nicht. Auch will man das Problem angehen, wieso ich Reibereien mit den Vorgesetzten habe, welche Gegenmassnahmen ich treffen sollte. Als erstes wurde ich gefragt, was ich von der Heilstätte überhaupt halte. Ich antwortete frei heraus, dass ich nicht viel halte, dass ich es als eine Absteige für chronische Alkoholiker betrachte, für den letzten Ort in einer Reihe von Klinik- und Kuraufenthalten, als Zwischenstation in Richtung Endversorgung. Demzufolge sei auch die Betreuung ungenügend, sei doch nicht ein ausgebildeter Psychotherapeut im Haus. Einige dieser «Therapeuten» würden sich besser als Gefängniswärter eignen. So liess ich meinen Worten freien Lauf.

In bezug auf den Urlaub wollte man mich noch mehr beschneiden. Der Leiter reichte mir einen Zettel, auf dem eine Zugsverbindung stand, wonach ich um halb ein Uhr morgens zu Hause ankäme. Ich musste an die Theorie denken, dass ein Alkoholiker nur dann geheilt werden könne, wenn er total am Boden ist. Bedenklich und sehr fraglich!

Ein Tiefschlag reiht sich an den anderen. Ich bin mir gar nicht mehr sicher, ob ich je den Zug erreichen werde. Wenn man nur ganz wenig über dem Boden ist, ganz kleine Freiheiten beanspruchen will, wird man zerquetscht. Am liebsten würden sie sämtliche Brücken und Verbindungen hinter dir abreissen, würden dich zwingen, von ganz vorne zu beginnen.

Etwas anderes prägte noch den Tag. Ein junger Stier lag verendet im Futtertrog. Stranguliert mit der eigenen Kette. Wir konnten nicht genau feststellen, wie das vor sich gegangen war. Einer sprach davon, dass er im Bau psychische Schäden davontrug und «Selbstmord» machte. Gar nicht so undenkbar, wenn man es auf die Patienten überträgt. Einer dieser Patienten, der Diabetiker, ist wieder abgehauen. Er kündigte es an, aber man achtete zuwenig darauf.

Am Abend kam ein Dompteur, der mit seinen sieben Tigern im Nachbardorf Quartier bezogen hatte. Da der Stier noch gut genug schien, die Blähungen noch nicht übermässig waren, wurde er im Geräteschuppen aufgehängt und sofort gehäutet. Es war ein grausiger und faszinierender Anblick zugleich. Anschliessend zerstückelte er das Vieh in «maulgerechte» Stücke. Die Innereien wurden schnell und «problemlos» versorgt. Herz und Leber waren Gustostückln und wurden mit den anderen Stücken verladen.

102. Tag: Ich durfte morgens das Fleisch ins Nachbardorf führen. Als ich mit dem Traktor bei den Käfigwagen anlangte, war das Schaustellerehepaar mit der Säuberung fertig. So konnte ich bei der Fütterung zusehen. Es war ein Erlebnis, die Raubkatzen zu beobachten, wie sie sich während dieser Zeit wieder ihrer Wildheit erinnerten. Alles Zahme, Friedliche und Andressierte wurde abgelegt. Unruhig schossen sie in den Käfigzellen herum, schlugen mit den Riesenpranken gegen die Gitterstäbe und stiessen fürchterliche Urlaute aus, wobei das herrliche Gebiss voll zum Vorschein kam.

Am Mittag kam plötzlich das Fieber. Ich wusste nicht, ob es Reise- oder sonstiges Fieber war. Auf alle Fälle bereitete ich meine Abreise vor. Da ich nur meine kleine Sporttasche und den grossen Koffer da hatte, entschied ich mich logischerweise für die Tasche. Daher konnte ich nur das Wichtigste mitnehmen. Doch wenn ich den grossen Koffer für zwei Tage mitgenommen hätte, wäre es sicher aufgefallen. So ging's problemlos zum Bahnhof und der Urlaub konnte beginnen.

Ich fuhr wieder mal 1. Klasse, was mir richtiges Freiheitsgefühl bescherte. Ist schon Spitze, wie bequem die Wagen sind. Geräuschlos flog man fast durch die Landschaft. Ein Platznachbar trank eine Zweideziliterflasche Wein nach der anderen. Ich erinnerte mich an meine früheren Zugfahrten, in denen ich auch so dasass oder überhaupt während der ganzen Reise im Speisewagen hockte. Kurz kam die Lust nach einem Glas hoch, die ich jedoch schnell verdrängen konnte. Ich war mir eigentlich nicht klar darüber, ob ich in diesen Tagen Alkohol konsumieren würde oder nicht. Die längste Zeit musste ich schon darüber nachdenken, was dafür und dagegen wäre. Das eine Mal wollte ich mal wieder so richtig voll sein, das andere Mal kontrolliert trinken, dann wieder gar nicht. Ich einigte mich darauf, einfach abzuwarten.

Als ich vom Kollegen am Bahnhof abgeholt wurde und ins Auto umstieg, in dem noch ein weiterer Tischtennisfreund sass, bemerkte ich ihre kritischen Blicke. Sie schienen nicht so recht zu wissen, wie sie sich verhalten sollten. So wurde die Fahrt eine recht trockene Angelegenheit, die ich mit einigen Erzählungen aus dem Bau aufzulockern versuchte. Um halb zehn Uhr erreichten wir das Sporthotel. Die Freunde sassen an der Bar bei Bier und Obstler und waren schon recht geladen. Es bereitete mir keinerlei Schwierigkeiten, mich in die gewohnte Umgebung einzuleben, nur mit dem Unterschied, dass ich Wasser trank.

103–104. Tag: Die Grippe hatte mich überfallen. Ich hatte mir diese Krankheit so einsuggeriert, dass ich jetzt tatsächlich erkrankte. Ich lag fiebrig herum und quälte mich, die sportlichen Disziplinen mitzumachen. Als erstes musste ich vorher in die Stadt fahren, um mich einzukleiden. Es ist schon ein schönes Erfolgserlebnis, sich sportlich und ungezwungen zu fühlen und sich dabei nüchtern im Feld der Hobbytrinker zu bewegen. Ich weiss ja, dass es auch ohne «Ohol» geht, besser geht, doch die Angst vorm Absturz sitzt immer im Nacken. Es war unheimlich schade, dass ich so schlecht beisammen war. Die Grippe hätte ohne weiteres noch zwei Tage warten können. Aber wie heisst es so schön: Man kann nicht alles haben! Trotzdem war ich froh, dem Bau für einige Zeit entronnen zu sein und genoss die Tage, soweit das möglich war. Immer wieder stellte ich Vergleiche zu früheren Jahren an und musste zugeben, dass es so schöner und intensiver war. Ich erinnerte mich daran, dass es mir jedes Jahr gesundheitlich schlecht ging. Vielleicht war es eine gewisse Nervosität, die Luft- und Höhenveränderung oder sonst was. Der Unterschied zu heuer bestand eigentlich nur darin, dass ich mich die anderen Jahre «gesundtrank». Nach einigen Obstlern und Halben merkte man kein Unwohlsein mehr, bzw. konnte man es auf das Trinken abschieben. Diesmal ging ich relativ früh zu Bett. Da war es in anderen Jahren schon anders. Da passierte es schon mal, dass ich, die Kleider auf dem Kopf, durchs hauseigene Schwimmbad stapfen musste und am Morgen, zur grossen Überraschung des Hausmeisters, im Ruheraum erwachte.

Am Sonntag verabschiedete ich mich von meinen Freunden, die die Heimreise antraten. Da nur mein bester Freund von meiner Absicht Kenntnis hatte, nach Hause zu fahren, erzählte ich den anderen, dass ich mich von meiner Freundin in die Schweiz fahren lasse. Ich rief diese auch sogleich an und wartete anschliessend auf ihr Eintreffen. Dass es für sie sehr überraschend kam, hörte ich schon am Telefon. Mein Gefühl schien mich nicht getäuscht zu haben. Als wir nach Hause fuhren, ging aus verschiedenen Bemerkungen recht klar hervor, dass sie sich in einem Gefühlsstrudel befand.

105–114. Tag: Schon zu Ostern war das Mädchen in der gleichen Situation. Auch damals hatten andere Typen dafür gesorgt, dass sie sich über ihre Position nicht klar war. Diesmal soll es ein «Schwellenspringer», ein Fahrdienstleiter sein. Nun gut, viel kann ich nicht machen. Auf alle Fälle wohnte ich die Tage bei ihr, und wir erlebten eine herrliche Zeit zusammen. Es ist halt schon schön, wenn man sich längere Zeit nicht sieht. Man bekommt ein ganz anderes Verhältnis zum Partner.
Ich war glücklich und ausgeglichen wie lange nicht mehr. Ich schlief jeden Tag bis in den Vormittag hinein. Nachher fuhr ich auf den Bahnhof, um Zeitungen zu kaufen. Das Frühstück war schon der erste Höhepunkt des Tages. Mit Schinken, Käse und Ei, gutem Kaffee und Orangenjus, die Zeitung nebenbei, Musik aus dem Radio, mit Gedanken an die vergangene Nacht spielend. Anschliessend räumte ich auf und begab mich zum Frühschoppen. Auch ohne Alkohol hielt ich an dieser alten Gewohnheit fest. Dann traf ich mich mit meinem Freund und Psychiater in einem Café. Überhaupt war meine psychotherapeutische Betreuung sozusagen in diesen Tagen maximal. Zwei bis drei Stunden waren wir jeden Tag beisammen und sprachen.
Zu Hause war alles in Ordnung, meine Mutter hatte Freude, da mein jüngerer Bruder, der auch ab und zu Alkoholprobleme hatte, ebenso in einer trockenen Periode war. Am Abend ging ich mit dem Mädchen in unsere Stammbeiz, oder wir fuhren irgendwo zum Essen. Sie trank ihren Wein, obgleich sie ein schlechtes Gewissen hatte. Ich beruhigte sie jedesmal, dass mir das nichts ausmachte, im Gegenteil, es war gut, sie etwas gelöster zu sehen.
Die Nächte waren herrlich. Ein grosses, breites Bett, Spiegel an den Wänden, gedämpftes Licht und Musik. Wir erlebten eine völlig neue Zweisamkeit, die alle Probleme in den Schatten stellte. Ich war einige Male drauf und dran, einen Brief an die Heilstätte zu schreiben, sie könnten mich mal, ich bliebe in Österreich. Doch wie es immer so ist, vergingen die schönen Tage doppelt so schnell, und der Brief blieb in Kopf.
Der Samstag kam, an dem meine Freundin nach Jugoslawien fuhr. Da der Urlaub fest gebucht war, konnte sie, obwohl sie nicht mehr wollte, nicht zurück. Der Bus fuhr um Mitternacht

ab. Sie war nervös. Um sie zu beruhigen und abzulenken, überredete ich sie zu einem grossen Gläschen Cognac. Und da passierte es. Der Wunsch, auch ein Gläschen zu trinken, war fast unerträglich. Mit aller Kraft kämpfte ich gegen den Drang, gegen die Ausreden und gegen die körperlichen Reaktionen. Meine Nerven flatterten, das Herz schlug unrhythmisch. Nur einen Schluck, das macht doch nichts. Jetzt, in diesem Ausnahmefall, ist er berechtigt. Jeder würde in solcher Situation etwas brauchen.
Ich hatte den stärksten geistigen Absturz zu verzeichnen. Ich sah keine andere Möglichkeit mehr, als mir eine Valiumtablette hinunterzudonnern und mich ins Bett zu legen. Zum Abschied stand ich auf. Wir brachten das kurz und so schmerzlos wie möglich hinter uns. Dann war sie weg.
Am ersten Tag war's noch recht lustig. Der Tagesablauf änderte sich nicht gross. Doch am Abend wurde es schlimmer. Ich kam mir verloren und einsam vor, in der kleinen Wohnung, die plötzlich gross wurde. Am nächsten Tag probierte ich, den Tag so zu erleben wie in der Zeit, in der ich trank. Der Unterschied ist wahnsinnig. Während ich vorher stundenlang allein am Tisch in der Beiz hocken konnte, war mir das nun nicht mehr möglich. Es ging mir sofort einmal auf den Wecker. Die Zeit verging wie im Schneckentempo, weil man die Minuten und Stunden viel bewusster erlebte.
Ich stellte mir vor, wie so ein Absturz vor sich gehen würde. Eigentlich wusste ich das ja, weil ich es nach der Sek.-Prüfung erlebt hatte.
Ich trinke ein Bier. Der erste Schluck schon schmeckt irrsinnig. Die Flasche ist im Nu fertig. Eine will ich noch trinken, obwohl ich die erste schon gut merke. Nach der zweiten kommen die Schuldgefühle. Ich habe gesündigt. Der Alkohol ist mir in den Kopf gestiegen. Selbstmordgedanken machen sich breit. Jetzt ist es eh schon Wurst. Wenn schon, dann richtig! Die nächsten Flaschen sind eine logische Folge. Wein muss ich auch noch probieren. Und erst noch den Whisky. Ende: Total besoffen! Dann bist drinnen. Der Wille kaputt, das Denken eingestellt, der Körper am Sand.
Das Verdammte ist, dass man nicht neu anfangen kann, sondern da anfängt, wo man aufgehört hat. Eigentlich will ich so einen Absturz ausprobieren, doch ich traue mich nicht. Zu gross ist die Angst, dass ich mich nicht mehr fangen kann. Und alles von vorne zu beginnen, das scheisst mich an. Nein, ich werde,

zumindest die Kur lang, trocken bleiben.
Mein Freund führte mich nach Innsbruck. Mit dem Zug ging's wieder in die Schweiz, um in den Fuchsbau zurückzukehren. Gut hat er getan, der Urlaub. Ein Erfolgserlebnis war's auch, ich blieb trocken. Ich glaube, ich schaff's.

115. Tag: Nun bin ich wieder da, im Bau. Und es ist idiotisch, verrückt. Ich wurde begrüsst mit den zu erwartenden Bemerkungen, jeder tat seinen Senf dazu und so weiter. Im Büro meldete ich mich an und absolvierte den «Blastest».
Kurz traf ich auf den Leiter, der mir nur die Hand schüttelte, aber gleich in seinem Büro verschwand. Vom ärztlichen Attest wollte scheinbar keiner etwas wissen. Das sparen sie sich für die Hausversammlung auf. Als ich die Post durchschaute, fiel mir sofort ein Brief vom Anwalt auf. Darin war eine Kopie des Polizeidepartements, in dem mir mitgeteilt wurde, dass mir der Führerausweis auf mindestens 12 Monate entzogen würde. Der Gipfel ist, dass die Alkoholfürsorgestelle in meiner Wohngemeinde meine Abstinenz zu überwachen hat. Das darf doch einfach nicht wahr sein! Die wollen mich total fertigmachen, absägen, ausgrausigen und vernichten. Ich rief sofort meinen Anwalt an. Ich hätte ihm 1.100 Franken bezahlt und nun sowas. Da habe ich das Geld ja schlichtweg umsonst hineingebuttert. Er solle gefälligst etwas unternehmen. Ich möchte meinen Führerschein wiederhaben, sofort.
Das ist doch zum Teufelholen. Es ist wahnsinnig hart. Die gleichen Gesichter, die Hoffnungslosigkeit, kein Ausweg. Auf diese wunderschönen Tage hinauf ist es hier wie in einer Folterkammer.
Ich glaubte, dass nach einigen Tagen der Erholung alles besser gehen würde. Das Gegenteil ist der Fall. Doppelt und dreifach verschissen ist's! Ich kann dem Geschwätz dieser vielfach einfältigen Individuen nicht mehr zuhören. Immer noch das gleiche Blablabla. Wieder eingesperrt in der Zelle, den komischen Frass vorgesetzt, das mittelalterliche Lager, grausam! Ich halt's nicht aus, muss weg – irgendwohin.

116. Tag: Heute arbeitete ich, am Vormittag wenigstens. Ich sammelte unter den Bäumen Fallobst. Als es zu regnen begann, hörte ich auf damit.
Dann hatte ich eine Sitzung mit dem Leiter. Ich musste unbedingt nach Zürich zum Anwalt. Vormittags rief ich ihn an. Über

Nacht hatte ich mir überlegt, dass das mit dem Rekurs beredet werden muss. Am Telefon ist das sinnlos, bringt nichts. Ich bekam natürlich die Erlaubnis. Dann kam er auf meine krankheitsbedingte Abwesenheit zu sprechen. Ich überreichte ihm das Arztzeugnis, eine Kopie der Kosten und der Medikamente, die ich verschrieben bekam und einnahm. Dass er mir glaubte, nahm ich gar nicht an. Natürlich bekam ich zu hören, dass ich das und das unterlassen hätte, dass ich sie zu ungenau informiert und im Ungewissen liess, usw. Ich wäre nicht überrascht, wenn sie beim Suchen nach einem Grund Erfolg hätten, um mich in die Sperre zu stecken.
Ich betonte noch einmal meinen Standpunkt, dass ich kein Jahr im Bau bleibe, dass ich Angst vor vollkommener Verblödung hätte und im Herbst Schule geben wolle. Er versuchte mir die Vorteile der Jahreskur einzureden. Ich wich jedoch nicht ab von meiner Anschauung, dass mir totale Abstinenz nichts nütze, wenn ich psychisch und physisch am Boden wäre. Zu Mittag rief ich den Schulratspräsidenten an. Er sagte mir schlichtweg, dass der Schulrat beschlossen hätte, ich müsse die Jahreskur beenden. Die Heimleitung, mein Arzt und das Departement wollen es so. Er müsse sich hier auf diese «Fachleute» berufen, er habe keine Ahnung. Da ich annahm, dass keiner dieser Experten in St. Gallen, die über mein Schicksal entscheiden, je in dieser Heilstätte war, und somit keine Ahnung hat, was hier vor sich geht, ging ich darauf gar nicht ein. Ich sagte einzig, dass ich im Herbst vor der Schultüre stehe, egal, ob ich nun wieder unterrichten könne oder nicht. Ich wisse, dass der Stellvertreter geht, aber er habe einen Maulkorb bekommen, ebenso sei mir bekannt, dass sie an einer anderen Klassenzuteilung herumstudierten.
Nachher fuhr ich nach Zürich. Mit meinem Anwalt besprach ich die Schritte für das Rekursverfahren. Leicht wird's nicht sein, aber Hauptsache, etwas kosten tut es.
Da mir noch Zeit blieb, wanderte ich durchs Niederdörfli. Ab und zu setzte ich mich in ein Strassencafé und beobachtete die Leute. Ich weiss nur eines. Etwas in meinem Leben muss sich ändern. So kann es nicht mehr weitergehen. Ich sah die verschiedenen Figuren, und Mädchen, eines schöner als das andere, sah Urlauber, teils ahnungslos, teils erwartungsvoll und gierig nach Erlebnissen. Alles war braungebrannt, roch nach Urlaub, trug neueste Mode: lässig, sexy, verlottert, auch piekfein.
Ich sah Leute mit Aktentasche und Anzug aus Sexkinos schleichen, die Augen noch wässerig, die Hose, denk ich, ausgebeult.

Und ich sah auch die Kinder, die zum grössten Teil aufgebabbelt und ausgeflippt rumliefen. Oder sie wurden von ungeduldigen Müttern, ebenso verlottert, auf Punk getrimmt, mitgeschleift. Wo ist ihre Zukunft? Haben sie überhaupt eine?
Schliesslich sah ich im Zug noch die Büromenschen, die, gestresst und geschlaucht, in Schale gekleidet, das Köfferchen in der Hand, protzig dasassen, eine dicke Zigarre rauchend, Schweissperlen auf der Stirn. Zum Kotzen, der Anblick, der Gedanke daran, ebenso zu sein. Lieber der ärmste Hund auf einem Müllwagen. Oder ist das wirklich nur der Neid, der solche Gedanken entwickelt? Bin ich doch nur der Fuchs vor den Weinreben? Ich glaub' es nicht, nein, falsch – ich hoffe es nicht!

117. Tag: Ich hatte mir vorgenommen, vieles zu machen, dabei ist wenig daraus geworden. Ein langweiliger Samstag, nichts lief, alles schlief.
In der Zeit, in der ich in Österreich war, traten zwei neue Süffel ihre Kur an. Einer musste ins Spital. Vorher baute er offenbar einen kapitalen Absturz. Verständlich, wenn man bedenkt, dass Verdacht auf Knochenkrebs besteht und er das weiss.
Der Zahnarzt stellte es fest, im Kiefer soll es stecken. Ist schon Scheisse, das Gefühl, das Ungewisse.

118. Tag: Immer mehr geht mir das Licht auf, was für'n Abstelladen das hier ist. Teilchen für Teilchen kann man das Bild zusammensetzen. Es ist mir klar, dass es für die Leute unheimlich schwer ist, diesen Laden zu führen. Abzuschätzen, was sie erlauben können und dürfen, wo mit Autorität zu arbeiten wäre, die sie nicht mehr haben, muss schwer und zugleich frustrierend sein. Als einziges Mittel bleibt so nur die Drohung. Sobald die einzelnen Patienten allerdings den «Mumm» aufbringen, sich nicht mehr darum zu kümmern, d.h. sie in Opposition gehen, wird's kritisch.
Zum Beispiel das Urlaubsgesuch. Neueingänge wurden gezwungen, alles genauestens auszufüllen, und macht man das, wird es erst noch, wo es geht, gekürzt, gestrichen und man selber vertröstet. Alte Hasen hingegen schreiben den Namen und den Ort – aus. Was sollen sie machen? Ich erwähnte oben schon mal, dass sie diese Hilflosigkeit an neuen Patienten kompensieren. Mit dieser künstlichen und trügerischen Selbstlüge halten sie sich über Wasser.
Oder zum Beispiel die Jahreskur: Mir hat man wahrscheinlich

den Job versaut mit einer Begründung, die ich immer noch nicht einsehe. Nun will man mir vom Schulrat her die Auflage machen, dass ich ein Jahr bleiben müsse, also meine Kur beenden, und das in dieser Heilstätte.
Heute hörte ich, dass zwei Patienten, die ca. acht Monate einsassen, einfach gehen. Der eine suchte eine Wohnung, bekommt Invalidenunterstützung, und fertig. Der andere sagte eines Tages , nach sechs Monaten, er habe eine Arbeit gefunden. Wohl oder übel musste man ihn ziehen lassen. Ich verstehe die Welt und vor allem mich nicht mehr, dass ich das mit mir machen lasse. Habe ich wirklich so wenig Courage, dass ich nicht mal auf den Tisch haue?
Es wird ja gut gemeint sein, auf irgendeine Art, aber diese Sorte von Heilstätten ist out, nutzlos.
Momentan hat sich ein Spannungszustand zwischen Ausländern und einzelnen Schweizern entwickelt, der schon als kindisch beschrieben werden muss. Auch ich bekam es zu hören, weil ich im Kegeln besser war als ein solcher Trottel. «Ausländerpack, Nazi», usw. war zu hören. Heute mittag gab es ähnlichen Streit, der recht heftig war.
Es ging ein Wochenende vorbei, an dem ich keinen Besuch hatte. Das gab's bis jetzt höchstens zweimal, doch wollte ich diese Tage allein sein.
Etwas fiel mir auf, als ich Illustrierte und Zeitschriften in den Aufenhaltsraum trug, die ich von Zeit zu Zeit gekauft hatte. Während ich abwesend war, wurden mir «Playboy» und «Penthouse» geklaut. Obwohl ich wusste, dass alles abhanden kommt, was nicht fest ist, war ich bis jetzt verschont geblieben. Der Verlust dieser Hefte bedeutete zwar keinen solchen, doch zeigte er, dass jemand im Zimmer war.

119. Tag: Mehr als ein hundsgemeines Lager für unerwünschte Personen in unserer «normalen» Gesellschaft ist das hier nicht. Das ganze Therapiegefutzel ist Augenwischerei, Blumen auf dem Misthaufen.
An der Hausversammlung wurde natürlich festgestellt, dass meine krankheitsbedingte Abwesenheit nicht korrekt war. Man glaube mir nicht, dass ich nicht fähig war, in die Schweiz zu fahren, hiess es.
Dem widersprach ich gar nicht. Im Gegenteil, ich gab zu, dass man die Grippe, genauer gesagt das Fieber, in drei Tagen spätestens runter hat. Aber im Gegensatz zu draussen, wo man dann

arbeiten gehen würde, und dafür ein bis zwei Wochen halbbelämmert herumhängt, hatte ich jetzt die Zeit, die Krankheit gründlich ausheilen zu lassen. Wenn sie aber die ärztliche Krankmeldung anzweifeln, ist mir das so lang wie breit, ich kann aber nicht sagen, ob der Arzt auch so denkt.
Oft frage ich mich, was diese Leute bezwecken. Da haben sie über das Wochenende folgendes gemacht:
Ein Patient, der austrat, unterschrieb einen Vertrag für eine eigene Wohnung. Am Samstag oder Sonntag nun telefonierte man ohne sein Wissen dem Hausbesitzer, man solle schauen, dass er vielleicht schon ein, zwei Tage früher einziehen könne, er wohne nämlich im «Fuchsbau». In Anbetracht dessen, dass viele Firmenvertretungen und Wohnungsvermieter schon eine Gänsehaut kriegen, wenn sie den Namen «Fuchsbau» hören, ist das, man darf es ruhig sagen, eine Frechheit.
Am Abend spielte ich Billard. Über dem Tisch kreisten zwei Hornissen. Einmal landete eine davon auf meinen Kopf. Ich erschrak ziemlich, denn, haben sie sich einmal in den Haaren verfangen, könnten diese Krüppel wie wild stechen. Mich liess sie aber Gott sei Dank in Ruhe.

120. Tag: Es war ein recht anstrengender Tag. Den ganzen Nachmittag fuhr ich mit dem Traktor, wobei ich die erste Beule machte. Beim Rückwärtsfahren stand ein Baum im Weg, den ich nicht sah. Es war zwar nicht so schlimm, trotzdem ärgerte ich mich darüber.
Auch meldeten sich die Mädchen wieder. So konnte ich meinen Ärger loswerden. Ich lud die Krankenschwester auf den Donnerstagabend ein.
Obwohl ich kein allzu gutes Gefühl habe, freue ich mich. Mit Nicole machte ich für Sonntag ab. Am Abend las ich ein Gedicht, das die Lage eines Alkoholikers meiner Meinung nach sehr gut beschreibt. Es lautet folgendermassen:

Wir tranken...
Wir tranken vor Glück
und wurden unglücklich.
Wir tranken aus Geselligkeit
und bekamen Streit.
Wir tranken aus Überheblichkeit
und machten uns verhasst.

Wir tranken aus Freundschaft
und schufen Feinde.
Wir tranken aus Stärke
und waren doch schwach.
Wir tranken aus Mut
und wurden ängstlich.
Wir tranken vertrauensvoll
und bekamen Zweifel.
Wir tranken, um leichter zu sprechen
und begannen zu lallen.
Wir tranken, um uns himmlisch zu fühlen
und hatten die Hölle.
Wir tranken, um zu vergessen
und waren immer gejagt.
Wir tranken, um frei zu sein
und wurden zu Sklaven.
Wir tranken, um Probleme zu lösen
und sie vermehrten sich.
Wir tranken, um mit dem Leben fertig zu werden
und hätten fast den Tod eingeladen.

SORBRIETAS

121. Tag: Nun weiss ich es genau! Der Brief vom Schulrat erreichte mich zu Mittag.
«Herr Georg, Primarlehrer, wird auf Grund der Empfehlungen der Heimleitung, des Arztes und des Erziehungsdepartements bis Frühjahr 1985 von der Schule dispensiert. Den damit verbundenen Kuraufenthalt hat Herr Georg bis zur vollständigen Genesung zu absolvieren.
Gerne hoffen wir, dass der Entscheid des Schulrates zur vollumfänglichen Genesung von Herrn Georg beitragen wird. Eine Informationskopie...» usw.
So bequem machen es sich diese Herrschaften. Ein Brieflein, und das Thema Georg ist abgeschlossen. Die Frage ist nur noch, wie lange er es aushält. Und damit rechnen können sie, dass ich es nicht mehr lange aushalte. So hat es keinen Wert mehr, wenn ich nun gezwungen werde, die Kur hier zu vollenden. Da wurde ich zum «Deppen» degradiert. Ich muss mit diesen Herren und Experten reden. Reinen Tisch machen, sagt man so schön. Die spielen ja Katz und Maus mit mir. Ich kann mir nicht vorstellen, dass der ganze Schulrat das will. Ich kann und will mir ebenso nicht vorstellen, dass die Eltern und Schüler einverstanden sind.

Sonntag ist Dorffest. Ich werde zu diesem Fest gehen und allen mitteilen, dass der Schulrat diese Entscheidung traf. Man muss die Leute aufklären, diese Sauerei an den Tag bringen. Mal sehen, wie die Reaktion ist. Ich werde diesem Doktor vor allen Leuten ins Gesicht spucken, die Rechnung für die Krönung dieser vierjährigen psychischen Marter präsentieren. Ich werde auf die Tanzfläche steigen und ins Mikrofon schreien: «Da seht, da steht er, wegen dem schon mehrere einen Selbstmordversuch unternahmen. Das ist er, der vollwertige Leute wie einen letzten Dreck behandelt...!» Ich träumte. Ich schaff es nicht mehr. Das hält doch keiner mehr aus. Wie können Leute nur so gemein und fies sein? Was habe ich verbrochen, dass das passiert?

122. Tag: Mittwoch und Donnerstag entwickelten sich zu totalen Psycho- und Gesprächstagen. Mit meiner Arbeit an diesen beiden Tagen können sie nicht viel verdienen. Die Psychotherapeutin teilte mir mit, dass am nächsten Dienstag Fallbesprechung mit dem Psychiater stattfindet. Dafür müsse sie eine Art Fragebogen ausfüllen.
Wie es denn mit meinen Schulden oder Vermögen stehe, wollte sie wissen. Ich antwortete, dass ich keine Schulden hätte, dafür Häuser im Tessin, im Engadin und Hotels in Tirol, doch müsse ich wegen dem Steueramt schweigen. Auf die Frage zu Sexualität meinte ich, dass ich mit meiner Hochzeitsmaschine zufrieden sei und meine Partnerinnen scheinbar auch. Es habe noch keine wegen der Länge oder Ausdauer derselben geklagt. Im Gegenteil, man sei mit ihrer Leistung mehr als zufrieden. Wenn sie Details wissen müsse, ich würde sie gerne beantworten... So ging die Fragerei, gespickt mit ironischen Antworten, weiter. Zum Kotzen!
Gitte kam aus München.

123. Tag: Die ganze Scheisse wand sich geballt in meinen Gehirnwindungen. Die finanzielle Lage, das Auto-Drumherum mit Führerschein, das hängige Strafverfahren, meine Freundin in Österreich, die jetzt sicher im Bahnhof beim Schwelenritter sitzt, die Mädchen alle, der Schulrat, der mich für ein Jahr verdonnert hat, die Schule, die Ungewissheit, ob ich eigentlich noch Schule spielen will, und viele sonstige Sorgen quälten mein Gehirn. Ich befinde mich wieder in einem tiefen, schwarzen Loch. Von allen Seiten kann ich es betrachten, nirgends sehe ich einen Ausweg. Die Zukunft scheint vorbei, bevor

sie begonnen hat. Scheisse, resignierende Gedanken beschäftigen mich. Wozu mache ich das mit? Wieso gehe ich nicht, beende nicht einfach diese sinnlose «Kur» in diesem Arbeitslager?
Ich versauf doch mein Geld, und wenn es nichts anderes mehr gibt, jage ich mir eine Kugel durch den Kopf. Dann sind alle Probleme mit einem Schlag gelöst. Die grosse Freiheit könnte beginnen.
«Über den Wolken, muss die Freiheit wohl grenzenlos sein...» singt doch Reinhard Mey.
Wieso bin ich zu feige dazu? Es muss die Angst sein davor, etwas zu versäumen. Der Lebenserhaltungstrieb ist doch grösser, als man glaubt. Doch so kann es nicht weitergehen.

124–125. Tag: Das Wochenende war ruhig. Herrliches Wetter und sympathischer Besuch machten es erträglich. Ich fuhr nicht nach Hause aufs Fest, wie ich es vorhatte. Es hätte nichts gebracht, obwohl es lustig geworden wäre.
Ich besuchte mit der Freundin ein Stadtfest. Es waren unsagbar viele Menschen auf den Beinen, und die Sonne stach unerträglich nieder. Trotzdem war es ein Erlebnis, Leute in mittelalterlicher Kleidung in ebensolchen Ständen und Werkstätten zu sehen. Ich schüttete mir einige alkoholfreie Biere in die Figur, und ich stellte den gleichen Effekt wie bei normalem Hopfensaft fest: Ich konnte fast nicht mehr aufhören. Als ich die letzte Flasche bestellte, hatte ich eine gewisse Angst vorm Heimfahren. Muss ich doch wieder lange warten, bis ich eines trinken kann. Im Bett gefällt's mir auch nicht mehr so. Ich weiss nicht, ob das an mir, an der Umgebung oder am Mädchen liegt. Vielleicht ist alles daran schuld.
In den zwischenmenschlichen Beziehungen bräuchte ich unbedingt einen Tapetenwechsel. Die momentane Situation ist abgenützt. Ich muss ein Änderung anstreben, wenn es auch von hier oben nicht so einfach sein dürfte.

126. Tag: Jemand hat mein Zimmer besucht. Als ich am Abend das Nachttischchen aufmachte, lagen mitten unter den Bestandteilen, die ich für meine Maschine brauche, Eierschalen. Mit Maschine meine ich ein Gerät, an dem ich mit Unterbrechungen ein Jahr arbeite. Ich glaube, eine Marktlücke entdeckt zu haben, wie sie zum Beispiel das Feuerzeug war. Die Teile dafür bastelte ich aus anderen Haushaltsgeräten zusammen. Den Plan, den ich machte und der das Modell im Endzustand dar-

stellt, suchte ich ebenfalls vergeblich. Ich brachte das in Zusammenhang.
Da hat mich einer bediebt. Ich schaute auch in den anderen Fächern, ob vielleicht etwas fehlte. Schecks hatte ich keine mehr, Gott sei Dank. Mir fehlte sonst nichts. Woher die Eierschalen kamen, bleibt ein Rätsel. Das Fehlen des Planes machte mich traurig, ich war enttäuscht. Sollte ich die ganze Zeit umsonst studiert und gebastelt haben? Wenn den einer an die richtige Stelle bringt, habe ich das Nachsehen. Meine Idee wurde sozusagen geklaut. Es ist halt schon meine Schuld, dass ich so gleichgültig bin und glaube, mir kann das und das nicht passieren, obwohl ich genau weiss, dass man keine Kaffeebüchse, keine Wurst und schon gar nicht Geld oder etwas, das man zu Geld machen kann, liegenlassen darf.

127. Tag: Heute war Fallbesprechung. Der Psychiater war ein sehr sympathischer Mann, der viel Vertrauen ausstrahlte. Vor allem war er wahnsinnig offen. In mancher Beziehung öffnete er mir richtiggehend die Augen. Ich kam im Verlaufe der Kur mehrmals darauf, dass ich meine Lage unterschätzt hatte, aber so klar wie jetzt war es mir noch nie. So nach dem Motto «Wo man hobelt, fliegen Späne!» konfrontierte er mich mit den Tatsachen, dass mir manchmal schwarz vor den Augen wurde.
Vielleicht war es gerade im richtigen Augenblick, wenn ich bedenke, dass morgen der Schulratspräsident zu einer Aussprache kommt. Vielleicht sehe ich die Sache wirklich zu schwarz und zu subjektiv, um ihr auch Positives zuzugestehen.
Langsam überzeugen mich die Argumente so, dass ich eine Jahreskur selbst schon für richtig und wichtig sehe. Ich versuche, für das eine Mal die Gedanken an das Warum, Wieso, Für wen, zu verdrängen. Wenn ich bedenke, dass mir der Körper so ein geregeltes Leben, vor allem mit den Mahlzeiten, danken wird, dass ich mich finanziell gesundstossen kann und ich ausserdem noch Zeit habe, ans Weitere zu denken und eventuell die Zukunft in geregelte Bahnen lenken kann, spricht das schon sehr dafür.
Der Gedanke an das «Raus aus dem Käfig» ist halt mal kurzsichtig. Was macht dieses Jahr aus? Es kann mir im Prinzip nur etwas bringen! Der Zwang, dass ich die Kur hier fortsetzen und beenden muss, stört mich ziemlich. Vielleicht kann man darüber reden? Obwohl mir nach dem Gespräch mies war, die Depressio-

nen verstärkt hervortraten und ich erst recht ans Aufhören dachte, fühlte ich mich nach längerem Überlegen wohler. Ich muss mich mit der Jahreskur abfinden, einfach versuchen, das Beste daraus zu machen, therapeutisch optimal zu nutzen.
Eveline, die Psychologiestudentin aus St. Gallen, rief am Abend an. Ich war froh, konnte ich mit ihr darüber reden. Sie sah das natürlich objektiver und nüchterner als ich. Und Gitte, die Krankenschwester, die ebenfalls telefonierte, meinte dasselbe. An psychologischen Beratern fehlt es mir ja nicht, das muss ich schon sagen. Ist ein grosses Glück, das ich habe. Alle sind dafür, dass ich die volle Kurzeit nütze. Unabhängig, weil keine(r) eine(n) andere(n) kennt, kommen sie zum gleichen Ergebnis.

128. Tag: Das Thema Schulrat ist nun bis Frühling abgeschlossen. Soviel ergab das Gespräch mit dem Präsidenten am Vormittag, wenn ich es zusammenfasse. Sie wollen nur erreichen, dass es mir gut gehe, dass ich gesund werde, indem ich den Kuraufenthalt nütze. Für sie wäre es viel leichter, wenn sie mich einstellten im Herbst, bräuchten sie doch keinen Stellvertreter zu suchen, müssten keine Erklärungen an Eltern und Kinder abgeben. So lauteten die Begründungen dafür, dass man mich nun noch länger auf das Abstellgeleise stellt.
Was ich darüber denke, erklärte ich folgendermassen: Die Situation infolge meines Absturzes vor Ostern wurde vom Schulrat im letzten Moment geschickt ausgenutzt. Man hat mich unter Androhung von Art. 72 zu einer Unterschrift gezwungen, deren Reichweite ich in meinem damaligen Zustand nicht abzuschätzen vermochte. Nun hat man eine Verlängerung des Kuraufenthaltes beschlossen, die meiner Meinung nach nicht sauber ist. Man versucht, mich mit Hilfe von «Experten» so lange als möglich von der Schule wegzuhalten, um Zeit zu gewinnen, bis mein Ruf als guter und erfolgreicher Lehrer etwas verblasst und es dann leicht ist, mich ganz auszubooten. Die Hoffnung, dass ich dieses Jahr nicht durchstehe und vorzeitig abbreche, was eine Entlassung aus dem Dienstverhältnis zur Folge hätte, bleibt immer noch. Das wäre die «einfachste» Lösung. Da scheinbar alle gegen mich sind, werde ich mich damit abfinden müssen. Ich befürchte, dass ich nicht mehr in den Schuldienst einsteigen kann, ebenso werden sich meine Beziehungen zu Bekannten auflösen. Ich selber wäre für einen Einstieg im Herbst mit ambulanter, psychotherapeutischer Behandlung.
Alles Reden nützte natürlich nichts, da die Rechnung bereits

gemacht war und der Schulrat auf dem längeren Ast hockt. Meine Äusserungen vom Vortag, als ich vom kontrollierten Trinken mit dem Psychiater sprach, waren noch der Deckel auf dem Topf. Auch einem Kurortwechsel wurde nicht zugestimmt, da es ein Test des Durchhaltevermögens sein soll. Es sollen ja auch keine Ferien in einem Erstklasshotel sein. So einfach geht das!

129. Tag: Die Nacht war schlimm. Gedanklich schwankte ich zwischen Rache, Einsicht und Aufgabe. Vier Monate hatte ich jetzt hinter mir, acht vor mir. Alle Vor- und Nachteile abwägend, lag ich im Bett. Klar, die Zeit würde auch vergehen. Was passierte aber? Und was geschieht nachher?
Wenn ich es mir genau überlege, so passt es mir ja gar nicht schlecht, stresslos zu arbeiten, solide zu leben und Kraft und Geld zu tanken. Dazu kommt, dass der Urlaub jeden Monat länger wird. Wenn ich nun noch den Führerschein nach dem halben Jahr zurückbekäme, wäre vieles leichter auszuhalten.
In der Einzeltherapie kam nichts Gescheites zustande. Ich war gereizt und aufsässig. Ich beginne an der Wirkung und am Erfolg zu zweifeln. Es wird einen Weile dauern, bis ich die Umstellung auf die neue Situation geschafft habe. In der letzten Zeit sind einige Leute ausgetreten und dafür neue gekommen. Das Publikum hat sich eher verschlechtert. Vor allem sind Spielpartner ausgeschieden. Im Hinblick auf den Winter nicht gerade ideal. Ich muss mir unbedingt jetzt schon etwas einfallen lassen, wie ich diese trostlosen und depressiven Tage über die Runden bringe.
Heute stellte ich noch ein Urlaubsgesuch aus. Es lautete so:
«Sehr geehrte Damen und Herren! Da in bezug auf die Kurdauer eine entscheidene Veränderung erfolgte, ersuche ich Sie, mir die drei Tage Urlaub hintereinander zu gewähren, da ich nach Österreich fahre, um meine Familie und Verlobte über die neue Situation zu informieren, bzw. mit der letzteren die Lage zu besprechen. Da die Fahrt ziemlich lange dauert, hoffe ich, dass Sie sich menschlich zeigen und mich am Donnerstagabend abfahren lassen. Ich danke und verbleibe, Georg»
Ich bin gespannt wie ein Regenschirm, wie sie sich diesmal verhalten. Dass das Team damit einverstanden ist, glaube ich zwar nicht.
In der Gruppentherapie äusserte ich meine Befürchtung, dass ich zu einem psychosomatischen Krüppel degeneriere. Die Resignation sei gewaltig. Ich werde versuchen müssen, mich mit diesem Marionettendasein abzufinden.

130. Tag: Es passiert hier genau wie an anderen Orten, dass Arschlecker und Punkteschinder besser wegkommen und bevorteilt werden. Da gibt es solche, die damit belohnt werden, dass sie vorzeitig ausserhalb des Hauses arbeiten dürfen. Es würde natürlich meiner vorherigen Forderung von Individualität widersprechen, wenn mich das aufregte. Aber sie suchen Arbeitsstellen für Patienten und nehmen mir meine sichere Stelle weg. Zuerst regte ich mich auf, jetzt habe ich mich daran gewöhnt.
In dieses Gemeinschafts-WC gehe ich schon lange nicht mehr. Es ist immer noch furchtbar kalt draussen und auch drinnen. Geheizt wird selbstverständlich nicht. Da es im Haus zieht wie in einem Vogelkäfig, muss man fast den Pelzmantel anziehen. Nun, Abhärtung schadet nicht!

131–132. Tag: Das Wochenende war langweilig. Das herbstliche Wetter, soundso das Ende symbolisierend, trug auch nicht zu einer heiteren Stimmung bei. Zum kreativen Arbeiten bin ich zu faul, zu wenig motiviert, und sonst bleibt nur das Spielen. Es wurde eine Art Suchtverlagerung. Ob mit den Karten, am Billardtisch, Kegeln oder Tischfussball ist egal, Hauptsache, es geht um was, und wenn's nur das Prestige ist.

133–135. Tag: Funkstille!

136. Tag: Wunder gibt's auch hier. Ich schrieb mein zweites Urlaubsgesuch. Darin bat ich, am Freitagabend fahren zu dürfen. Ich machte mir wenig Hoffnungen. Trotzdem war ich «aufgestellt». Vormittags telefonierte ich mit der Zentrale der Krankenkasse. Ich war nicht einverstanden, dass sie mir nur 6 Franken pro Tag zahlen wollten.
Ich sagte dies der Gesprächspartnerin am Telefon und begründete es so:
«Ich wurde vom Arzt im Spital eingewiesen, weil diese Kur notwendig war. Da Alkoholkrankheit eben eine Krankheit ist und da ich meine Beiträge gezahlt habe, finde ich, dass die Kasse für die Kosten der Kur aufzukommen hat. Ansonsten lasse ich mich sofort in eine Klinik überweisen. Dann müssten sie 350 Franken statt der 50 Franken bezahlen. Ich glaube nicht, dass diese Rechnung aufgeht».
Daraufhin musste das Fräulein ihren Chef fragen. Als sie wieder in der Leitung war, bestätigte sie freundlich, dass mir die Kurko-

sten ersetzt würden. Durch das Telefongespräch «verdiente» ich somit, wenn man es so betrachtet, ca. 15 000 Franken. Das war kein schlechter Verdienst.
Am Abend teilte man mir mit, dass ich nun doch am Freitagabend fahren dürfe. Ich war so überrascht, weil ich ja nicht damit gerechnet hatte, dass ich ungläubig zweimal nachfragen musste. Doch es stimmte, das Team hatte sich dazu durchgerungen, mir für einmal einen Wunsch zuzugestehen. Ich freute mich riesig. Der negative Nebel lichtete sich, und ich sagte das dem Leiter auch.

137. Tag: Am Morgen arbeitete ich wie ein Wilder. Ich sammelte in kurzer Zeit mit einem Mitpatienten vier Kisten Pflaumen. Nachher gestanden wir uns das Recht zu, uns in einer Wirtschaft ein kühles Bier, Ex-Bier natürlich, zu genehmigen.
Da ich nicht mit der Erlaubnis gerechnet hatte, gab ich auf dem Urlaubsformular eine ungeschickte Zeit für die Abfahrt an. Doch als ich im Büro vorsichtig fragte, ob ich eine halbe Stunde früher fahren dürfe, merkte ich, wie sich die Mundwinkel des Fräuleins verdächtig nach unten verschoben. Sofort lenkte ich auf ein anderes Thema um und fragte, ob man mir meine Reisetasche vom Estrich holen könne. Zuviel wollen ist ungeschickt, das ist eine alte Weisheit.
So liess ich mich um vier Uhr zum Bahnhof fahren. Ich löste ein Billet 1.Klasse nach Innsbruck. Völlig vergnügt und entspannt trat ich die Reise an. Ich hatte es so eingerichtet, dass ich an meinem Wohnort zwei Stunden Aufenthalt hatte. So konnte ich meinen Freund besuchen. Er holte mich mit seiner Frau am Bahnhof ab. Dann kam gleich das Dickste vom Tag. Mein Freund erzählte mir, wie er zu meinem Leidensgenossen wurde. Man hatte ihm nämlich den Führerschein abgenommen. Er kam nach einem Fest um zwei Uhr morgens in eine Polizeikontrolle, nun ist der Ausweis in der «chemischen Reinigung». Wir wussten nicht, ob wir lachen oder sonst was sollten. Da es aber nicht mehr rückgängig zu machen ist, entschieden wir uns für's erstere. Ich machte ihm den Vorschlag, er solle doch mit mir mitkommen. Wir hätten die grösste «Gaudi» zusammen im Garten. Wir überlegten uns, stellten uns das Gesicht des Schulratspräsidenten vor, wenn er ihm diesen Vorschlag macht. Bald darauf sass ich wieder im Zug. Die Zeit verging relativ schnell. Um Mitternacht erreichte ich Innsbruck. Meine Freundin stand auf dem Bahnsteig. In dem Moment wurde mir klar, wie gerne ich sie habe.

Wir begrüssten, umarmten und küssten uns, als hätten wir uns jahrelang nicht gesehen.
Es war ein herrliches, heimeliges Gefühl, wieder zu Hause zu sein. Als ich das letzte Mal wegging, hätte ich nicht im Traum daran gedacht, dass ich so schnell wieder dasein würde. Wir liebten uns mit allen Fasern unserer Körper. So eng umschlungen, wie dies anatomisch nur möglich war, schliefen wir ein.

138. Tag: Am Morgen musste meine Freundin leider arbeiten gehen. Wie immer weckte sie mich mit unnachahmlichem Fingergefühl. Wenn ein Tag so schön beginnt, kann gar nichts schiefgehen. Ich stand dann auch auf, um den Tag voll ausnützen zu können. Ich habe gelernt, in den wenigen Tagen Urlaub intensiv zu leben. Bei zwölf Wochen Urlaub in meinem Beruf ist das gar nicht möglich. Da kann man die freie Zeit nicht schätzen. Eine Stunde opferte ich für das Frühstück. Da finde ich in der momentanen Situation eine halbe Krönung des Tages, bevor dieser eigentlich richtig begonnen hat. Nachher rief ich meine Schwester an. Sie war sofort bereit, mir für die Tage ihr Auto zu leihen. Die ist schon Spitze, das Schwesterherz. Dann fuhr ich zu meinen Eltern. Der Vater hatte Geburtstag, was ich natürlich vergessen hatte.
Ich besuchte noch kurz meinen Freund und Therapeuten. Ohne ihn wäre ich arm dran gewesen, hatte er es doch immer wieder verstanden, mich in schweren Zeiten aufzustellen. Gemeinsam versuchten wir, das Positive in der jetzigen Entwicklung herauszufinden. Wenn man so ausgeglichen ist, werden die Probleme klein. Schwierigkeiten werden leicht, die Wege zur Bewältigung einsehbar.
Am Abend gingen wir «dick» essen. Das Lokal war schön, die Bedienung flott und angenehm, Musik erklang leise aus Lautsprechern an den Ecken des Raumes, der ausschliesslich mit Holz verkleidet war. Wir assen ein Pfeffersteak mit dazugehörendem Drum und Dran. Da fehlte halt schon die Flasche Wein, die früher einfach dazugehörte. So nahm ich mit alkoholfreiem Bier vorlieb, das es zu meiner Überraschung gab. Meine Freundin trank Weisswein. Da ich dieses Gesöff nie mochte, sondern nur Rotwein trank, hatte ich dabei keine Schwierigkeiten. Überhaupt muss ich mich dran gewöhnen, dass auch sehr nahestehende Personen Alkohol in meiner Gegenwart trinken. Es passierte mir auch in unserer Wohnung, dass ich mich selber rüffeln musste. Als ich nämlich den Kühlschrank öffnete, stand eine

volle Flasche «Ballantines» drin. Zuerst wollte ich sie sofort in die Speisekammer umplazieren. Doch mir wurde einmal mehr bewusst, dass ich damit fertig werden und damit leben muss. Einen idealeren Zeitpunkt, um das Leben neben dem Alkohol zu lernen, als jetzt, wo ich im Bau doch weg vom Schuss bin, gibt es ja nicht.

139. Tag: Der Morgen war phantastisch. Ausgeschlafen und glücklich, in einem riesigen Bio-Hoch dahinschwelgend, erwachte ich, um mir gleich eine Zigarette zu genehmigen. Sandra schlief noch. Ihr Gesichtsausdruck war richtig entspannt und zufrieden. Ich hatte das unwiderstehliche Bedürfnis, ihren ganzen Körper zu küssen. Er war herrlich warm und weich. Durch die Liebkosungen geweckt, doch nicht ganz wach, begann auch sie instinktiv, meinen Körper zu streicheln...
Nachdem ich geduscht hatte, bereitete ich das Frühstück, was ich an solchen Tagen ausgesprochen gerne mache.
Anschliessend fuhr ich zum obligatorischen Frühschoppen. Nachdem ich mich von meinen Eltern verabschiedet hatte, ging's Richtung Innsbruck. Ohne Kummer oder Traurigkeit, wie sonst so oft, verabschiedete ich mich von meinem Mädchen, das ich schon lange nicht mehr so lieb hatte wie an diesem Wochenende. Dann sass ich im Transalpin. Ich suchte mir ein Abteil aus, in dem ich allein und ungestört war, um über gewisse Dinge nachdenken zu können. Alles wurde leicht, positiv. Im Speisewagen ass ich, während der Zug den Arlberg hochzog. Nichts auf der Welt hätte mich zu einem Tausch mit einer Autofahrt bewegen können. Im Abteil streckte ich die Beine aus und schlief.
Auch für die Rückfahrt wählte ich die Zeit so, dass mir zwei Stunden Pause blieben, um meinen Freund zu besuchen. Der war es, der in meiner ersten Zeit im Bau die Sache mit der Wohnung, dem Auto, usw. regelte.
Seine nette Frau hatte im Sommer einem Mädchen das Leben geschenkt, während er in Amerika mit seinem Travel-Tours unterwegs war. Ich fuhr ein Runde mit dem Auto, das bei ihm untergestellt war. Ich wurde ganz schön fahrgeil, als ich drinnen sass. Es ist zum Kotzen, dass der nagelneue, schwarze BMW so ungenützt rumsteht. Hoffentlich bekomme ich meinen Führerschein bald!
Der Hauptbahnhof in Zürich war ein einziges grosses Puff. An diesem Tag konnten die Leute mit 5 Franken so weit fahren wie sie wollten. Das führte dazu, dass beinahe alle Züge Verspätun-

gen hatten, auf andere Geleise umgeleitet wurden, und dass die Menschenmenge, die sich durch die Bahnhofshalle wälzte, noch riesiger war. Mit einer halben Stunde Verspätung erreichte ich den Bau.

140. Tag: Anders als nach dem «krankheitsbedingten», längeren Aufenthalt vor drei Wochen hatte ich diesmal keine Mühe, am heutigen Montagmorgen zu arbeiten und mich wieder ans Bauleben zu gewöhnen. Das Gefühlshoch blieb stationär. Aufgestellt und ungewöhnlich froh, von der Richtigkeit der Kur überzeugt, ging der Tag recht schnell vorbei. An der Hausversammlung gab der Leiter bekannt, dass einige die Kur abbrechen wollen. Sechs Patienten insgesamt in nur zwei Wochen. Da herrscht allgemeine Auf- und Abbruchsstimmung. Wenn man den weiteren Verlauf dieser Patienten beobachtet, stellt man fest, dass in der Zeit, in der ich in dieser Heilstätte bin, jeder, der abgebrochen hatte, wieder in Kliniken landete. Einer davon, der damals in der Küche arbeitete und vor seinem Abtreten das Büro abbrach, war zwei Wochen arbeiten, bevor er sich zuknallte. Nun sitzt er in seiner Wohnung, isst nichts, arbeitet nichts, säuft nur noch. Im Knall ruft er hier an. In der Nacht, während ich das schreibe, läutet das Telefon ununterbrochen. Ich wette, dass es dieser Typ ist. Ich habe ihn gerne gemocht. Am Abend reiste überstürzt der Flipperkasten ab. Sein Vater liegt im Spital, der Mutter geht es nicht besonders. Beide sind schon sehr alt. Da muss am Nachmittag irgendetwas gelaufen sein. Scheinbar war sein «Schluckabsteller» zu Besuch. Der Abbruch ist für ihn eine Katastrophe.

141. Tag: Der Herbst ist endgültig eingezogen. Die feuchten, nebeligen Tage und der Dauerregen verstärken die depressiven Stimmungen. Es ist dunkel, wenn man aufsteht. Bei so einem Sauregen fuhr ich mit dem Bauer ins Nachbardorf zur Schreinerei. Wir unterhielten uns während der Fahrt über die einzelnen Angestellten. Die Meinungen und Äusserungen betreffend die Arbeitstherapeuten waren sehr aufschlussreich. Da wir mit dem offenen «Schilter» fuhren, waren wir am Ende durch und durch nass. Ich liess die Badewanne einlaufen. Eine halbe Stunde hockte ich gemütlich im Schaum. Nach dem Essen hatte ich keine grosse Lust, im Regen zu arbeiten. Ich legte mich ins Bett und schlief. Am Abend rief ich eine alte Freundin an, alt von der Bekanntschaft her. Sie konnte es gar nicht glauben, dass ich noch an sie gedacht hatte. Sie wähnte mich bereits über alle Berge, als sie in der Zeitung las, dass eine Lehrerstelle für den Herbst ausgeschrieben war. Sie erzählte mir sehr viel von sich und ihren Kindern. Es waren schliesslich sechs Monate vergangen, seit wir das letzte Mal zusammen waren.

142. Tag: Nach einer Pause begann heute die Einzeltherapie. Gezielt versuchten die Betreuerin und ich, auf das Grundproblem hinzuarbeiten. Da ich mich immer noch in der positiven Phase befinde, fiel es mir nicht schwer, mit ihr darüber zu sprechen. Vor allem weil ich an den Erfolg glaube, können wir gut arbeiten. Sie schlug mir unter anderem vor, externe Gruppen, also gemischte Gesprächsgruppen, zu besuchen. Anschliessend hockte ich auf dem Estrich und putzte die zum Trocknen ausgelegten Zwiebeln. Das war eine recht geistlose, langweilige Arbeit, die nur durch meinen Mitarbeiter aufgelockert wurde, indem er pausenlos fluchte. Die Kosenamen, mit denen er mich schon beehrte, würden Seiten füllen.

Dann kam ein Brief vom Bezirksamt. Die Stellvertreterin für den Leiter wollte ihn mir nicht zeigen, doch meine Therapeutin war anderer Meinung. Darin wurde vom Heim ein Führungsbericht verlangt, der meine Aktivitäten aufzeigen soll, der die Frage nach dem Erfolg und der Dauer der Kur beinhaltete. Ausserdem würde ich in der nächsten Zeit von Leuten des Bezirksamtes befragt. Das heisst, dass sich in bezug auf das hängige Strafverfahren etwas regt.

Abends besprachen wir in der Gruppe den Urlaub. Man zeigte uns den Prospekt vom Feriendorf, in dem wir eine Woche wohnen werden. Es schaut gut aus. Die einzelnen Häuser sind neu und aus Holz gebaut. Dazu gehören ein Hallenbad, ein Tennisplatz, usw. Ich erwarte mir nicht zuviel, so kann es nur besser werden. Es werden neun Patienten und 4 (!) Therapeuten daran teilnehmen.

143. Tag: Am Morgen bastelten wir den Brief ans Bezirksamt zusammen. Der Führungsbericht bereitete keine Schwierigkeiten, da ja wirklich alles optimal läuft. Ich beteilige mich aktiv an der Therapie und war hundertprozentig absturzfrei.

Nachher musste ich mit einem Mitpatienten Zwetschgen auflesen. Auch die wurden zur Schnapsbrennerei gebracht und verarbeitet. Über Mittag schlief ich. Die Einzeltherapie am Nachmit-

tag verlegten wir ins Freie, da ausnahmsweise schönes Wetter war.
Es passt mir immer mehr, da ich finde, auf dem richtigen Weg zu sein. Am Abend hatte ich ein Gespräch mit dem Psychiater. Es ging darum, dass ihn der Schulrat um eine Bestätigung dafür bat, dass ich die Jahreskur unbedingt brauche. Ich kann mir vorstellen, dass die Eltern der Schüler, die nun schon den zweiten Lehrer innerhalb eines Jahres bekamen, langsam unruhig werden und dem Präsidenten auf der Leitung hocken. Da ich wahrheitsgetreu den Leuten erzählte, dass ich bereit gewesen wäre, im Herbst anzufangen, aber der «Schulrat beschlossen habe...», verstehen das einige Eltern sicher nicht. Nun will er sich mit einem psychiatrischen Schreiben absichern. Das wiederum passt mir gar nicht. Wenn diese Leute das Wort Psychiater hören, bekommen sie schon eine Gänsehaut. Da muss einer spinnen! Wir leben nun mal nicht in Amerika, wo jeder, der «in» sein möchte, einen Privatpsychiater haben muss, sogar die Haustiere.
In der Heimküche ist ein wilder Streit entbrannt. Die Mitpatienten, die schon lange da sind, sind in den Streik getreten. Solange diese Sau, die in der Küche laufend furzt, da arbeitet, wollen sie nichts mehr machen. Es ist wirklich eine Zumutung!

144. Tag: Der Tag verlief recht ruhig. Ich hatte die Einvernahme mit dem Untersuchungsrichter aus der Stadt. Die ganze Angelegenheit wurde noch einmal durchgekaut, Aussagen vorgelesen, wenn nötig korrigiert, usw. Am Schluss reichte er mir ein ganzes Aktenpaket mit der Aufforderung, das durchzulesen und die Richtigkeit zu bestätigen. Als wenn man das als Laie so schnell machen könnte. Mir hing das alles zum Hals raus. Ich blätterte es durch und gab meinen Segen. Vor Gericht müsse ich nicht erscheinen, es gäbe also keine Verhandlung, hiess es. Ich müsse einfach mit einer Busse rechnen.

145. Tag: Die Nacht schlief ich sehr schlecht. An diesen regnerischen Tagen muss ich mich verkühlt haben. Ich hatte Halsschmerzen und Fieber. Ausserdem wurde ich von Herzbeschwerden geplagt, die jedoch eine Folge der erhöhten Temperatur sein konnten.
Ich fragte einen Mitpatienten, der wegen der gleichen Leiden behandelt wurde, ob er noch Pillen habe. Er gab mir die restlichen Tabletten und Tropfen. Ich haute mir gleich nach dem Frühstück 500 000 E Penizilin rein. Anschliessend schluckte ich

noch eine Alkazyltablette.
Ich stand lange vor dem Entschluss, ob ich überhaupt ins Tessin mitreisen solle. Die Woche krank herumliegen wäre scheisse. Am Schluss fuhr ich doch mit.
Wir bestiegen den Bus und zwei Personenautos, und ab ging's. War das Wetter bei uns noch schlecht, so besserte es sich jedoch, je südlicher wir kamen, immer mehr. Die Gegend war so, wie ich es vermutet hatte. Weit weg vom Rummel, keine Chance, ohne Auto etwas zu unternehmen. Die Häuser waren sauber, neu und architektonisch zweckmässig. Sie lagen verstreut inmitten von Kastanienbäumen. Wie nicht anders zu erwarten, befanden sich mehrere Schulklassen hier.
Wir suchten uns die Zimmer und packten die Taschen aus. Da es spät war, begannen wir mit der Zubereitung des Abendessens. Nach dem Essen stand eine Diskussion zum Thema «Stress» auf dem Programm. Was ist Stress, wer hat wo Stress erlebt? Welche Zusammenhänge haben Stress und Alkohol?

146. Tag: Das Halsweh war am Morgen schlimmer. Ich stand um halb acht auf und trank mit schon munteren Kollegen Kaffee. Wir machten einen Morgenlauf durch die Anlage. Es war ziemlich frisch. Bis zum Frühstück rauchte ich schon zehn Zigaretten. Das war zuviel. Ausserdem trank ich in dieser Zeit fünf grosse Tassen Kaffee. Das merkte ich während des ganzen Tages. Ich stellte einen erhöhten Pulsschlag und Stechen in der Lunge fest. Ich sollte unbedingt aufhören mit dieser Pafferei!
Die Landschaft war in Nebel eingehüllt, und es regnete. Da fährt man in den Süden und hat noch schlechteres Wetter. Wir fuhren nach Ponte Tresa zum Frühschoppen. An den Zollstationen, an denen wir vorbeifuhren, stand schwerbewaffnete Polizei. Auch die Schranken waren heruntergelassen und jedes Auto wurde genau kontrolliert. Später erfuhr ich, dass an einer Tankstelle ein Mann erschossen wurde und ein weiterer schwer verletzt ist.
Da wir relativ spät frühstückten, strichen wir das Mittagessen. Ich hatte trotzdem Hunger. So überredete ich Leute, mit mir in die Stadt zu fahren, wo wir assen.
Beim Zurückfahren sah ich am Rande eines Fussballplatzes, auf dem gerade ein Match angestossen wurde, ein hübsches Mädchen einsam unter einem Regenschirm stehen. «Da schleich' ich mich an!» sagte ich. «Das wollen wir sehen», lachten die Mitfahrer. Ich stieg aus und schlenderte zurück. Als ich beim Mädchen

anlangte, fragte ich beiläufig: «Entschuldigung, wer spielt da?» Sie war freundlich und scheinbar froh, sich mit jemandem unterhalten zu können. Nach einiger Zeit erfuhr ich auch den Grund dafür. Sie war die Freundin des Schiedsrichters. Wir hatten es lustig und unterhielten uns, bis uns kalt wurde. Sie lud mich zu einem Kaffee ein, was ich gerne annahm. Leider war das Spiel zu schnell zu Ende. Am Abend würfelten wir.

147. Tag: Als ich zum Fenster rausschaute, strahlte die Sonne aus einem wolkenlosen Himmel herunter.
Nach dem Frühstück wurde diskutiert, was wir unternehmen wollten. Dabei ging es recht heftig zu und her. In unserem Haus wohnt auch dieser Therapeut, mit dem ich anfangs grosse Mühe hatte. Er findet einfach den Umgangston mit Patienten nicht. Alles, was er sagte, wurde abgelehnt. Ich enthielt mich und beschränkte mich auf's Zuhören. Schliesslich gelang es, eine Lösung zu finden. Wenn auch teils widerwillig, beschlossen wir, eine Bergtour zu unternehmen.
Mit dem Auto fuhren wir zur Seilbahnstation des Monte Lema. Wir marschierten fast vier Stunden, die ohne Zwischenfall abliefen. Nach der Rückkehr ging ich ins Freibad. Die Situation wird immer giftiger. Die Leute schimpfen, schreien, aus Mücken werden Elefanten.
Ich versuche, die Tage für mich so erholsam wie möglich zu gestalten. Es fällt zwar oft recht schwer, aber bis jetzt gelingt es.

148. Tag: Aus der Behauptung heraus, er könne beim Radfahren mit einem Therapeuten, der regelmässig trainiert, mithalten, entwickelte sich der Plan, ein Radrennen durchzuführen. Um elf Uhr war es soweit. Die Fahrt ging über 16 km nach Ponte Tresa und zurück. Es begann mit einer Abfahrt, in der einige Probleme hatten, kannten wir das Rad doch zuwenig, bzw. fehlte das Gefühl dafür. Dann ging es mehr oder weniger gerade und eben weiter bis zum Wendepunkt. Den Rückweg bewältigte ich schneller, da ich einen Fahrer vor mir sah und so der «Haseneffekt» wirkte. Kurz vor der Steigung überholte ich ihn. Beim Bergauffahren musste ich mich schon quälen. Es ist immer wieder erstaunlich, wieviel der Körper mitmacht, was man ihm erst nicht zutrauen würde. Schliesslich wurde ich Zweiter mit eineinhalb Minuten Rückstand auf den «Therapeuten-Profi».
Abends fuhren wir nach Lugano. Wir spazierten auf der Uferpro-

menade entlang, wo es ruhig war. Der Feriensturm ist vorbei, die Strassencafés leer. Zu dritt setzten wir uns in eine Bar, in der schon etwas ausrangierte Animierdamen ihr Glück versuchten. Wenn es zeitlich ausgegangen wäre, hätte ich tatsächlich Geld investiert. So aber mussten wir zurück.

149. Tag: Heute stand ein Besuch des Marktes in Luino auf dem Programm. Dieser Ort liegt vier Kilometer entfernt in Italien. Einige von uns liefen zu Fuss, während wir fuhren.
Es handelt sich um einen ziemlich grossen Markt, die Hektik war mir sofort zu gross. Ich setzte mich in ein Restaurant am Rande der Einkaufsstände und sah aus Entfernung dem Treiben der Leute zu. Nachher fuhren wir mit dem Schiff auf die Insel Brissago. Das Wetter verschlechterte sich rapide. Da dieser Ausflug nicht geplant und schlecht vorbereitet war, mussten wir öfters umsteigen und warten. Das war schlecht für die Stimmung der Patienten und einzelner Therapeuten. Da wir noch dazu nur auf die Insel fuhren, weil es die Therapeutin so wünschte, wurde gemault.
Seit Tagen läuft ein Therapeut nur mehr dieser Frau nach. Da sie immer zusammen sind, gibt das natürlich böses Blut. Als sie sich noch in einem, so glaubten sie, unbeobachteten Augenblick küssten, war das Mass für einige von uns voll.
Es wurden Spekulationen gemacht, wann wo was passiert, das Niveau sank in den Keller.
Ich hörte dem zu, machte mir eigentlich wenig Gedanken darüber, obwohl ich auch finde, Zeitpunkt und Ort sind total verkehrt für die Leiter einer Gruppe.
In diesen sexuellen Notstandszeiten sieht man halt auch alles, macht einen alles an und regt zugleich auf. Ein deutsches Urlauberpärchen schlenderte durch den Markt. Sie umschlang ihn mit dem Arm, während er seine Hand auf ihrem in knallengen Jeans steckenden Hinterteil plaziert hatte. Dabei steckte sein Mittelfinger ungeniert zwischen ihren Beinen und streichelte und rieb in ihrer Mitte, die sich übergross durch die enge Hose abzeichnete. Auch eine Form von Exhibitionismus!
Wir kamen später als geplant nach Hause. Ich ass noch, spielte eine Partie Schach und legte mich ins Bett. Einer von uns musste wohl seinen Druck ablassen, denn auf einmal wackelte das Holzhaus, und die Türe quietschte in einem unverkennbaren Takt. Hoffentlich nützt's was und beruhigt!

150. Tag: Ich war sehr überrascht, als am Morgen die Sonne zum Fenster hereinschien. Gestern noch wurde es langsam bewölkt, und später, es war bereits dunkel, regnete es in Strömen. Ich war überzeugt davon, dass es sich um eine grössere Regenfront handle, offenbar zu Unrecht. Wir hatten individuelles Freizeitprogramm. Die einen fuhren nach Lugano, die anderen nach Italien, wieder ein anderer lag im Schwimmbad. Ich stellte den Liegestuhl auf den Balkon und warf mich in die Sonne. Als mir zu heiss wurde, spielten zwei Patienten und ich Schach gegen den Computer. Zwar verlor ich, doch braucht er immer länger. Anschliessend stellte ich mich an die Strasse. Ich musste nicht lange warten und einer nahm mich mit nach Ponte Tresa.
Ich trank Kaffee und Ex-Bier, ass Kuchen und schlenderte durch die Stadt.
Dann traf ich einen Mitpatienten und wir machten gemeinsam eine «Spuntenkehr». Als er mit dem Rad ins Feriendorf zurückfuhr, stand ich wieder an der Strasse. Drei oder vier Autos fuhren vorbei, ehe eines hielt, in dem zwei Mädchen sassen. Als ich einstieg, begrüsste mich eine in gutem, wenn auch gebrochenem Deutsch und fragte, wohin ich wolle. Wir unterhielten uns gut und ich lud sie zu einem Kaffee ein. Leider hatte die eine keine Zeit mehr, so sagte sie wenigstens. Meine Gesprächspartnerin wäre mitgekommen. Nun, Hauptsache, es war unterhaltsam. Als sie mich fragten, was ich in dem Feriendorf mache, erzählte ich ihnen, dass ich in einer Gruppe von Alkoholikern einen Kurzurlaub verbringe. Die eine glaubte, ich sei als Betreuer dabei. «Nein nein, auch ein Süffel!» antwortete ich und musste ob der allemal Überraschten lachen.
Nach dem Nachtessen fuhren wir noch in eine Diskothek. Ein Patient kam mit, obwohl er total verladen war. Dieser Trottel hatte sich am Nachmittag «Tonopan» in die Figur geschossen. Es regte uns alle ziemlich stark auf, denn ein grundsätzliches Prinzip, das ich vor der Abfahrt forderte, nämlich sauber zu bleiben, wurde nicht eingehalten.
Auch diese zwei Therapeuten mit ihrem «Dechtelmechtel» regten mich nun doch auf. Mussten wir um fünf im Haus sein, so erschienen sie nicht zur Entspannungstherapie. So fiel diese ins Wasser, da ja die Leiterin fehlte.
Gerade die, die mir vor zwei Tagen noch sagte, dass man alles konsequenter und härter durchziehen müsse.

151. Tag: Am Morgen war die Stimmung angespannt. Wir wussten nicht recht, wie wir uns verhalten sollten. Der Mitpatient, der gestern schon so verladen war, hatte sich am Morgen erneut angesaut. Schön langsam bin ich neugierig, wie dieses Gefühl ist. Ich glaubte, ich muss das auch mal probieren. Wir gingen auf den Sportplatz hinunter und spielten Volleyball. Da der Boden nass war und wir zuerst nur einen Lederball hatten, der schwer wurde, schmerzten bald die Unterarme. Die Tatsache, dass wir trotzdem weiterspielten, gab mir nachher selbst zu denken. Da muss man ja im Narrenhaus landen!
Zu Mittag legte ich mich ins Bett. Ich hatte so komisches Herzstechen. Anschliessend fuhr ich nach Ponte Tresa. Zusammen mit einem Mitpatienten streifte ich durch die Stadt. In einem Restaurant unterhielten wir uns mit vier Mädchen, was recht amüsant war. Wir verabredeten uns auf elf Uhr abends zum Kaffee. Die Zeit für die Entspannungstherapie war längst überschritten, doch ich wäre so oder so nicht gegangen. Mir hätte schon die Einstellung dazu gefehlt.
Wir stellten uns an die Strasse und kamen schnell mit. Vom Team wurden wir zum Nachtessen eingeladen. Dasselbe hatte sich am Nachmittag total zerstritten.
Wir fuhren also zu einer bekannten Grotte. Wir mussten quasi im Vorraum Platz nehmen. Ich kam mir vor wie auf einem Kindergartenausflug. Als dann noch der Therapeuten-Boy Literflaschen als Getränk bestellte und uns allen kleine Gläschen verteilen wollte, schlug das dem Fass den Boden aus. Ich sagte ihm deutlich meine Meinung und bestellte eine Cola. Es war trostlos langweilig. Geredet wurde nichts, und ich war heilfroh, als dieser «Seich» zu Ende war. Zu unserer Verabredung war es zu spät. Es hätte soundso nichts gebracht, wenn wir doch wieder zum Feriendorf zurückfahren hätten müssen.
Zu Hause gab's eine längere Diskussion. Ein anderer Therapeut fuhr mit dem «Pärchen» zum Kaffeetrinken nach Ponte Tresa. Da mussten sie sich gegenseitig Vorwürfe gemacht haben, warum dieser Abend danebenging. Auf alle Fälle kam der eine sofort zurück. Dazu kam noch als Neuestes, dass das «Pärchen» nicht mit uns nach Hause fahren werde. Nach Italien wollten sie scheinbar. Das war natürlich zuviel für die anderen Aufseher.

152. Tag: Es wurde gefrühstückt und zusammengepackt. Alles ging sehr schnell. Schon waren wir in Richtung Norden unterwegs. Das Wetter war wenigstens schön. Der Typ

war wieder verladen, das Pärchen zurückgeblieben. Auf dem Gotthard-Pass machten wir einen Halt. Wir assen eine Bratwurst und tranken Ex-Bier. Meine Schmerzen in der linken Körperseite waren stärker geworden. Die Stimmung war nicht schlecht, als wir in den Fuchsbau zurückkehrten. Ab und zu wurde noch eine deftige Bemerkung gemacht, was unser Therapeutenpärchen wohl jetzt mache. In der Heilstätte hatte ich kaum meine Sachen ausgepackt und versorgt, als ich schon darauf angesprochen wurde, wieso wir Leute «verloren» hätten. Das war natürlich ein Fressen für Leute und eine Abwechslung zugleich.
Bei der Post von der letzten Woche lag auch ein Brief von Sandra aus Österreich. Ihr gehe es verschissen, hiess es darin, sie halte es nicht mehr aus, seit neuestem rauche sie auch «Zigaretten, die sicher nicht erlaubt sind», schrieb sie.
Ich rief sie am Arbeitsplatz an. Ich gab ihr die Nummer durch und bat sie, mich am Abend zurückzurufen.
Pünktlich wurde ich ans Telefon geholt. Sie erzählte mir von dem Scheiss, den sie durchmachte. Sie tat mir leid, aber was konnte ich in der jetzigen Situation machen? Nichts! Ich tröstete sie damit, dass ich am nächsten Wochenende heimfahren würde. Ich versprach auch, öfters anzurufen.
Auch Gitte rief an. Ich musste ihr alles vom Tessin erzählen. Zum Schluss fragte sie mich, ob sie mich am Sonntag besuchen dürfe. Ich musste sie abweisen. Ich hatte nämlich schon entschieden, mir die Zahnarzttechnikerin einzuladen, da mein sexueller Notstand gefährliche Masse annahm und ich mich unheimlich drauf freute, wieder richtig gepflegt zu schlafen. Mit Gitte konnte ich das nicht mehr. Sie spielt zwar gern mit meinem «Freund» und ist, wie schon gesagt, eine Französischweltmeisterin, aber beschlafen habe ich sie seit dem Schock vor Monaten nicht mehr.

153. Tag: Am Morgen wachte ich auf und konnte meine Figur kaum bewegen. Der Schmerz auf der linken Seite war enorm. Ich hatte das Gefühl, als würde eine Rippe direkt in die Lunge und aufs Herz stechen. Ich konnte kaum mehr husten, lachen, ja sogar auf dem Klosett schmerzte es wahnsinnig. Die Atembeschwerden liessen mich in richtige Panik geraten. Ich schluckte eine Schmerztablette, doch wartete ich vergebens auf eine Linderung.
So wandte ich mich an die Stellvertreterin des Leiters, der in den Ferien weilt. Diese rief die Auskunft an, um nachzufragen, wer

ärztlichen Notfalldienst versehe. Es sei Dr. S., klärte sie mich auf, das sei zwar ein halber Tierarzt. Daraufhin verzichtete ich auf ihr Angebot, mich hinzufahren. Als Nicole kam, verschwanden wir sofort aufs Zimmer. Es ist schön, ein Mädchen zu kennen, das Verständnis dafür hat, dass es in so einem Moment für beide nicht optimal sein kann, wenn einer sexuell ausgehungert ist. Als wir uns voneinander lösten, war ich zwar nicht befriedigt darüber, aber der Druck war fürs erste weg.

Wir fuhren in die Stadt. Bei Kaffee und Ex-Bier kam mir die Idee. Wir fuhren zum Bau zurück. Die ganze Zeit überlegte ich mir, wie ich es am besten angehen soll. Ich entschied mich dafür, direkt zu sein. Der Frau Stellvertreterin erklärte ich, dass ich mit meinem Besuch nach Hause fahren werde, um am nächsten Tag meinen Arzt zu konsultieren. Am Abend würde ich wieder erscheinen. Ich weigere mich, zu einem Arzt zu gehen, der von ihr als Tierazt bezeichnet würde. Damit stiess ich aber auf Granit. Ein doppeltes und dreifaches Nein war die Antwort! Ich redete auf sie ein, leise und laut, argumentierte mit allem Möglichen und Unmöglichen, doch vergebens. Zorn stieg in mir hoch. Mitten in dieses Streitgespräch klingelte das Telefon. Gitte war am Apparat. Weinend fragte sie mich, ob ich etwas Zeit habe. Ich verneinte. Daraufhin sagte sie mir, sie halte das nicht aus, ich hätte noch Sachen bei ihr, wohin sie das schicken müsse, und so weiter. Ich hängte auf, weil ich meine Nerven für das sture Weibsbild hier benötigte. Doch sosehr ich auch redete, es half nichts. Ich steigerte mich so hinein, dass ich zum Schluss die Tür aufriss und schrie: «So lecken Sie mir doch...!» Dann verliess ich das Büro. Nachdem ich mich langsam wieder etwas beruhigt hatte, fuhren wir nochmals ins Tal. Nicole und ich spielten die Möglichkeiten und Folgen durch, die ich hätte. Wir kamen zu dem Ergebnis, dass es am besten sei, ruhig zu sein.

Zum Abschluss fuhren wir auf einen Feldweg neben der Strasse, wo wir in freier Natur eine Nummer schoben, die wieder den alten Stil und die Klasse hatte.

154. Tag: Den Vormittag lag ich im Bett. Ich konnte mich nicht aufraffen, etwas Produktives oder Kreatives zu leisten. Auch nach dem Mittagessen ging ich wieder ins Bett und schlief. Zwischendurch war ich noch beim Arzt. Er untersuchte mich gründlich und stellte eine Rippenfellentzündung fest. Ich müsse Tabletten nehmen, dürfe nicht arbeiten und habe einige Tage Bettruhe, hiessen seine Anordnungen.

Am Abend spielte ich Karten und eine Partie Schach. Seit ich im Tessin mehrmals mit dem Computer spielte, gefällt mir dieses Spiel immer besser.

155. Tag: Da ich gestern den Tag im Bett verbrachte, konnte ich diese Nacht nicht gut schlafen. Trotzdem war es nicht unangenehm, langweilig oder nervenaufreibend, wie das früher der Fall war. In solchen Stunden merkt man echt, wie ungestresst der Aufenthalt hier im Grunde ist.
Am Nachmittag hatte ich Einzeltherapie. Wir redeten von der Woche im Tessin. Es kam auch das Therapeutenpärchen zur Sprache. Dieses war übrigens diese Tage sehr unauffällig, ihn sah man nur beim Kommen und Gehen. Das Gerücht verbreitete sich, dass ein Therapeut gekündigt habe. Natürlich war sofort die Rede vom «Therapeuten-Mausi». Genaueres weiss man nicht.
Am Abend gewann ich im Schach erstmals gegen den Hausprofi. Sogar zweimal schlug ich ihn ziemlich klar. Es erfüllte mich mit grosser Befriedigung.

156. Tag: Morgens wurde ich durch einen Riesenkrach vorm Haus geweckt. Ein Patient weigerte sich, beim Silieren von Mais zu helfen. Ein anderer hatte das Gefühl, den Bauer vertreten zu müssen und es gab Streit, dass die Wände wackelten. In der Landwirtschaft waren sowieso alle gestresst. Das Silieren beanspruchte sehr viel Zeit und alle verfügbaren Kräfte. Da die Felder weit entfernt, der Weg steil bergauf führte und die Maschinen langsam waren, verzögerte sich das Ganze. Da nun auch ich, ein Fahrer, krank war, wurde es hektisch und gereizt. Nun, ich bin zum Entzug da und nicht nur zum Arbeiten, sage ich mir, denn nur fahren könnte ich vermutlich schon.
Der Patient, der die ganze Zeit nur flucht und schimpft, war stillschweigend in ein Einzelzimmer verlegt worden. Das ist also auch ein wirksames Mittel, seine Extrawünsche durchzusetzen. Obwohl er an Einzel- und Gruppentherapien nicht mitmacht und diverse Abstürze zu verzeichnen hatte, wurde seine Sperre aufgelöst, zusätzlich zum Privileg eines Einzelzimmers, für das er noch lange nicht an der Reihe war. Das ist typisch für den Betrieb.

157. Tag: Auch diesen Tag verbrachte ich im Bett. Ich überlegte mir, wie ich vorzugehen habe, um am Wochenende doch zu einem Urlaub zu kommen. Am Nachmittag stand ich auf und zeigte mich gesund und munter. Da am Abend im Team über die Urlaubsgesuche geredet wurde, gab ich auch eines ab.

158. Tag: Am Morgen stand ich auf und arbeitete. Im Hinblick auf das Wochenende war das nötig, da sie mich sonst nie gehen lassen würden. Die Mitpatienten lachten und machten ihre Witze, aber mit dem musste ich soundso rechnen. Auch von seiten des Teams wurde gezündet, doch lachte ich zurück: «Ich arbeite mich gesund!».
Die Rechnung ging auf. Mein Urlaub wurde genehmigt. Ich hatte noch irrtümlicherweise mein Gesuch da unterschrieben, wo steht: «Der Urlaub wird nicht bewilligt.» Auch nicht schlecht.

159–160. Tag: Dann war das Wochenende da. Wir wurden um acht Uhr an den Bahnhof geführt, und ab ging's Richtung Heimat. Ich hatte mir noch im Bett einen Plan zurechtgemacht, wie und in welcher Reihenfolge ich wen besuchen werde. Noch gestern rief ich meine Feundin in Österreich an, um ihr mitzuteilen, dass ich nicht kommen könnte. Das stimmt eigentlich auch, denn am Freitag hätte ich bestimmt nicht fahren dürfen. Deshalb hatte ich auch so geplant, jetzt zwei Tage freizunehmen und das nächste Wochenende um Urlaub in Österreich anzusuchen.
Als erstes ass ich mit einem Freund in einem Restaurant meines Schulortes zu Mittag. Dort traf ich gleich zwei von meinen alten Freundinnen. Nach dem obligatorischen «Wie geht's», «Wo bist?» usw. wurde ich näher ausgefragt. Immer mehr bekannte Leute wollten wissen, wann ich wiederkomme. Ich antwortete immer ausweichend, etwa so: «Wenn es nach mir ginge, würde ich im Herbst gerne wieder anfangen. Aber der Rat will das mit allen Mitteln verhindern.» So konnten sie sich dabei denken, was sie wollten. Ich hatte grossen Spass dabei und es freute mich, dass die Leute zu mir hielten und meinten, ich müsse unbedingt wiederkommen, und sie würden etwas gegen diese «Schulratsmafia» unternehmen.
Nach dem Essen liess ich mich zu einer Bekannten fahren. Sie war sehr überrascht, als ich aufkreuzte. Sie war alleine zu Hause, ihre zwei Knaben waren in den Ferien.
Vom Freund aus telefonierte ich Nicole, die bald darauf eintraf. Wir fuhren in ihre Wohnung. Sie war in der Zwischenzeit in eine grössere gezügelt. Kaum war die Türe zu, fielen wir uns gierig um den Hals und gaben, an den Türstock gelehnt, der Lust freien Lauf. Nachher legte ich mich in die Badewanne. Es tat gut, ruhig im Wasser zu liegen, nachzudenken und einfach zu geniessen. Wir gingen bald zu Bett, da wir einiges nach-, bzw. vorzuholen

hatten. Es ist jedesmal fast wie Weihnachten, wenn ich aus dem Fuchsbau rauskomme und in irgendeinem grossen, breiten, warmen Bett schlafen kann. Mit wem ist schon fast sekundär, ich glaube, es würde mit jedem Mädchen lässig sein. Nicole ist eine davon, mit der es halt wahnsinnig schön und gut ist.
Auch die sportliche Betätigung am Morgen war super, wobei der Kalorienverschleiss anschliessend durch ein herrliches Frühstück neutralisiert wurde.
Da das Wetter mies war, wurde es ein richtiger Familientag. Wir blieben im Haus, lasen die Zeitungen und schauten im Fernsehen das Autorennen an. Zwischendurch glitten wir ab in die unersättlichen Lüste, wir schliefen dann zusammen und es war wunderschön. Schliesslich musste ich doch wieder an die Rückfahrt denken und langsam meine Sachen packen.
Es war ein schönes Wochenende, bestätigte ich mir selbst, als ich im Zug sass. Dann streckte ich mich, legte die Füsse auf den gegenüberliegenden Sitzplatz und schlief ein.
Erst in Zürich erwachte ich wieder, stieg aus dem Zug und wurde sofort von der unüberschaubaren, faszinierenden Menschenmasse geschluckt.
Als ich den Fuchsbau erreicht hatte, ging's erst mal ins Büro zur «Blaskontrolle». Der diensthabende Therapeut musste einen schlechten Tag gehabt haben, denn er schaute grimmig und ziemlich genau auf das Gerät. Doch von Nichts kann Nichts kommen. Im Zimmer traf ich meinen Kollegen, der auch im Urlaub war, ziemlich angeknallt. Nun, ist ja sein Bier!

161. Tag: An der Hausversammlung gab es nichts Neues. Vorher hatten viele gross geredet und eine spannende, wortgewaltige Auseinandersetzung war zu erwarten. Doch der Wind aus den Segeln wurde gleich am Anfang genommen, als die Liste der unentschuldigten Teammitglieder vorgelesen wurde. Da hätte man lieber diejenigen aufgezählt, die anwesend waren: drei! Keine Rede, oder nur kurz, von dem zu knappen Essen, von den Büro- und Kiosköffungszeiten in der Freizeit, von der angeprangerten Arbeitssklaverei, nichts vom «Urlaub» im Tessin, nichts. Mein Zimmerkollege wurde mit der Sperre belegt. Das war zu erwarten. Es wurde bemängelt, dass so wenige, bzw. immer die gleichen Wortmeldungen waren. Aber es ist nicht einfach. Mir zum Beispiel fällt viel ein, ich könnte einige Sachen vorbringen. Aber es ist doch so: Am Anfang der Kur kennt man alles zuwenig, getraut sich nicht, weil man psychisch schwer angeschlagen ist. Dann kommt eine Phase, in der man aufbegehrt, alles ändern will, sich benachteiligt und eingesperrt fühlt. Man glaubt, dass sie das und das nicht machen können und dürfen. Man erleidet Schiffbruch, wird frustriert, denn sie machen es doch. Ist eine bestimmte Zeit vorbei, sagen wir Halbzeit, will jeder nur mehr die restliche Zeit totschlagen, so gut es geht. Keiner riskiert durch zuviel Engagement für andere, dass er selbst zum Prellbock für das Team wird und dann Erleichterungen und Sonderwünsche gestrichen werden. Anfangs habe ich schon mal geschrieben, dass man bei einer solchen Kur totaler Egoist sein muss. Sich selbst den Aufenthalt so angenehm wie möglich zu gestalten, ist das primäre Ziel.

162. Tag: Wir klaubten Äpfel. Auf der einen Seite ist es eine lustige Arbeit und andererseits wird's langweilig. Gott sei Dank habe ich gelernt, dass die Zeit so oder so vergeht. Ich hätte mir das nie vorstellen können, stundenlang die gleiche eintönige Bewegung zu machen. Hier habe ich es gelernt, beim tagelangen Jäten und Umstechen, beim Warten im Arztzimmer oder auf einen Fahrer, usw.
Am Nachmittag fand das Gespräch mit der Bewegungstherapeutin statt. Sie erklärte mir den Sinn und Zweck des Autogenen Trainings. Die Frage, ob ich glaube, mir bringe das was, konnte ich natürlich nicht beantworten. Dafür fragte sie mich anschliessend ziemlich dirket nach meinem Verhältnis zu Frauen, zu Sex und zum Fuchsbau.
Hier antwortete ich recht wahrheitsgetreu, da ich ja nichts verlieren konnte. Ihre Stimme wirkte erotisch auf mich, meine Gedanken konzentrierten sich viel mehr auf sie als auf die Fragen. Sie hatte ganz rührend Mitleid mit meinem, ihrer Ansicht nach logischen sexuellen Notstand. Ich liess ihr natürlich den Glauben, obwohl ich keineswegs solchen verspüre. Irgendwann, dachte ich bei mir, werde ich meinen «Notstand» bei ihr abbauen. Wir einigten uns auf den Dienstagnachmittag, um diese Einzeltherapie zu machen.

163. Tag: Morgens begannen wir, Mais zu silieren. Mir passierte dabei, dass ich mit dem vollbeladenen Schilter in der Einfahrt über das abgedeckte Jauchegrubenloch fuhr und einbrach. Mit viel Glück konnte ich noch herausfahren.
Am Nachmittag probierte ich, mit dem Traktor zu hächseln, und prompt verstopfte es mir den Hächsler. Da ich nicht wusste, wie

man diese Schwierigkeit behebt, musste ich zum Fuchsbau fahren. Der Bauer reparierte diese Geschichte mit drei Hebelgriffen. Das nächste Mal weiss ich es nun.
Nach dem Abendessen rief meine Schwester an. Sie berichtete, dass zwei Schweizerinnen daheim aufkreuzten, die mich suchten. Als ich mir die Mädchen beschreiben liess, ahnte ich, wer das sein könnte. Ganz sicher war ich mir zwar nicht. Das ist natürlich alles andere als gut. Da ich ja im Sinn habe, nächste Woche nach Österreich zu fahren und einige Zeit dort zu bleiben, reite ich auf Kollisionskurs. So wie es aussieht, kann ich nur auf Glück hoffen, da sie vierzehn Tage in meinem Heimatort Urlaub machen wollen!

164. Tag: Wieder klaubte ich Äpfel und fuhr mit dem Ladewagen und dem Traktor. Diesmal ging alles unfall- und vorfallfrei über die Zeit. Wir arbeiteten am Abend, bis es dunkel war. Mir war das recht, da ich morgen nach Hause fahren will und ich umso eher die Sonderbewilligung dafür erhalten werde.

165. Tag: Als wir zum Fuchsbau zurückkehrten, war der Tierarzt da und machte eine Notschlachtung. Ein Stier hatte sich ein Bein gebrochen. Es ist sowieso ein Wunder, dass nicht mehr passiert. Zwanzig solcher Viecher bewegen sich auf engstem Raum auf mindestens einem halben Meter Stroh und Mist. Wenn sie fressen wollen, müssen sie jedesmal diese «Treppe» überwinden, wobei alle auf einmal losstürmen.
Am Nachmittag besuchte ich den Arzt, der mein Ohr ausspülte. Das ist noch eine recht unangenehme Sache. Dann fuhr ich ab nach Innsbruck. Ich freute mich auf meine Freundin und auf einige friedliche und erholsame Tage. Während der Fahrt überlegte ich mir, welchen Arzt ich konsultieren sollte. Mal sehen. Als ich Innsbruck erreichte, war es Mitternacht. Meine Freundin stand auf dem Bahnsteig. Nach der ersten Begrüssung fuhren wir in eine Bar, in der ich Kaffee trank, während sich mein Mädchen den Wein schmecken liess. Klingt zwar komisch, aber mir macht das nichts aus, hoffe ich.

166–167. Tag: Das Wochenende war herrlich. Wir fuhren nach Deutschland und wanderten stundenlang durch die Gegend. Am nächsten Tag waren wir in der wunderschönen Stadt Salzburg. Hand in Hand marschierten wir durch die Getreidegasse und auf die Burg oder Festung. Was es tatsächlich ist,

weiss ich gar nicht. Da ich das Auto von meiner Schwester bekam, konnten wir ausfliegen, wohin wir gerade Lust hatten. In der Beziehung ist meine Freundin klasse. Der macht es nichts aus, für einen Kaffee mehrere hundert Kilometer zu fahren. Ich habe mich in der Zwischenzeit ans Beifahren gewöhnt.
Diese Tage in Österreich sind schon gewaltig. Ich kann leben. Ich besuchte meine Stammbeiz, die Familie und meinen Psychiaterfreund.
Am Sonntagabend rief ich im Fuchsbau an. Ich hätte ein komisches Geschwür an meinem Penis und meine Freundin hätte mir eine furchtbare Szene gemacht. Es sei sehr wichtig für mich und für uns, so dass ich nicht hinausfahren könne, sondern morgen zum Spezialarzt für Haut- und Geschlechtskrankheiten gehen müsse. Natürlich wollte mir der Leiter, er hatte Dienst, einreden, doch noch zu kommen, es gäbe hier auch gute Ärzte und ich könne das doch nicht machen usw. Doch ich wehrte ab und versprach, morgen anzurufen, wenn ich Genaueres wüsste. Wir mussten zu Hause alle lachen und scherzten. Ohne diese kleinen Tricks kommt man halt zu nichts, und ich meine, ich habe ja tatsächlich eine klitzekleine Warze in dieser Gegend.

168. Tag: Am nächsten Tag fuhr ich am Morgen zum Arzt. Ich erzählte ihm sofort, wie sich die Sache verhält, dass ich eben auf Entzug sei und einige Tage hierbleiben will. Er, selber Alkoholiker, verstand mich gut, und das Versprechen, nichts zu trinken, konnte ich leicht machen. So schrieb er denn ein Attest, das mich für den Mittwoch und den nächsten Montag zu weiteren Konsultationen verpflichtete. Nachdem er mein Wehwechen mit einem ätzenden Mittel behandelt hatte, bedankte ich mich bei ihm und ging. Sandra und ich fielen uns in die Arme und tanzten durch die Wohnung. Da auch sie frei hatte, besprachen wir, was wir diese Woche unternehmen könnten. Schliesslich beschlossen wir, am Mittwoch nach Südtirol zu fahren. Jedes Jahr war ich im Herbst für einige Tage in dieser herrlichen Gegend. Warum sollte ich es dieses Jahr nicht auch?
Am Abend erfuhr ich von meinem Freund eine furchtbare Tatsache. Er hatte einen Lehrerkollegen, der Alkoholiker war. Dieser war beurlaubt worden und absolvierte eine Entziehungskur. Die Ähnlichkeit zwischen diesem und mir war unheimlich. Er war drei Jahre älter als ich. Nach einigen Wochen Trockenheit, in denen er wieder Schule gab, ging alles gut. Letzte Woche hatte er einen Rückfall und erholte sich nicht mehr davon. Er bekam vom

Direktor zu allem Unglück noch eine ultimative Frist angehängt. Das schaffte ihn endgültig. Heute nun hatte er sich vor den Augen seiner Frau zu Hause mit dem Küchenmesser ins Herz gestochen. Es war ein furchtbarer Schlag für mich. Und es sollte nicht der einzige heute sein.

Vor dem Schlafengehen beichtete mir meine Freundin, dass in meinem Bett schon jemand anders geschlafen habe. Obwohl ich eigentlich immer damit gerechnet habe und rechnen musste, war das Anhören der Tatsache eine unheimliche Qual. Noch schlimmer war, dass mir erst recht bewusst wurde, was für ein Mehrfachleben ich führte. Ein Versteckspiel ohne Ende. Ich hatte mir nie Gedanken gemacht, wie ich reagieren würde, wenn mir so etwas passiert. Nun wusste ich es. Ich war eifersüchtig, wütend auf mich, auf sie, auf alle! Recht geschieht mir!

169. Tag: Ich hatte eine schlechte Nacht. Immer wieder ging mir durch den Kopf, dass einer auf meinem Platz geschlafen hatte. Dabei überdachte ich jedesmal mein eigenes Verhalten, sah erst, wie selbstverständlich ich das bei mir beurteilte, für mich Ausnahmen und Ausreden suchte. Zum Verrücktwerden, das Ganze!

An diesem Tag hatte ich schwer gegen einen Absturz zu kämpfen.

Dabei kam mir erst noch in den Sinn, dass ja diese Bekannten aus der Schweiz noch da sind. So lief ich wie auf Eiern durch das Dorf oder fuhr Umwege mit dem Auto, um ein mögliches Zusammentreffen zu vermeiden.

Eine Aussprache mit meinem Freund beruhigte mich, weil er mir knallhart ins Gesicht sagte, was für ein Arschloch ich sei. Am Abend versöhnte ich mich mit meinem Mädchen, ohne dass sie es merkte, da sie ja nicht wusste, wie sehr mich ihre Beichte traf. Es wurde eine schöne Nacht.

170. Tag: Wir fuhren nach Südtirol. Die schönste Gegend auf der Erde zu dieser Jahreszeit lag vor uns. Die Weinlese war in vollem Gange, und auch die übrige Obsternte hatte eingesetzt. Die Strassen waren verstopft durch unzählige Traktoren, doch das nahm man gerne in Kauf. Die Kellner schauten ungläubig und überrascht, wenn wir im Lokal sassen und Wein und Mineralwasser bestellten. Jeder stellte den Wein zu mir und das Wasser vor meine Begleiterin. Als wir das richtigstellten, ernteten wir recht komische Blicke und Kopf-

schütteln. War auch kein Wunder! Eigentlich muss ja einer blöd sein, der zu dieser Zeit an die Weinstrasse fährt und Mineralwasser trinkt. Ich muss zugeben, dass die geistigen Abstürze da waren, doch wenn ich zu Bett ging mit der Gewissheit, trocken zu sein, erfüllte mich eine tiefe Befriedigung.
So wurden es sehr schöne Tage. Ich erlebte diese Gegend aus einem neuen Gesichtspunkt heraus, intensiver und aufmerksamer.

171. Tag: Als wir wieder zu Hause ankamen, schrieb ich einen Brief an die Heilstätte. Natürlich werden sie mir auch diesmal kaum glauben, aber was soll's.
«Sehr geehrte Damen und Herrn vom Team!
Wie ich Herrn D. schon am Telefon informierte, musste ich aus mir wichtigen, die Beziehung zu meiner Freundin betreffenden Gründen einen Arzt für Haut- und Geschlechtskrankheiten aufsuchen. Da ich nun weder Krüppel, Notfall, noch sonstwie unzurechnungsfähig bin, habe ich mir erlaubt, einen Arzt aufzusuchen, der mein Vertrauen geniesst. Da es um meine Gesundheit, primär um einen meiner wichtigsten Körperteile geht, hoffe ich doch auf Verständnis Ihrerseits. Die erste Behandlung hinter mir, muss ich noch zweimal in die Praxis von W. Ich werde anschliessend – ich hoffe, dass alles komplikationslos verläuft – in die Heilstätte zurückkehren. Was für mich vorrangig ist: Ich habe keinen Schluck getrunken und gedenke es auch nicht zu tun!
Viele Grüsse und bis bald

Georg»

Damit hoffte ich, sie vorerst zu beruhigen.
Mir graute vor dem Fuchsbau. Die Entmündigung, diese Sklaverei und Degradierung reisst dir den Arsch auf. Ich werde es aushalten, zum Trotz.

172. Tag: Das war ein ruhiger, friedlicher Tag. Nachdem wir lange im Bett gelegen waren, fuhren wir ins Zillertal zum Mittagessen. Nachher schaute ich mir im Fernseher den letzten Lauf zur Formel 1-Weltmeisterschaft an. Das war vielleicht spannend! Diese Spannung erhöhte sich noch, weil mir meine Freundin keine Ruhe liess. Sie fummelte dauernd an mir herum, bis ich die Kontrolle über meinen Körper verlor. Halb sitzend, halb liegend, den Seh- und andere Sinne halbiert, lagen wir auf der Bank vor der Flimmerkiste. Just in dem Augenblick kam ich zum Höhepunkt, als der alles entscheidende Wagen von

Mansell ausfiel. Das war eine Wucht!
Anschliessend fuhren wir in meine Stammbeiz. Dort spielte ich mit Freunden, alles ehemalige Saufkumpanen, Karten. Da hätte mich schon ein Glas Wein angemacht, spielten wir doch um halbe Liter, und ich gewann dauernd. Da jedoch auch meine Freundin nicht mehr trank, auch nicht rauchte, fiel mir der Verzicht eigentlich nicht schwer.

173. Tag: Der reinste Stress. Da ich mich am Vortag bereit erklärt hatte, meine Schwägerin zum Arzt zu fahren, kam ich in Zeitnot.
Am Morgen, noch vor dem Frühstück, ging's ab Richtung Innsbruck. Dann kehrte ich heim, frühstückte und duschte. Zufällig kam noch meine Mutter vorbei. Sie trank Kaffee, während mir Sandra die Haare fönte. Dann musste ich auf die Bank und Post fetzen, da irgendetwas mit der Geldüberweisung nicht stimmte. Da mir die Eurocheques ausgegangen waren, stand ich blank da. Gott sei Dank kannte mich das Fräulein am Schalter und ich bekam mein Geld.

174. Tag: Nun kam doch der Tag der Abreise. Die Ferien meiner Freundin waren vorbei. Diese erwachte schon um vier Uhr, und ich konnte natürlich auch nicht mehr weiterschlafen. Wir knutschten und streichelten uns die längste Zeit.
Auch nachher streichelten wir uns noch, bis es hell wurde. Ich brachte sie am Morgen, damit wir länger frühstücken und so zusammenbleiben konnten, mit dem Auto zum Arbeitsplatz. Der Vormittag lief – für wie lange wohl? – so ab, wie ich es gerne tat. Ich kaufte mir Zeitungen und fuhr zu meiner Stammbeiz. Ich las die Zeitung und trank mein Citro, während ich zwischendurch über die vergangenen Tage nachdachte.
Es waren rundherum schöne, erholsame, ja fast glückliche Tage. Dann sass ich auch schon im Zug. Ein Achterabteil allein für mich. Ein nagelneuer Waggon war es. Ich rauchte, trank, schrieb, schlief. Einmal wollte ich vom Zugtelefon Bekannte in der Schweiz und die Eltern zu Hause anrufen, aber leider klappte es mit der Verbindung nicht richtig. Ich hatte jedesmal eine falsche Stelle am anderen Ende der Leitung.
Kurz nach der Grenze unterbrach ich die Reise. Ich wollte meinen Lehrerfreund besuchen. Leider war er nicht da. Ich setzte mich deshalb ins Bahnhofrestaurant und ass eine Kleinigkeit, bevor es weiterging. Als ich am Zielbahnhof anlangte, war

ich totmüde. Ich leistete mir ein Taxi, obwohl ich für die zehn Kilometer ein Viertel so viel zahlen musste wie für die vierhundert Kilometer mit der Bahn.

175. Tag: Ich fand es noch immer sehr komisch, dass mich gestern kein Mensch fragte, was los war. Nicht mal den «Blastest» hätte ich machen müssen, wenn ich ihn nicht von mir aus verlangt hätte. Es ist aber besser, in solchen Momenten diesen zu verlangen. Dann müssen sie sehen, dass man trocken ist. Natürlich gibt es einige, die trinken den einen Tag. Am Abend des nächsten Tages, bei der Rückkehr in den Bau also, zeigt die Maschine nichts mehr an. Nun, ich habe es bis jetzt tropffrei ausgehalten. Das ist wichtig für mich, das zählt. Was andere denken, ist mir eigentlich egal. Wie gesagt, in so einer Kur an so einem Ort muss man Egoist sein. Man darf hier nur sich selbst sehen!
Nach diesem Urlaub begann der Arbeitstag mit Äpfelklauben. Nur bis um neun Uhr beschäftigte ich mich damit, denn da hatte ich Einzeltherapie.
Meine Betreuerin ging nicht weiter auf meine Abwesenheit ein. Mir wurde allerdings die Zahl der Einzelstunden auf eine pro Woche gekürzt. Ob das mit dem «Urlaub» zusammenhängt, weiss ich nicht. Kann sein, muss aber nicht.
Am Nachmittag ging ich wieder mal mit zum Baden. Nur noch zwei Neue kamen mit. In meiner Abwesenheit traten fünf Patienten ein. Einer brach die Kur ab. Seit ich da bin, haben dreiundzwanzig Leute den Fuchsbau verlassen, freiwillig, unfreiwillig oder einfach deshalb, weil sie die Kur beendeten.

176. Tag: Noch immer nicht befragt wurde ich zum Thema «Wegbleiben». Ich vermute, dass sie damit erst am Montag bei der Hausversammlung kommen werden. Wenn ich mich dann nicht gut und glaubwürdig herausrede, wird man ein abschreckendes Exempel statuieren. Ein weiterer Patient hat die Kur abgebrochen. Er wurde erwischt, als er heilstätteneigenen Most trank, der schon gärte. Mit 0,5 Promille war der Test positiv. Daraufhin bekam er eine Sperre. Als er nun nach Hause wollte, um mit seiner Frau zu sprechen, aber nicht durfte, hängte es ihm aus. Er packte und verreiste.
Den ganzen Tag lang war ich damit beschäftigt, zusammen mit einem Patienten Äpfelbäume zu schütteln und die Äpfel einzusammeln. Ich stieg auf die Bäume, er sammelte. Dabei passierte

mir fast ein Unglück. Als ich in einen alten Baum einstieg und hochkletterte, brach der Ast, auf dem ich stand. Ich war überhaupt nicht gefasst darauf, denn der Ast hatte sicher einen Durchmesser von dreizehn oder vierzehn Zentimetern. Halten konnte ich mich auch nicht mehr, da ich mit dem Rücken zum Stamm stand. So musste ich abspringen und achten, einigermassen sicher zu landen. Es war doch eine Höhe von vier Metern gewesen. Glücklicherweise verlief es noch einmal gut. Trotzdem hatte ich einige Zeit später, als ich schon wieder am Baum herumkletterte, noch immer das Zittern in den Knien. Der Grund, warum dieser Ast bracht, war auch klar. Der Baum war von unten nach oben hohl.
Am Abend holte mich noch der Bauer, weil er einen brauchte, der ihm half, Saatgut zu holen und nachzufüllen.

177. Tag: Heute war Nationalfeiertag. Der österreichische 1. August sozusagen. Nachdem wir die Schafe von einer Weide in die andere problemlos zügelten, bekam ich den Auftrag, mit dem Traktor in die Stadt zu fahren, um Dünger zu holen. Als ich am Bahnhof ankam, sah ich eine ganze Reihe von Traktoren stehen. Ich stellte meinen in die Reihe und ging zu einer Gruppe von Menschen, die untrüglich nach Bauern aussahen. Sie waren sehr ruhig, hatten missmutige Gesichter. War ja auch kein Wunder, regnete es jetzt in Strömen. Eine volle Stunde wartete ich unter diesen Bedingungen, bis ich an die Reihe kam. Um zwölf Uhr war ich wieder zu Hause. Beim Abladen passierte mir beinahe wieder ein Missgeschick. Der Hebewagen mit der Palette und tausend Kilo Dünger geriet bei der Abfahrt von der Auffahrt ins Rollen. Ich konnte im letzten Augenblick die Deichsel herumreissen, bevor ich mit dem Rücken zur Wand gestanden wäre.
Am Nachmittag kam ein Lehrerkollege zu Besuch. Wir fuhren ins Tal, tranken Kaffee und spazierten lange durch die Gegend, während wir diskutierten. Er verabschiedete sich mit dem Versprechen, am nächsten Tag wiederzukommen. Das war mir sehr recht, da ich niemanden von meinen weiblichen Bekannten einladen konnte, war ich doch lädiert.

178. Tag: Der Vormittag war eher langweilig. Der Nebel verging nicht, und es war kalt. Nach dem Morgenessen legte ich mich ins Bett. Auf dem Schrank vor dem Zimmer fand ich einige Zeitschriften, die mehr oder weniger verhüllte Frauen

zeigten. Ich spürte einen gewissen Druck im Körper.
Am Nachmittag spazierte ich mit meinem Privatpsychiater durch die Stadt. Wir versuchten herauszufinden, welche Möglichkeiten ich nach Beendigung der Kur habe. Das Ergebnis war ziemlich enttäuschend. Wenn man Lehrer studiert hat, kann man nur Lehrer sein. Die einzige Alternative wäre, weiterzustudieren. Aber was?
Ich muss mal überlegen, wie das mit der Sozialarbeit aussieht. Das wäre vielleicht zu machen. Dann hätte ich zwei Berufe und wäre nicht mehr so eingeschränkt. Wenn es nichts ist, hat es sicher nicht geschadet. Gedanken hätte ich ja genug. Ich möchte das Buch schreiben, einen Film mit einem Star für die frustrierte Jugend drehen, eine Firma zur Erzeugung meiner Erfindung aufbauen, selbst eine Heilstätte für Alkoholiker nach meinen Ideen und Erfahrungen betreiben, schliesslich den Wunsch, eine so reiche Frau zu heiraten, dass ich das alles miteinander machen könnte. Aber das werden wohl Luftschlösser bleiben. Das Manuskript wird kein Verlag überarbeiten, der Star wird mich in seiner täglichen Fanpost nicht finden, für den Betrieb fehlt das Geld und die reiche Frau – soviel Glück auf einmal?
Am Abend war ich ziemlich aufgestellt. Die gute Laune verbesserte sich noch mehr, als ich auch beim Kartenspiel gewann. Ich hatte viel gelernt in diesen Wochen, in denen wir fast jeden Tag spielten. Vorm Schlafengehen überlegte ich mir, welche von meinen Bekannten am besten für meinen Wunsch geeignet wäre. Ich rief also eine an und wir unterhielten uns über Verschiedenes, ehe ich das Gespräch auf den Körperteil zwischen den grossen Zehen lenkte. Ich hatte das richtige Mädchen in der richtigen Stimmung zum richtigen Zeitpunkt erwischt. Sie lag schon im Bett und war furchtbar scharf. Ich erzählte ihr, was ich machen würde, wenn ich jetzt bei ihr wäre. Meine Hose wurde sehr eng, als ich sie aufforderte, das auszuführen, was ich ihr sagte. Ich hörte durch das Telefon, wie sie sich mit immer schnelleren Bewegungen massierte. Redete sie zuerst noch und stellte sich vor, wie ich so in der engen Kabine sitze, war mit der Zeit nur noch ein Stöhnen zu vernehmen, das mit einem gedehnten Schrei endete. Es brauchte einige Zeit, bis sie, immer noch schwer schnaufend, ihre Gefühle beschrieb.
Ich erinnerte mich auch an eine Freundin, die dabei im Büro hinterm Schreibtisch sass, das Höschen unterm Rock auf Halbmast zog und an das elektrische Feeling in meinem ganzen Körper, wenn sie «Moment mal» sagte, weil jemand ins Zimmer

kam, was öfters passierte.
Als ich im Bett lag, träumte ich noch lange vor mich hin. Ich versuchte dabei bewusst, nicht einzuschlafen, um meine Gedanken richtig auszukosten.

179. Tag: Ich las Zeitungen, schlief, ass, schlief wieder und spielte. Dazwischen fuhr ich mit dem Bauern aufs Feld, um Mais zu holen. Dieser hatte es furchtbar eilig, da in jeder Stunde Nachwuchs erwartet wurde. Als ich Nicole anrief und bat, sich in das Auto zu setzen und zu kommen, steckte ich den ersten Korb ein. Da sie selber erst am Morgen um vier nach Hause gekommen sei, noch dazu zuviel getrunken habe und saumüde sei, solle ich ihr verzeihen, aber es ginge beim besten Willen nicht. Ich verstand das schon, und sie versicherte mir, am Abend nochmal anzurufen.
Nach dem Mittagessen wollte ich mich hinlegen, als die Schneidemaschine in der Druckerei zu hämmern und zu rasseln anfing. Da arbeitete doch tatsächlich dieser Therapeut mit Heiligenschein an einem Sonntagnachmittag, nachdem er am Morgen noch in der Kirche mit der Geige spielte. Das verrückteste daran ist jedoch, dass sie während der Woche nicht wissen, was sie machen sollen. Abends das obligatorische Kartenspiel, Telefonate und schlafen.

180. Tag: Das war ein Tag, an dem wieder mal was lief. Nach dem Frühstück fuhren wir zu dritt ins Dorf, um Äpfel zu holen. Nach kurzem Suchen fanden wir das Haus, das man uns gesagt hatte. Es war ein englisches Landhaus, vor dem ein riesiger Apfelbaum stand. Eine hübsche Frau in knallengen Hosen trat an die Tür. Gleich von Anfang an hatte ich eine lustige und gezielte Konversation mit ihr. Sie dünkte mich sehr interessant, was allerdings nach einem halben Jahr Fuchsbau nicht allzuviel zu sagen hat. Trotzdem war es erfrischend, aus dem Alltagstrab heraus zu sein. Leider konnte ich mein Endziel, das durchaus erreichbar schien, nicht erlangen, weil der Baum zu wenig Früchte trug.
Beim Mittagessen stellte sich heraus, dass zwei Patienten fehlten. Einer davon war gestern fortgegangen, nachdem er unbedingt mit mir um Geld Tischfussball spielen wollte und verlor. Ich hoffe, dass nicht das der Grund war. Der andere war dieser Schreier, der absolut keinem fehlt. Der ist sicher ins Niederdorf. Der kommt wieder.

Dann war die Hausversammlung. Es gab viel Geschrei um nichts. Mit keinem Wort wurde auf meine Abwesenheit eingegangen. Ich hatte fest damit gerechnet, doch nichts geschah. Sie werden mir einfach die Vergünstigungen streichen, nehme ich an. Ich glaube nicht, dass ich total ungeschoren wegkomme. Ich werd's sehen.
Anschliessend fuhr ich mit einem Therapeuten zur Schafwiese. Die Viecher waren ausgebrochen, wobei eines einging. Wir luden es auf den Traktor und sammelten den Rest ein. Als ich im Bau war, kam der Schreier mit dem Taxi. Er war furchtbar verladen und schrie durch die Gegend. Er sah mich und gab mir die Hand. Er schrie weiter, wobei ich nicht genau sagen konnte, ob er weinte oder hysterisch lachte. Doch dann rannen Tränen über das Gesicht. Er schwankte weiter und wurde nach einem weiteren Tobsuchtsanfall von zwei Therapeuten auf's Zimmer geführt.
Bevor ich ins Bett ging, kam er herunter und verlangte lautstark nach Bier, anderenfalls er ins Dorf gehen würde. Ich bin überzeugt, dass man noch was zu hören bekommt diese Nacht. Ein weiterer wollte die Kur abbrechen, wurde jedoch daran gehindert. Es herrscht wieder allgemeine Auf- und Abbruchstimmung. Man merkt, der Herbst ist da, es ist nebelig, grau, trüb, einsam und beschissen. Und Weihnachten naht. Das ist für uns hier die schlimmste Zeit. Ich musste an Guy de Maupassant denken. Ich befinde mich komischerweise immer noch im Hoch. Bin gespannt wie ein Regenbogen, wie es damit weitergeht.

181. Tag: Heute war ein «Jubiläumstag». Genau ein halbes Jahr bin ich nun im Bau. Gefeiert habe ich nicht, im Gegenteil, vor lauter Arbeit dachte ich gar nicht daran. Am Vormittag wurde der Laufstall bei den Jungtieren ausgemistet. Ich stand mit einem Kollegen von acht Uhr morgens bis halb zwölf auf dem Miststock und schöpfte ununterbrochen. Das heisst, für eine Dreiviertelstunde fuhr ich mit dem Traktor, leider. Schon beim ersten Mal krachte ich an einen Pfosten, der das Dach stützte. Es war reines Glück, dass nicht der ganze Stall zusammenkrachte.
Am Nachmittag hatte ich Gruppentherapie. Man hat mich in eine neue Gruppe getan. Diese leitete meine Einzeltherapeutin. Auch die andere Therapeutin war dabei. Gescheites wurde nicht viel geredet. Einer kramte den ganzen Scheiss mit der Behörde hervor. Am Ende erkundigte er sich bei den anderen, was man

davon halte. Da er mich als ersten fragte, antwortete ich: «Ehrlich, mir ist das egal. Ich habe gar nicht hingehört. In dieser Kurzeit bin ich Egoist. Ich kann mich nicht daran aufstellen, dass es ganzen Völkerstämmen oder einzelnen hier viel schlechter geht. Dass ich abstinent bin, das allein ist wichtig. Von mir aus kann das Personal und Patienten besoffen sein, Hauptsache ich nicht. Ich bin Alkoholiker, ich bleibe Alkoholiker, aber ich muss mit 30 Jahren noch Hoffnung haben!»
Mir bringen diese Gruppengespräche in der Hinsicht etwas, weil ich vor mehreren Leuten reden muss, das also trainieren kann. Worüber geredet wird, ist nebensächlich.
Anschliessend fuhr ich aufs Feld, um Mais zu holen. Da verstopfte es mir den Hächsler. Aber nun wusste ich, was zu machen war. So zerlegte ich die Maschine, und nach einer Viertelstunde ging's weiter. Zum Schluss demolierte ich noch einen Silowagen. Trotz allem verlief der Tag gut. Meine Stimmung war bombig.

182. Tag: Es war nebelig und kalt. Überhaupt war es in den letzten Tagen immer nebelig. Als ich Äpfel pflückte, froren mir fast die Finger ab. Dann war Einzelgespräch. Am Nachmittag ging ich baden und zum Arzt. Ich liess mich generalüberholen, mit Blutabnahme und Röntgenbild usw.
Dann war der Tag auch schon vorbei.

183. Tag: Den ganzen Vormittag fuhr ich mit Mist durch die Gegend. Wir luden den Wagen bei einem Viehhändler im Dorf auf und führten ihn auf unsere Äcker. Vor dem Mittagessen, es war die letzte Fuhre, blieb ich mit dem Karren stecken. Ich liess ihn stehen und ging zu Fuss. Das war ein Bild wie in den kommunistischen Ländern. «Gehört nix dir, alles Kommune, Genosse, hole einen neuen ... »
Mein Gärtnerchef war seit dem Montag nicht mehr aufgetaucht. Heute kriegte ich die Bestätigung für das, was ich schon lange gedacht hatte. Er ist abgestürzt. Er hatte Krach mit den Bewohnern im Block. Er ist noch nicht soweit, dass er Schwierigkeiten so lösen könnte. Er wurde ein Opfer der grössten Gefahr für Alkoholiker:
Problembewältigung!
Keiner weiss, wie es weitergeht mit ihm. Es ist auf alle Fälle schade. Scheinbar hatte er schon Tage vorher getrunken. Das war einigen Herren vom Team scheinbar bekannt. Das ist schon komisch. Bei einigen Patienten, die hier heimlich trinken, weiss

das Team davon und toleriert das.
Am Nachmittag hatte ich um ein Haar einen Unfall mit dem «Schilter». Ich fuhr einen Waldweg hinunter, der mit Laub bedeckt war. Als es zu schnell wurde, wollte ich bremsen. Doch es ging gleichschnell weiter. Ich rutschte ungefähr zehn Meter gegen den seitlichen Graben, und ich wäre auch hinuntergedonnert, hätte ich nicht noch schnell die Handbremse betätigt. Das ist schon ein absolut verkehrsuntaugliches Gefährt. Ich nahm mir vor, keinen Meter mehr damit zu fahren. Denn es ist nicht auszudenken, was alles passieren könnte, geschweige denn die Folgen. Am Abend teilte mir mein Zimmerkollege mit, dass er ausziehen werde. Er bekam ein Einzelzimmer. Davor habe ich mich immer gefürchtet. Wenn sie mir da nun einen komischen Kauz reinstecken, kann der Rest noch depperter werden. Da muss ich sofort schauen, was zu machen ist. Auf alle Fälle ist es das beste, momentan nicht daran zu denken. Man kennt ja das, die ungelegten Eier und so.

184. Tag: Am Morgen holte ich mit dem Traktor den letzten Mais. Anschliessend spritzte ich den «Hächsler» ab und versorgte ihn. Danach fuhr ich nochmals hinunter, um den Rest einer steilen Wiese zu mähen. Es war wahnsinnig rutschig, weil nass, und so brauchte ich sehr lange.
Am Nachmittag war die Bauernversammlung. Es wurde offiziell bekanntgegeben, das der Gärtner «abgestürzt» ist. Er befindet sich in der Klinik zum körperlichen Entzug. Das ist tragisch.
Nach der Sitzung kam Besuch. Die Französischmeisterin flog ein. Über zwei Monate hatte ich sie jetzt nicht mehr gesehen. Ich fuhr mit ihr gleich ins Tal. Sie hatte gehofft, dass ich sie auf mein Zimmer nehme. Dafür hatte sie Kuchen, Obst, Salate und Getränke mitgebracht. Aber soweit wollte ich es auf keinen Fall kommen lassen. Sie war zwar sichtlich enttäuscht, aber das würde sich schon legen, dachte ich. Wir tranken Kaffee und Bier. Dabei machte ich ihr den Vorschlag, in die Stadt zu fahren, um ins Kino zu gehen. Ich wollte unbedingt «Bolero» mit Bo Derek sehen. Auf der Fahrt dahin meinte sie, dass sie sehr gerne mit mir ins Kino gehen würde, aber jetzt, wo sie nur so kurz dasei, möchte sie die Zeit anders nützen. Sie müsse sich an mich wieder gewöhnen nach so langer Zeit.
In der Zwischenzeit war es sieben Uhr und sehr dunkel. Mit einer Bemerkung brachte ich sie dazu, ihre Hand auf meinen Schoss zu legen. Da sie so beschäftigt war, übernahm ich das Schalten. Auf

dem Parkfeld mitten in der Stadt stellte sie den Wagen ab und liess den Sitz nach hinten. Auch ich fuhr nun mit der Hand an den richtigen Ort. Ein geiles Gefühl, mitten in bewohntem Gebiet zu stehen und es sich gegenseitig zu machen. Leute, die vorbeigingen, hörte man zwar, aber sehen konnte man sie nicht, denn die Scheiben waren total beschlagen. Nachher gingen wir in ein Restaurant und assen.
Im Bett hatte ich ein komisches Verlangen. Ich bekam vom Arzt ein Mittel gegen meine Schuppen, das ich mir in die nassen Haare einreiben sollte. Das stand auf meinem Schreibtisch.
Es war ein hochprozentiges alkoholisches Wässerchen. Ich bekam die unheimliche Lust, einen Schluck, etwas verdünnt natürlich, zu nehmen. So etwas wäre mir früher nicht im Traum eingefallen. Ich verdrängte diese Idee sofort, aber ich konnte mir gut vorstellen, wie das bei dem einen oder anderen hier wirken würde. Wenn schon Rasierwasser gesoffen wird! Auf alle Fälle versteckte ich dieses Fläschchen!

185. Tag: Am Nachmittag kam die Zahntechnikerin. Tags zuvor hatte sie mir am Telefon erklärt, dass sie nicht mehr bereit sei, das Spiel noch länger mitzumachen. Sie könne einfach nicht mehr und müsse klare Verhältnisse haben. Sie werde schliesslich neunundzwanzig Jahre alt, und es werde, so glaube sie, Zeit, eine ernsthaftere Phase einzuschalten. Ja, sie wolle gar nicht mehr kommen. Es sei gut, dass ich diese Kur mache, usw., sie wünsche mir viel Glück und solches mehr.
Ich war zuerst damit einverstanden, hatte ich doch damit rechnen müssen. Doch ich überlegte mir die Sache anders. So konnte ich sie überreden, wenigstens dieses Wochenende noch zu kommen. Wir könnten uns ja ausreden.
So kam sie also.
Es tönte zuerst hart und bestimmt. Kein Kuss, kein liebes Wort. Verdammt, die meint es ernst! Es brauchte eine gehörige Portion Feinfühligkeit, Nicole auf die richtige Wellenlänge einzurichten. Nun gut, es endete damit, dass wir in einer Waldlichtung standen und uns im Auto liebten.
Irgendwo waren wir uns gegenseitig hörig. Jeder brauchte jeden, jeder kannte jeden. Im Bett oder Ähnlichem verstanden wir uns ausgezeichnet, während sonst öfter die Fetzen flogen. Jeder bestand auf seiner Freiheit, auf seiner Individualität und seiner Persönlichkeit. Wir könnten nie im Leben zusammenbleiben. Wir würden uns innerhalb kurzer Zeit aufreiben. Ich bin mir aber

nicht im klaren darüber, ob sie das genauso empfindet und versteht. Deshalb verschwieg ich es. Zusammen suchten wir ein Hotel, in dem sie übernachten würde. Am Morgen wollte ich so früh als möglich kommen und sie wecken.

186. Tag: Gleich nach dem Frühstück fragte ich den Therapeuten, ob er in die Stadt fahre, ich müsse die Freundin wecken. So, sagte er, das könne man doch telefonisch. Ich hatte keine Lust, ihm näher zu erklären, dass es schönere Weckmethoden gibt als das Läuten des Telefons. Ich bestellte ein Taxi. So kam ich früh ins Hotel. Sofort eilte ich aufs Zimmer, zog mich rasch aus und schlüpfte ins Bett. Wir lagen, liebten und schliefen bis Mittag. Dann fuhren wir in ein wunderschönes, mittelalterliches Städtchen zum Essen. Hand in Hand spazierten wir durch die Gässchen. Dieser Kuraufenthalt hat noch den Vorteil, dass ich diese ganzen Orte, von denen ich in den Geschichtsstunden erzählte, besuchen kann. Das erste Mal in meinem Leben nehme ich Dinge wie Burgen, Kirchen, Baustil, Geschäfte, Umgebung und Zusammenhänge dazu bewusst auf. Habe ich früher immer nur die Gasthäuser gesehen und sehen wollen, so ist hier doch eine grundlegende Änderung eingetreten. Eines allerdings ist gleich geblieben: Zu einem feinen Mittagessen gehörte einfach ein Glas mit gutem Wein dazu! Nun, mir ist klar, wenn es bei dem geblieben wäre und bleiben würde, hätte niemand etwas einzuwenden. Aber eben!
Da in der Zwischenzeit die Sonne den Herbstnebel verbrannt hatte, leuchteten die Wälder, durch die wir fuhren, in voller Farbenpracht. Der Herbst kann schon genauso herrlich wie grausig sein.

187. Tag: Heute führten wir Mist ins Dorf. Eine Einteilung ist das: Den einen Tag holen wir Mist vom Dorf herauf, einige Zeit später bringen wir solchen zu Privatpersonen, die keine 100 m vom Ort entfernt wohnen, von wo wir Mist holten! Aber immerhin, es war eine Abwechslung dabei. Man kann mit anderen Leuten reden und kommt vom Puff weg. Die Hausversammlung war langweilig wie selten zuvor. Das will was heissen. Diese Alibiübung geht mir schön auf den Wecker.
Ein positives Ereignis war doch zu verzeichnen. Ein Brief vom Bezirksamt war an mich adressiert. Es wurde vom Untersuchungsrichter das Strafverfahren gegen mich eingestellt. Die Anschuldigung wegen Fahrens in angetrunkenem Zustand sei

nicht haltbar. Damit wurde dem einen wichtigsten Zustand ein äusserst günstiges Ende gesetzt. Der Schulrat hat keinen Grund mehr, mir zu künden, und die Niederlassung müsste ich auch kriegen. Das meldete ich sofort dem Anwalt, damit diese leidige Führerscheinangelegenheit endlich forciert würde. Dafür, dass mir dieser noch weiter entzogen wird, sehe ich überhaupt keinen Grund mehr. Wenn ich diese Autogeschichte so überdenke und jetzt den Ausgang betrachte, kommt es mir so richtig zum Bewusstsein, welches Schwein ich hatte. Einen Tag früher, und sie hätten mich mit 3 Promille erwischt. Aber das passt zu mir. Eigentlich hatte ich ja immer Glück, viel zuviel sogar. Mit minimalem Einsatz habe ich mehr erreicht, als mir zusteht. Mit Schwein und Schutzengel wurde das von mir ferngehalten, was mir schaden hätte können. Gespannt bin ich schon, wie das weitergeht.

188. Tag: Beim Äpfelklauben bekam ich Wutanfälle am laufenden Band. Da es für die Ernte viel zu spät ist, konnte man keine Leiter an den Baum stellen, ohne dass einem die depperten Früchte auf den Kopf fielen. War man schliesslich doch am Baum und wollte die restlichen Früchte runterholen, so hatte man gleichzeitig den Korb voller Blätter.
Nach einiger Zeit warf ich die Leiter auf den Boden und stieg auf die Bäume, um zu schütteln. Ich mach doch nicht den Doktor! Dann fuhr ich mit einem Patienten auf einem dieser Vehikel hinunter ins Dorf, um Sägespäne zu laden. Diese Apparate sind schon mehr als fahruntauglich. Als ich den Berg hinunter eine Bremsprobe machte, schoss das Gefährt, mal links, mal rechts ausbrechend, auf den Abhang zu. Er war unlenkbar. Ein hinteres Rad blockierte. Wieder einmal rettete mich im letzten Augenblick die Handbremse. Es ist aus! Mit dieser Höllenmaschine fahre ich keinen Meter mehr.
An der Gruppensitzung konnte ich es mir nicht verkneifen, wieder etwas vom Lernen des mässigen Trinkens zu sagen. Ich referierte lange und überzeugt, ohne überzeugend wirken zu können. Alte Erfahrungen und alles Erlebte kann stimmen, muss aber nicht. Denn ich bin ich! Es gibt nichts ohne Ausnahmen. Wer sagt, dass ich nicht bei diesen zwei oder drei Prozent bin, denen es glückt? Zum Teufel, das muss doch zu machen sein! Glauben tu' ich es selber nicht, aber ich rede mir das ein. Der Alkohol ist doch in unserer Gesellschaftsform so fest verankert, dass einer, der nichts trinkt, doch abnormal ist! Wir sprachen

auch darüber, wie schwer es ist, bei der heutigen Wirtschaftslage einen Arbeitsplatz als Alkoholiker zu finden. Therapeuten und Mitpatienten jammerten darüber, dass die Arbeitgeber Süffel nicht einstellen wollen, weil sie die Alkoholkrankheit nicht kennen und Vorurteile hätten. Tatsache ist leider – man braucht sich nur selber in deren Lage zu versetzen – dass einer, der für eine Stelle zwei Leute zur Auswahl hat, einen Alkoholiker und einen «Normalen», meistens den nimmt, der kein Risikofaktor für ihn ist. Da kann man nur auf Glück hoffen, dass man doch unterkommt.

Später war meine erste Therapiestunde mit der Bewegungstherapeutin. Die erste Übung im Autogenen Training stand auf dem Programm. Später redeten wir lange. Dabei stellte sich heraus, dass sie mich ziemlich genau einschätzte. Ich weiss nicht, ob und was sie mit meiner Einzelbetreuerin besprochen hatte. Doch spielt das keine so grosse Rolle. Hauptsache ist, man kann reden, finde ich. Mit wem und sogar worüber, ist zweitrangig. Das begreifen hier die wenigsten. Das ist jedoch ein schwerer Fehler, der die ganzen therapeutischen Bemühungen neutralisiert.

189. Tag: Der Tag war geprägt durch das Einzelgespräch. Zwei Stunden lang unterhielt ich mich so offen wie noch nie. Man kann sagen, dass wir auf den Kern des Problems gestossen sind. Nachher fühlte ich mich erleichtert und frei. Endlich lag die Schwierigkeit offen da. Nun können wir erst beginnen, damit zu arbeiten. Nachmittags ging ich schwimmen und spielte Tischtennis. Schon war wieder ein Tag um.

190. Tag: Nebel, Nebel und wieder Nebel.
Im relativ hohen Gras suchten wir nach Äpfel – eine Scheissarbeit. Doch auch das ging vorbei. Mein Kollege im Garten hat gestürmt. Ich sei schon zwei Monate nicht mehr im Garten gewesen. Er werfe nun das Werkzeug in den Graben und arbeite in der Schreinerei. Tatsächlich war ich schon lange nicht mehr bei Pflanzen und Gemüse. Es hat sich halt so eingefahren, dass ich überall zur Verfügung stehe. Hauptsächlich fahre ich nur mehr mit dem Traktor – ohne Führerschein noch immer, aber mit Wissen und Segen des Hauses!
Einige Stunden bin ich in der Woche sowiese in der Therapie. Zwei Stunden Einzeltherapie, eine Stunde Autogenes Training, zwei Stunden Gruppe, zwei Stunden Sport, eine Stunde Arbeitsgruppenbesprechung – alles natürlich während der Arbeitszeit.

In erster Linie bin ich zur Kur hier, nicht nur als Sklave. Daran müssen sie sich gewöhnen.
Gitte hat einen neuen Tick. Jeden Tag schickt sie mir eine Karte, auf der ein Bild aus den Karl May-Filmen zu sehen ist. Gott sei Dank stecken sie in einem Kuvert. Nun, lieber so etwas als gar keine Post.
Kurz konnte ich mit dem Leiter sprechen. Er telefonierte mit dem Schulratspräsidenten. Die wissen scheinbar nicht mehr, was sie anfangen sollen. Haben sie doch fest damit gerechnet, dass ich diese Kur nicht durchstehe. So mussten sie die Entscheidung darüber neuerlich verschieben, was mit mir geschehen soll. Dass sie mich nicht mehr wollen, ist mir klar. Doch gesetzlich können sie mir ja nicht kündigen. Da mich jedoch nur der Schulrat nicht will, der Ende des Jahres aufhört, viele Eltern aber für mich sind, macht mir das keinen Kummer.
Ich selber bin hin- und hergerissen. Zurückkehren zur Schule oder ein Neubeginn. Wenn nur die Arbeit mit den Schülern wäre, gäbe es kaum ein Nachdenken. Aber mit diesem Schulrat wird es schwierig.
Da aber die Wirtschaftslage so deppert ist, würde ein Wechsel sehr schwer werden. Mal schauen!
Am Abend war ich gestresst. Meine Freundin aus Österreich versprach vor einer Woche, heute anzurufen. Ich wartete und wartete, vergeblich. Ich rief bei ihr zu Hause an, aber da war sie nie. Was war passiert? So etwas vergisst man doch nicht! Ich wurde immer unruhiger. Wiederum verfiel ich in eine eifersüchtige Stimmung, in der sich alle möglichen und unmöglichen Vorstellungen abzeichneten. Das kann sie doch nicht machen! Unruhig ging ich ins Bett mit dem Vorsatz, morgen sofort anzurufen.

191. Tag: Als ich anrief, um zu erkunden, warum sie gestern nicht anrief, meinte Sandra nur, sie sei gestern nicht zu Hause gewesen. Sie hätte geglaubt, wir hätten Donnerstag oder Freitag abgemacht.
Irgendetwas stimmt da nicht! Mein Gefühl täuscht mich höchst selten. So sehr ich versuchte, die Gedanken daran zu verdrängen, es gelang nicht. Noch dazu war die Arbeit langweilig und eintönig, so dass ich zuviel Zeit hatte, nachzustudieren. Am Abend erfuhr ich auch nichts Näheres, doch der Eindruck vom Morgen verstärkte sich. Irgend etwas wird sich ändern, muss sich ändern!

192. Tag: Es war ein wunderschöner Tag. Der Zeitplan stimmte bis ins letzte Detail. Nach dem Morgenessen bereitete ich die Abfahrt vor. Da um neun Uhr die Leute von der AA kommen wollten, musste ich vorher verschwinden. Denn ich hatte keine Lust, diese obligatorische Übung zu besuchen. Ich hatte mich mit Nicole besprochen und auf zehn Uhr im Zürcher Mövenpick abgemacht.
So nebenbei fragte ich den Leiter, wann ich zurücksein müsse, ich hätte eben mit einem Fräulein abgemacht. Normal müsste ich um halb sechs, also zum Abendessen, retour sein. So aber gab er mir die Erlaubnis, später zu kommen.
Die Leute vom Team sind überhaupt sehr freundlich und grosszügig mit mir in der letzten Zeit, dünkt mich.
Vielleicht glauben sie nun, dass ich die Kur ernst nehme und wollen sich das erhoffte Erfolgserlebnis nicht vermiesen. So oder so, ich fuhr um halb zehn Uhr Richtung Zürich. Zum vereinbarten Zeitpunkt traf ich meine Freundin. Wir schlenderten durch die Bahnhofsstrasse, dem wahrscheinlich teuersten Boden der Welt. Sie kaufte einen Mantel und Stiefel, bevor wir essen gingen.
Nachher beschlossen wir, ins Kino zu gehen. Es war ein mittelmässiger Streifen, und so verliessen wir das Kino vorzeitig.
Plötzlich war die Idee da, zu ihr nach Hause zu fahren. Also sassen wir bald wieder im Zug. Siebzig Kilometer mit der Bahn, sechzig mit dem Auto. Dann waren wir zu Hause. Keine fünf Minuten später lagen wir im Bett. Im Vergleich zu uns war der Film im Kino von Moralaposteln gedreht worden. Ist schon recht verrückt, dafür drei Stunden Fahrt in Kauf zu nehmen! Aber ich habe schon viel, viel mehr Geld und Zeit für sinnlose Sachen ausgegeben, meine ich.
Spät traf ich in Zürich ein. Immer wieder, wenn ich auf grossen Bahnhöfen stehe, betrachte ich die Menschenmenge und suche mir einige Leute davon aus. Ich überlege mir, welches Schicksal die wohl haben. Dann komme ich mir klein und gross zugleich vor. Mit dem Taxi fuhr ich in das Gasthaus, in dem meine Mitpatienten kegelten. Zum Abschluss des Tages schob ich noch einige Kugeln, bevor ich, im Fuchsbau angekommen, müde und zufrieden ins Bett flog.

193. Tag: Ich glaube, die «sieben fetten Jahre» sind vorbei. Mit der ganzen Wucht überfiel mich die Resignation. Sie hat mich wieder eingeholt.

Ich habe Angst, total zu verblöden. Jeden Tag hört man den gleichen Dreck. Sogar das Kartenspielen geht mir langsam auf den Wecker. Der eine, den ich sonst gut mag, macht mir durch seine ewigen Furzerein schwer zu schaffen. Wenn er dann links und rechts den Arsch lupft, kommt mir die Galle hoch. Da hilft auch mein Schimpfen und Fluchen nichts.
Die täglichen Telefonate mit Freundinnen vermögen mich noch etwas aufzustellen. Doch auch hier sehe ich keine Zukunft mehr. Ich habe Angst, wie es weitergehen soll. Das Berufsleben ist so hoffnungslos, das Alkoholikerdasein verschissen. Ich denke wieder oft an Selbstmord. Dann wäre es vorbei.
Manchmal glaube ich, es wäre am besten, wenn endlich ein Krieg oder ähnlich Verheerendes ausbrechen würde. Dann hätten die Menschen, die übrigblieben, wieder einen Sinn im Leben, zwangsläufig. So geht's nicht. So kann ich nicht mehr. Das grosse, tiefe, schwarze Loch ist wieder da. Die nackte Überlebensangst! Feigheit gemischt mit grosser Trauer, flambiert mit Ausweglosigkeit.
Am Vormittag spielte ich in einer Mannschaft vom Dorf bei einem Hallenfussballturnier mit. Zuerst kämpften wir verbissen, verloren aber dennoch 1:0. Das zweite Match endete 0:0. Dann riss der Faden. Trotzdem war es lustig, mal etwas anderes zu machen.
Den Nachmittag verbrachte ich im Bett. Ich träumte blödsinnige Dinge, die mich immer aufschrecken liessen. Lange halte ich das nicht mehr aus.

194. Tag: Es ging schon ein bisschen besser. Ich bin soweit, dass ich mir bessere Stimmungen einsuggerieren kann. Obwohl, oder gerade weil ich hart zu arbeiten hatte, war ich gutgelaunt und aufgestellt. An der Hausversammlung gab's nicht viel Neues. Ein Patient kam am Sonntag besoffen zurück. Heute war ein Typ da und machte ihn darauf aufmerksam, dass die Krankenkasse aussteigt. Dem geht's böse. Nun zahlt niemand mehr. Der wird fallengelassen wie eine heisse Kartoffel.
Ich bin auch daraufgekommen, dass wieder Patienten, die nach mir gekommen sind, stillschweigend Einzelzimmer bezogen. Da läuft auch irgendetwas falsch. Nun, solange ich alleine in dem Zimmer bin, ist mir das wurst.

195. Tag: Als wir zu viert ins Dorf fuhren, um Äpfel zu schütteln, war es saukalt. So mussten wir zwangsläufig in ein

Restaurant, um uns aufzuwärmen.
Nachher sollten wir die Schafe einsammeln, die wieder einmal ausgebrochen waren. Das heisst, ausgebrochen stimmt nicht ganz, denn irgend jemand öffnet immer das Tor, zum vierten Male in sechs Tagen. Das ist höchst bösartig.
Am Nachmittag war Gruppentherapie. Das war die erste Versammlung, die gut war. Wir diskutierten offen und zwanglos, ohne dass der einzelne aufgefordert wurde. So erreichten wir mehr Spontaneität. Auch die Therapeutin war anwesend, mit der ich anschliessend Autogenes Training hatte.
Da das letzte Mal ein Patient diese Sitzung störte, schloss die Bewegungstherapeutin diesmal die Tür ab. Dieses Abschliessen erzeugte schon Spannung. Diese hielt sich während der Beruhigungsphase, in der ich dann auch alles andere als ruhig war. Später sprach sie mich direkt drauf an, ob sexuelle Gefühle mitspielten. Ich sagte ihr natürlich, dass sie mich reize, dass der Ton ihrer Stimme erregend wirke. Als sie erwiderte, dass auch sie dabei Gefühle entwickle und mir dabei die Wange streichelte, hätte ich sie eigentlich in die Arme nehmen und küssen wollen und sollen. Wieso ich es nicht tat, war der Grund dafür, dass ich noch lange über diese Stunde nachdachte. Das gibt noch was, glaube ich.
Abends kam Gitte. Wir gingen essen, um dann auf einem ruhigen Platz eine nächtliche Siesta abzuhalten. Eine geschlagene Stunde beschäftige sich ihr Mund ununterbrochen mit ihrem Lieblingsspielzeug. Das war schon daher nur möglich, weil ich immer wieder an den Nachmittag dachte und sich diesbezügliche Assoziationen einschlichen.
Als ich Nicole anrief, erzählte sie mir aufgeregt, dass jemand ihr Auto vor der Haustür gestohlen habe. Auch nicht schlecht! Da werde ich mir am Samstag etwas einfallen lassen müssen.

196. Tag: Nichts Neues! Zwei Stunden Arbeit, dann Einzeltherapie, Sport, Arztbesuch, Abendessen.
Der Doktor «schrieb» mich gesund. Die Schuppen sind weg, das Becken in Ordnung, das Blut von bester Qualität. Was will ich mehr?

197. Tag: Der erste Tag seit langem, an dem es wieder mal regnete. Trotzdem arbeitete ich den ganzen Tag. Ich fuhr auch ins Dorf, um einer Frau Mist zu bringen. Bei dieser Aktion bekam ich zum zweiten Mal Trinkgeld.

Der Leiter geht mir doch schön auf den Wecker. Ich habe keine Ahnung wieso, aber er schindet mich furchtbar. So erfuhr ich von meiner Betreuerin, dass der Schulratspräsident angerufen hatte. Mit keinem Wort äusserte sich der Chef dazu, obwohl oft die Gelegenheit dazu gewesen wäre. Als ich ihn heute fragte, antwortete er kurz, ohne sich umzudrehen: «Er wollte wissen, wie es mir geht, das ist alles!» Ich weiss aber, dass der Rat der Schule unter anderem einen genauen Führungsbericht verlangt hat. Wahrscheinlich ist er muff, weil er am Dienstag bei einer Führung das Aufenthaltszimmer verschlossen vorfand. Er erfuhr dann, dass ich mit der Therapeutin drinnen das Training hatte. Er wird daraus schon seine Schlüsse gezogen haben. Da kann er doch mir nichts vorwerfen.

Die Neuen, die eintrafen, sind auch alte Kurhasen. Natürlich haben sie ebenfalls schon Gefängnisse von innen erlebt. Wenn ein Fremder zum jetzigen Zeitpunkt den Fuchsbau besuchen würde, bekäme er den Eindruck, dass nicht Kranke da einsitzen, sondern Schläger, Rocker und Zuhälter.

Gut, alle diese «Berufe» sind sehr alkoholbeeinflusst. Der Fuchsbau ist halt ein Versorgungsheim.

198. Tag: Das einzige Erfreuliche an diesem Tag war die Freude auf den «Abendjass». Sonst schlichen die Stunden so dahin, mal da, mal dort arbeitend. Der Bauer fragte mich, ob ich im Winter nicht den Schilift bedienen wolle. Die Anlage gehört dem Dorf, was ich nicht wusste, und es wurde ein selbstständiger Betreuer dafür gesucht. Einerseits wäre es sicher lustig, andererseits doch kalt und langweilig. Da der Hang noch dazu beleuchtet ist, müsste ich viele Stunden investieren. Ich weiss natürlich nicht, wie es mit der Bezahlung aussieht, kann mir aber vorstellen, dass sie so rosig nicht ist.

Ausserdem habe ich andere Vorstellungen von den restlichen Monaten. Erstens will ich, sobald es kalt wird und der Schnee fällt, selber schifahren und vor allem den Grossteil der Zeit beim Schreiben und Schnitzen verbringen. Noch dazu kommt, dass ich diesen Winter einmal die Schirennen live im Fernseher anschauen will. Bis jetzt musste ich fast immer arbeiten und sah nur Aufzeichnungen. Ich habe mal fürs erste abgelehnt.

Ein Patient ist gekommen, der einen Unfall mit dem Motorrad hatte. Dabei stiess er gegen die Leitplanken und der rechte Arm wurde ihm abgetrennt. Dank der Mikrochirurgie konnte man ihn wieder annähen. Nach einem halben Jahr nun kann er ihn schon recht gut bewegen und dirigieren. Die Finger sind zwar noch steif, doch sollte das mit der Zeit auch besser werden.

199. Tag: Am Donnerstag hatte ich Kurzurlaub für's Wochende eingegeben. Heute war es soweit. Mit dem «Häfenbus» wurden wir zum Bahnhof geführt. Dort trennten sich unsere Wege. Als ich am Schalter einen Eurocheque einlösen wollte, gab man mir kein Geld. Mit der Nummer schien etwas nicht zu stimmen. Eine kurze Strecke fuhr ich mit dem schwulen Jasskollegen. Bei dem kommt man überhaupt nicht draus. Der ist so schwer einzuschätzen. Während der Fahrt redete er sehr vernünftig, sonst aber einen Wahnsinns-Stuss.
Nachher ging's alleine weiter. Am Bahnhof wurde ich von der Frau meines Freundes, der noch Schule hatte, abgeholt. Auf der Bank erfuhr ich den Grund, warum der Cheque nicht angenommen wurde. Die neuen Chequekarten werden erst verschickt, und diese haben andere Nummern.
Das Mittagessen nahmen wir in meiner Stammbeiz ein. Schüler zeigten mit Fingern, Eltern fragten nach dem Befinden. Für das Mittagsgespräch in den Stuben wäre gesorgt. Georg ist wieder in der Stadt!
Den Nachmittag verbrachte ich in der Werkstatt der Schule, wo mir ein alter Freund und Kollege die nötigen Handgriffe zeigte, um eine schöne Zirbenholztruhe zu schnitzen. Das Holz war bereits zugeschnitten und parat. 300 Franken kostet der Spass.
Dann ging ich mit den Tischtennisfreunden an die Turnerunterhaltung ins Dorf. Das nächste Mal schreibe ich eine Tafel, auf der steht: «Mir geht es blendend!» und hänge sie mir um den Hals. X-mal wurde ich begrüsst, musste Hände schütteln und eben diese Frage beantworten. Die Kinder waren ganz aus dem Häuschen. Sie flüsterten und lachten mich an, während sie an meinem Tisch vorbeigingen. Ich kam mir vor wie ein richtiges Ausstellungsobjekt. Zur Vorsicht trank ich kein Ex-Bier, um von vorneherein keine Verwechslungen zu provozieren. Um Mitternacht holte mich Nicole ab und wir fuhren zu ihrer Wohnung.

200. Tag: Es war schon heute, als wir ins Bett gingen. Da sich am Fest etwas zugetragen hatte, was mich total aus der Bahn warf, war ich sehr traurig. Meine Freundin legte das falsch aus, und es entstand eine unangenehme Spannung. Als ich mich dann erholt hatte, wollte sie nicht mehr. Ich stand auf und rauchte.

Nach Minuten legte ich mich wieder hin und wir machten Liebe, aber es war wie ein Theater, beide waren wir ziemlich schlechte Schauspieler ohne Zuschauer.
Diese Spannung hielt den ganzen Sonntag. Beide waren wir gereizt und unverträglich. Ich lag mehr oder weniger den ganzen Tag im Bett und dachte nach.
Ich war heilfroh, als es Abend wurde und ich zurückfahren musste. Der Abschied war frostig, und es würde mich nicht wundern, wenn diese Verbindung in nächster Zeit endgültig in Brüche ginge.
Bei einem kurzen Zwischenhalt an meinem Schulort besuchte ich noch meine Stammbeiz. Das übliche Frage- und Antwortspiel begleitete zwei Flaschen Exbier.
Ich war sehr unglücklich, während ich im Zug sass. Ich haute mir ein Valium rein, um ruhiger zu werden. Es war fast eine Erleichterung für mich, als ich den Fuchsbau erreichte. Ich spielte noch Karten und ging müde ins Bett. Das war seit langem das schlimmste Wochenende für mich.

201. Tag: Ich verschlief das Frühstück. Die Wäsche hatte ich ebenfalls noch nicht gerichtet. Ich arbeitete lustlos. Um zehn Uhr legte ich mich wieder hin und schlief bis zwölf.
Die Hausversammlung begann mit einem Knalleffekt. Der Leiter leerte eine Tasche mit leeren Flaschen aus. Bierflaschen waren dabei, Wein-, Schnaps- und Cognacbuttteln.
Klar, dass sich niemand meldete. Ich kann mir das nicht gut vorstellen. Wenn ich zwei Flaschen Bier raufschmuggeln könnte, würde ich nach dem Genuss dieses Zeugs erst recht wollen. Das muss sehr schlimm sein. Wenn der Einsatz nicht so hoch wäre, ich würde es mal probieren.
Der restliche Tag verging so recht und schlecht, wie er begonnen hatte. Ich ertappte mich dabei, dass ich mich auf Dienstag freute. Auf die Bewegungstherapie mit der jungen Mitarbeiterin, genau gesagt. Obwohl ich weiss, dass sowieso nichts wird, wenn ich etwas plane. Man wird sehen.
Als ich noch Nicole anrief, wollte ich hören, wie ihre Stimmung ist. Sie war krank und tönte alles andere als glücklich. Kein Wunder! Sie drückte es sogar in Prozenten aus, wie enttäuscht sie von mir und dem Wochenende ist: 75%! Klang gar nicht gut. Vielleicht heilt die Zeit.
Aber ich weiss, dass ich mir keinen solchen schlechten Tag mehr leisten kann.

202. Tag: Was ich vorausgesehen hatte, trat ein. Es wurde nichts mit der Freude. Beim Frühstück meldete der Leiter, dass die Therapeutin, die mich beruhigen sollte, krank sei und die Stunde deshalb ausfalle. Ich war richtig enttäuscht, obwohl es ja, wie geahnt, so kommen musste. Das Wetter war auch nicht erfreulich. Es regnete und war kalt.
Der Herbst hat endgültig gesiegt. Doch wenn man bedenkt, wie schön der Oktober und auch der November bis jetzt waren, kann man nicht klagen. Jetzt wäre gut, wenn es gefrieren würde und anschliessend zwei Meter Schnee fallen würden.
Den Vormittag lang fuhr ich mit dem Traktor durch die Gegend. Am Nachmittag verlegten wir die Gruppentherapie ins Restaurant des Nachbardorfes. Da ein Patient das letzte Mal dabei war, lud er uns zu Kaffee und Kuchen ein. Wir hatten einen Mordsspass daran, mit diesem klapprigen Bus runterzufetzen und nicht eingeengt im Begegnungsraum hocken zu müssen.
Da ich kein Autogenes Training hatte, machte ich mir selber eines. Das heisst, eine Phase der Beruhigung – ich legte mich nämlich ins Bett.
Kaum war ich eingeschlafen, wurde ich durch Klopfen geweckt. Was ich befürchtet hatte, trat ein. Ein neuer Patient belegte den freien Platz in meinem Zimmer. Er, ein Tscheche, kam mit Gepäck angefahren, als führe er die ganze Aussteuer mit sich. Das kann ja heiter werden!
Zwischendurch kam auch der Leiter. Da der Neue nicht da war, benützte ich die Gelegenheit, um nochmals darauf hinzuweisen, dass ich nun ein Einzelzimmer beanspruche. Ich solle nicht so stürmen, sicher gäbe es einmal eines, usw. hörte ich. Ich stellte sachlich fest, das bereits vier oder fünf Patienten Einzelzimmer hätten, die nach mir gekommen waren. «Mir scheint, man muss hier entweder schreien und fluchen, furzen oder schnarchen, oder aber des öfteren einen Absturz haben, um bevorzugt behandelt zu werden!» raunzte ich. Nachdem er gegangen war, stand ich auf, um mich draussen zu langweilen.

203. Tag: Der Aufenthalt im Fuchsbau ist ein Schweben zwischen Himmel und Hölle. Die Gedanken umkreisen die Sinnlosigkeit der Existenz, gleiten über in die Hoffnung auf Besserung, um doch wieder abzustürzen. Die Schauermärchen und Erlebnisse, die Mitpatienten erzählen, fahren ein. Obwohl sicherlich vieles überspitzt ist, hört man den wahren Kern heraus. Je abenteuerlicher und erlebnisreicher etwas darge-

stellt wird, desto beschissener die Wirklichkeit. Jeder hat irgendwo das Gefühl, stolz sein zu müssen darauf, ein wilder Hund zu sein, sich mit Polizei und Behörden im Clinch zu befinden. Jeder will den anderen mit Stories übertreffen.
Die meisten haben natürlich eine Vergangenheit hinter sich, die normale Bürger eine Gänsehaut im Rücken kriegen liesse. Viele Spiesser und Arschkriecher würden träumen davon, einige Zeit lang so zu leben. Und es war auch schön, interessant und erlebnisreich.
Doch die verheerenden Folgen sind brutal. Dann ist die Vergangenheit, die schöne, eben vergangen, und die Gegenwart fatal. Kein Wunder, wenn ständige Selbstmordgedanken das Leben und Denken beeinträchtigen. Ich weiss nicht, ob alles zusammenkommt, oder ob man alles so schwarz sieht. Momentan ist's böse. Das Wochenende ist danebengegangen, am Dienstag der Schuss nach hinten raus, den Mut, den Psychiater anzurufen, hatte ich nicht. Das Zimmer muss ich teilen, das kommende Wochenende fällt ins Wasser, so wie ich es geplant hatte, und das Wetter ist schlecht. Dazu kommt, dass ich ein Schreiben vom Rekursamt erhielt, das schlicht entblätternd wirkte: Mein Führerscheinentzug wurde in einen Sicherungsentzug umgewandelt und bleibt aufrecht.

204. Tag: Heute arbeitete ich mit dem Bauern in der Mosterei. Ich füllte den Saft in grosse Flaschen, die wir nachher erhitzten und luftdicht verschlossen, d. h. sterilisierten. Mit diesem Typ kann ich gut zusammenarbeiten und habe auch das Gefühl, er ist froh darüber. Da er mir nicht alles zehnmal erklären muss, ich selbständig arbeiten kann, ist es für ihn einfacher. Wir können gut reden und besprechen das eine oder andere auf gleicher Wellenlänge. Am Nachmittag zerlegten wir den Traktor. Obwohl ich zuerst Mühe hatte, bekam ich nach und nach doch Einblick. Mir war wohl, hier oben zu sein. Das Glück, eine solche Kur zu machen, überkam mich. Ich war eigentlich recht zufrieden. Da am Donnerstagabend in der Teamsitzung die Urlaubsgesuche besprochen werden, gab ich am Morgen eines ab. Ich muss nach Österreich fahren, muss mit meinem Psychiaterfreund reden. Er wird mich wieder aufstellen, hoffe ich.
Ich überlegte mir zwar folgendes: Am Samstag wird ein Einzelzimmer frei. Da ich an die Reihe komme, ein anderer aber dasselbe beansprucht, weil er in seiner Arbeit momentan unabkömmlich ist, muss das Team eine Lösung finden. Wenn ich jetzt

eingebe, dass ich schon am Freitagnachmittag fahren darf, werden sie mir das erlauben. So glauben sie, als Ausgleich dem anderen das Zimmer geben zu können. Andererseits steht es mir zu, und das eine hat mit dem anderen ja nichts zu tun. Ich probier es einfach. Wenn es daneben geht, werde ich der Hausversammlung meine Meinung sagen.
Der Neue im Zimmer konnte nicht verstehen, wieso er nach zwei Nächten schon das Bettzeug wechseln musste. Er tat das kund, und es kam beinahe zu einem Streit mit dem «Hausmeister». Ich beruhigte ihn und machte ihm klar, dass er Vernunft und das Denken im Fuchsbau vergessen soll. Er seufzte nur: «Oje, wie im Militär.»

205. Tag: Schon am Morgen kam der Leiter zur Tür herein und nickte grosszügig mit dem Kopf. O.K., sollte das bedeuten, ich dürfe fahren. Versuchen sie doch, so zu schalten, wie ich es mir überlegt hatte? Ich nützte die Situation aus und sagte zum Leiter: «Ah, ich habe, glaube ich, die falsche Zeit eingetragen. Könnte ich nicht schon um viertel nach drei fahren, dann wäre ich um neun Uhr in Innsbruck?» «Gut, in Ordnung», war seine Antwort. Die sind aber grosszügig.
Nun gut, fürs erste lief es ausgezeichnet. Nachdem ich am Vormittag noch arbeitete, stellte ich mich zu Mittag unter die Dusche.
Gleich nach der Bauernversammlung verabschiedete ich mich und sass eine Stunde später schon im Zug. Es macht mir immer mehr Spass, dieses Verkehrsmittel zu benützen. Nur, billig ist es nicht.
Als ich Sandra begrüsste, hatte ich wieder das Gefühl, dass etwas nicht stimmte. Auch mein «Tätscheln» lehnte sie mit «lass das» ab. So, das kann ja heiter werden. Zuhause war es dann auch frostig, marionettenhaft und wie eingespielt. Wird schon werden, dachte ich.

206–207. Tag: Die Tage vergingen wie immer viel zu schnell. Freude und Spass, Trauer und Hoffnungslosigkeit waren gleichmässig verteilt.

Als ich wieder im Fuchsbau ankam, hörte ich, dass das Zimmer noch leer sei, auch mein Zimmerkollege hatte seine Koffer noch nicht ausgepackt. Sollte ich mich doch geirrt haben? Ich glaube fast, ich erhalte ein Einzelzimmer.

208. Tag: Als ich das diensthabende Fräulein traf, wurde es Wirklichkeit.
Ich konnte ins freie Zimmer zügeln. Es ist zwar klein, aber herzig. Es ist vollständig mit Holz verkleidet, neu gemacht mit Mansardenfenster. Es ist urgemütlich. Es freute mich, dass mir der beim Umziehen half, der selbst das Zimmer wollte. Nun hatte ich, was ich wollte. Es störte überhaupt nicht, dass es draussen in Strömen regnete und über Radio Schnee bis in die Niederungen gemeldet wurde.
Ein Patient, der vor etwa zwei Monaten die Kur beendete, kam zurück. Angesoffen und total auf dem Hund kam er aus einer Klinik. Der gleiche war es, der die Nase hoch hielt, dass es ihm hineinregnete und der in höchsten Tönen sang. Ausserdem war er richtig unkollegial. So braucht er sich nicht zu wundern, wenn sich die Mitpatienten, die ihn kennen, schadenfroh zusammenstecken und tuscheln. Das Team gab ihm eine Frist von einem Tag, sich zu erholen. Diese hielt er nicht ein. So beschlossen sie, ihn abzuschieben. Doch keine andere Stätte ist bereit, ihn aufzunehmen.
Der jetzt Gestrandete war die Kur lang trocken. Ist kein gutes Omen, ich glaube, ich komme doch noch zu meinen programmierten Absturz.
Ich darf einfach den Fehler nicht machen und nachdenken. Dabei wird die letzte Hoffnung erstickt.
Beim Essen lag die Rechnung für den Oktober unterm Teller. Ich traute meinen Augen nicht, als ich sie überflog. Die hatten mir tatsächlich Fahrtspesen dafür verrechnet, als ich zum Arztbesuch in die Stadt geführt werden musste.
Zuerst schon die überspitzten 90 Rappen pro Kilometer, dann noch dafür, dass ich von der Heilstätte zum Arzt musste. Dabei wurde ich von der Leiterstellvertreterin persönlich hingeschickt. Als ich reklamierte, verwiesen mich die anwesenden Personen auf die Leute, die abwesend waren. Da wird gehobelt, das verspreche ich ihnen!

209. Tag: Ich bereitete mich auf einen Therapietag vor. Am Mittag wurde verkündet, dass für den «Neuen» kein Platz gefunden werden konnte, deshalb müsse er einstweilen hierbleiben. Er war jedoch schon wieder ins Dorf abgehauen. Wir wurden gewarnt, dass es Stunk geben könnte. Ich verstehe das auch nicht ganz. Jeden anderen steckten sie in eine Klinik, wenigstens für den körperlichen Entzug.

Die Gruppentherapie war mühsam. Es herrschte eine Spannung, die viel Substanz kostete. Es knisterte und harzte, obwohl zuerst recht wenig gesagt wurde. Tina, die junge Bewegungslehrerin, war wieder dabei.
Es ist schon furchtbar schwer, Gruppentherapie mit unmotivierten Personen durchzuführen. Ich meine, nicht alle sind fad, aber wenn in der Gruppe nur einer dabei ist, der nicht will, so ist der Faden unterbrochen. Dann kann man nicht mehr voll aus sich rausgehen, weil die Gefahr besteht, lächerlich zu wirken, die Gruppe undicht ist, man falsch verstanden werden könnte. An meiner Einstellung würde es nicht fehlen. So kommt es auch, dass ich den grössten Teil der Zeit beanspruche, bald zwangsläufig, denn ich halte es nicht aus, minutenlang ruhig im Kreis zu hocken. Schliesslich wurde es doch drei Uhr.
Das Autogene Training kam an die Reihe. Wir redeten zuerst über mein Verhältnis zu Frauen, nachdem sie mich darauf direkt ansprach. Ich meinte nur, ich halte mich daran, nicht darüber zu reden, sondern sie zu haben. Ich lenkte das Gespräch aber bewusst immer wieder auf die zwischenmenschlichen Beziehungen. Nach der Ruhephase klärte ich sie darüber auf, dass ich mehr an ihren Körper denken müsste, anstatt mich auf meinen zu konzentrieren. Sie bemerkte, dass sie diese Spannung spüre. Darauf lud ich sie kurzerhand zum Nachtessen in der nächsten Woche ein. Das wird sicher auch spannend. Wir verabschiedeten uns mit Blödeleien über Ver- und Entführen. Das wird rechten Heilstättengesprächsstoff liefern, wenn wir überhaupt gehen dürfen.
Nach dem Nachtessen wurde ein Kampf zwischen einem Therapeuten und Patienten ausgetragen, der mit kaputten Fensterscheiben endete. Der Superquerulant im Fuchsbau weigerte sich, den Abwaschdienst für diese Woche anzutreten. Deshalb verbot ihm der Angestellte, es war der Sozialarbeiter, der mir früher in die Quere kam, ins Dorf zu fahren. Es endete mit Scherben und einem verwüsteten Bürozimmer.

210. Tag: Der Bauer und ich schraubten bis zu meiner Einzeltherapie am Ladewagen herum. Zum Schluss wird der noch gut. Sie macht Spass, diese ungewohnte Arbeit. Wenn ich bedenke, was ich für ein technisches Wildschwein war, so habe ich schon viel gelernt. Habe ich zum Beispiel beim Auto kaum den Platz für die Batterien gekannt, so weiss ich jetzt schon genau, wie ein Getriebe funktioniert.

Die Therapie brachte eine Grunderkenntnis. Mit diesem «Sichertappt-Fühlen» hat es was auf sich. Wir redeten in dieser Stunde noch mit dem Typ, der rückfällig wurde. Er ist arm und doch nicht zu bedauern. Jetzt wird er halt endgültig verlocht werden. Da ist kein Platz mehr in der Gesellschaft. Der wird von allen Seiten fallengelassen. Dabei ist er noch keine vierzig Jahre alt.

211. Tag: Ein herrlicher Tag. Zu Mittag verbrannte die Sonne den Nebel, und blauer Himmel kam zum Vorschein. Ich versuchte zum ersten Mal zu pflügen. Nach zwei Furchen ging's recht gut. Es machte Spass, den steilen Hang so gerade und genau als möglich zu durchfahren. Es war auf die Dauer anstrengend, da ich doch sehr aufpassen und verschiedene Handbewegungen zugleich machen musste. Da der Pflug ständig ausklinkte, musste ich den Kopf immer nach hinten drehen, was sich am Abend bemerkbar machte. Ausserdem dröhnte derselbe noch, da ich das stundenlange Fahren mit dieser Lärmbelastung nicht gewohnt bin. Mit der Zeit wird das sicher besser werden.
Als ich im Ankleideraum zum Waschtrog ging, strahlte mich einer der anwesenden Patienten an und meinte: «Du wärst jetzt noch ein hübscher Knabe. Würdest mich auch mal ranlassen?» Zuerst verstand ich ihn nicht recht. Doch dann lehnte ich dankend ab. Da fehlt mir wirklich jegliche Lust. Mich wunderte es schon, dass ich über ein halbes Jahr in keine solche Situation gekommen bin. Denn irgend etwas muss ich haben, was Schwule anzieht. Mir passierte es immer wieder, dass ich angemacht wurde.
Obwohl ich mir gestern vorgenommen hatte, heute nicht mit den Karten zu spielen, sass ich wieder am Tisch. Suchtsymptome sind hier gleich wie bei anderen Süchten. Andauernd wird vorgenommen, aufzuhören oder wenigstens eine Pause einzuschalten, immer wieder wird's verschoben.

212. Tag: Pflügen stand auf dem Programm. Das war gar nicht so einfach, denn der Nebel war sehr dicht. Doch es gelang. Für den Nachmittag meldete ich mich ab. Ich fuhr nach Zürich zu einem Psychiater, bei dem ich Gruppengespräche besuchen werde. Und wieder die Geschichte von warum, wieso, Anfang, Grund, wieviel...
Es war ein sehr sympathischer Typ. Obwohl ich wahnsinnige Angst davor habe, in einer Gruppe Gefühle zu zeigen, willigte ich ein, jedesmal am Montagabend zu kommen. Ich werde sehen, was es bringt.

Vorher war ich noch mit Eveline verabredet, mit der ich, nachdem sie mich vom Bahnhof abgeholt hatte, im Café sass. Ich glaube, ich wäre ein guter Schauspieler, wenn ich die Rolle des ungeschickten Landjungen in der Stadt spielen müsste.
Nachdem ich zurückgefahren war, wartete ich auf meinen Lehrerfreund. Mit seiner Frau zusammen hatten wir uns zum Essen verabredet. Um genau eine Stunde hatten sie sich in der Fahrtzeit verrechnet. Dichter Nebel auf der Autobahn und vor allem der Freitagabendverkehr durch Zürich waren der Grund. Dafür wurde es umso gemütlicher. Wir besprachen dies, redeten über das, während wir assen.
Wenn ich solche Bekannte nicht hätte?!

213. Tag: Ich wartete auf Esther, meine alte Freundin aus dem zweiten Heimatdorf. Sie wollte um halb neun Uhr hier sein, kam aber erst um drei Viertel zehn. Ich zeigte ihr meinen Schlag. Sie war begeistert, wollte aber nicht zu mir ins Bett. Ich hatte keine Lust, sie zu «erobern» oder zu «überreden». Ich war sehr müde.
Draussen regnete es. Wir fuhren ins Dorf, und ich trank mein Ex-Bier. Der allsonntägliche Frühschoppen, ausserdem der erste Adventsonntag, war meine Ausrede. Nachher assen wir in einer wunderschönen Beiz zu Mittag.
Ich merke immer mehr, wie die schweizerische Geldmentalität in mir wirkt. Beim Zahlen dachte ich, dass ich dafür schon ein schönes Geschenk für meine Verlobte kaufen könnte. Ich musste den Gedanken unterdrücken, mich reue das Geld.
Mit der Dauer kam unerwartet das Tief. Eine totale Absturzstimmung überfiel mich. Den Grund kannte ich nicht, sie war einfach da. Die Angst vor der Zukunft wälzte sich heran wie ein riesiger Drache. Ich verfiel beinahe in Panik. Ich musste mich sehr zusammenreissen und fragte meine Bekannte, ob sie mich zum Bau zurückfahre. Sie musste sowieso aufbrechen, deshalb merkte sie nichts von meinem Zustand.
Als wir die Heilstätte erreicht hatten, war ich froh. Ich verabschiedete mich mit Küsschen und so und wartete noch, bis sie abgefahren war. Da ist der zweite Abschuss fällig. Das bringt nichts mehr.
Nachdem die Krankenschwester eingesehen hat, dass eine Bindung mit mir unmöglich ist und man auf rein sexueller Basis auch nicht leben kann, hat nun mein Gefühlsstrudel das zweite Opfer gefunden.

Ich glaube fast, dieser Tag war wieder ein Schritt Richtung Besserung.
Einer der Patienten warf das Handtuch. Er ist verreist oder abgehauen. Die schlimme Zeit vor Weihnachten fordert ihre Tribute. Die Stimmung ist allgemein schlecht. Schwermut und Resignation machen sich breit. Der Nebel und der Vollmond verstärken diesen Zustand.

214. Tag: Endlich wieder Arbeit, eine gemütliche noch dazu. Mit Axt und Motorsäge bewaffnet durchstreiften wir zu zweit den Wald und holzten. An der Hausversammlung protestierte ich heftig gegen die 90 Rappen pro Kilometer, wenn man sich mit dem Dienstauto chauffieren lässt. Noch vehementer fluchte ich darüber, dass man sogar die Fahrt zum Arzt berappen musste. Ich machte darauf aufmerksam, dass ich nicht gewillt bin, dafür zu bezahlen. Ich müsse halt die Krankenkasse fragen, die kann man ja ausnehmen. Genau das werde ich aber nicht tun. Ich ziehe den Betrag von der Monatsrechnung ab, das ist sicher.
Am Nachmittag fuhr ich nach Zürich zur ersten Gruppensitzung. Ich fuhr sehr zeitig ab, so dass ich noch ein Geschenk für meine Verlobte kaufen konnte. Als ich am Sonntag mit Esther die Auslagen besichtigte, sah ich eine wunderschöne Kette mit Anhänger. Ausgezeichnet geformtes Gold mit einem Brillanten besetzt. Ich werde aufpassen müssen im Fuchsbau, dass sie nicht gediebt wird.
Vor Betreten der Praxis war ich unheimlich nervös. Doch diese Spannung legte sich sehr rasch.
Ich beschränkte mich aufs Zuhören, wollte einfach mal die Lage peilen, die Spielregeln herausfinden. Es war interessant, wie die einzelnen hemmungslos ihren Gefühlen freien Lauf liessen. Mal weinte die eine, bald stimmte der andere ein mit ekstasischem Schluchzen. Die meisten Teilnehmer hatten Probleme mit den Streicheleinheiten. Bei der einen weigerte sich der Gatte, ein anderes Mal will die Frau nicht mehr. Ich lauschte teilweise fasziniert, teils heiter, das Lachen unterdrückend.
Das wird wohl nur die ersten 20 Jahre so sein. Dann geht es mir vielleicht ebenso.
Als ich zurückkam, wollte ich noch Karten spielen. Aber da war nichts zu machen. Die Leute gaffen alle in die Flimmerkiste. Es ist zum Kotzen. Mit aller Macht kämpfte ich dagegen an, mich von dieser Resignation anstecken zu lassen.

215. Tag: Ein herrlicher Tag! Ich arbeitete im Wald mit der Motorsäge. Nachmittags war Therapiezeit. In der Gruppentherapie nahm die Therapeutin das Gespräch auf Band auf. Es dient Studenten der Sozialpädagogik als Unterlage, um mit anderen Erfahrungen diese Institution näher kennenzulernen. Es wurde nicht schlecht geredet. Schön langsam gelingt es uns immer mehr, eigentliche Gruppentherapie zu machen.
Nachher war «Autogenes Training». Die Ruhephase gelang diesmal ausgezeichnet, dazu kam praktisch von selbst das Wärmegefühl. Es war super. Es wunderte mich selber, da ich doch aufgewühlt war. Ich hatte ja für heute abend dieses hübsche Mädchen, meine Therapeutin in dieser Disziplin also, zum Abendessen eingeladen. Gleich nach der Stunde brachen wir auf, ich zog mich um zuvor, obwohl eine Schale aus einer Bratwurst auch kein Entrecote macht. Schon während der Fahrt versuchten wir, die Spielregeln und Grenzen des Abends zu finden. Dabei kamen wir nicht ans Ziel, sondern einigten uns, einfach alles auf uns zukommen zu lassen. Ich hätte sie schon während der Gruppentherapie umarmen können, und jetzt erst recht.
Als wir durch die Stadt bummelten, hielten wir uns die Hand oder schlenderten engumschlungen durch die Gassen, als wären wir alte Freunde. Plan- und ziellos gingen wir lange so dahin, bis wir uns schlussendlich in ein Café setzten, um Kaffee zu trinken. Wir diskutierten, lachten und scherzten, wohl bewusst über die Probleme, die diese Beziehung mit sich bringen könnte. Sie war herzlich und nett, was mich wahnsinnig glücklich und verliebt stimmte. Ich sagte ihr auch, dass ich sie sehr mag und aufpassen müsste, mich nicht zu verknallen. Wir assen ein saftiges Pfeffersteak. Sie lud mich anschliessend zum Dessert in eine Café-Bar ein. Es war «schaurig» gemütlich. Es spielte ein Pianist alte Melodien, das Licht war dezent, und nur der Coupe hatte einen Nachteil – es war Schnaps oder Cognac dabei.
Es wurden herrlich romantische und gefühlsbetonte Stunden. Wir küssten und streichelten uns, ich war verliebt wie lange nicht mehr. Ich verfluchte sämtliche Uhren in meinem Blickbereich. Die Zeit verging viel zu schnell, wie immer in schönen Augenblicken. Ich konnte meine Augen nicht von ihr lassen, genoss die Zärtlichkeiten. Ich wollte sie besitzen, lieben, streicheln, obwohl mir klar war, dass es soweit – noch – nicht kommen konnte. Das sagte ich ihr nicht, war auch so glücklich. Oh, wie ich es verdammte, zurückfahren zu müssen, beschnitten zu sein in meiner Freiheit!

Die Wahrscheinlichkeit ist eben gross, dass sich das nicht mehr wiederholen kann.
Ich lag lange wach, bis ich einschlief und die schönsten Tagträume in ebensolche Nachtträume wechselten.

216. Tag: Die Gedanken waren noch beim gestrigen Abend. Ich wollte, nachdem ich es überschlafen hatte, genauer analysieren. Das ist zwar sonst nicht so, aber hier liegt der Fall anders. Ich war mir bewusst darüber, dass ich dieses Spiel einging, weil mich die Frau reizte, das Abenteuer vorrangig war, ich die «Therapeutin» wollte. Ich bin mir jedoch nicht mehr sicher, wie es jetzt steht. Es ist klar, dass es immer noch ein Strohfeuer sein kann.
Auf der anderen Seite besteht durchaus die Möglichkeit, dass sie sich zu meiner genaueren Beobachtung «geopfert» hatte. Das sagte ich ihr gestern auch, worauf sie böse reagierte. Und ich glaube es eigentlich nicht. Trotzdem muss ich damit rechnen, dass es einmalig war, und darauf achten, dass es keine Enttäuschung gibt, d. h. dass ich es nicht als Frustration empfinde. Der Abend war wunderschön, das kann niemand mehr zurücknehmen, das weitere ergibt sich von selbst.

217. Tag: Nikolaustag!
Die weihnachtliche Stimmung fehlte mir schon in den letzten Jahren zunehmend, heuer kommt überhaupt keine auf. Schnee liegt keiner, von frommen und kultbesessenen Leuten bin ich nicht umgeben.
Ich bin froh darüber, dass es so ist. Je weniger sentimental, weihnachtlich und rührend diese Tage vor dem Fest vergehen, umso besser ist es in dieser Lage.
Die Gedanken an eine eigene Familie, an die gewärmte Stube, an die Bescherung und Kinderaugen lassen sich leichter verdrängen. Die wirren Beziehungen von Alkoholikern machen auch mir öfters schwer zu schaffen.
Nachmittags kamen die Schulräte. Zwar nicht als «Kläuse» verkleidet, aber auch so komisch. Alle fünf kamen im dicken 725 i-BMW, oder so was ähnlichem, angereist. Sie teilten mir mit, dass mein Wiedereinstieg in den Schuldienst unerwünscht sei und sie mir drei Monate zusätzlich bezahlen würden, wenn ich bis Ende des Jahres kündige.
Da haben sie sich die ganze Zeit nie gemeldet, und plötzlich kommen alle, um mir diese verschissene Mitteilung zu machen.

Ich versuchte, ganz sachlich zu bleiben, die Situation nüchtern zu schildern und zu erklären, wieso ich das nicht machen werde.
Die einen verstanden mich, die anderen nicht.
Die Voraussetzungen für einen Wiedereinstieg sind nicht günstig.
Irgendwie wird es schon gehen.
Am Abend hatten wir grossen Lotto-Match. Es wurde recht lustig und ich gewann viel: Einen Taschenrechner, ein «Schweizer Messer», Briefpapier, Telefonagenda, Kalenderagenda, Süssigkeiten, Getränke, ein Buch, Handschuhe, Kaffee, eine grosse Kaffeetasse. Bei einem Walkman hatte ich Lospech.

218. Tag: Die Stunden wollten nicht vergehen. Mir ging alles auf den Wecker. Die Langeweile an solchen Tagen ist unerträglich. Der Zukunftsschiss ging mir durch den Kopf. Es wäre besser wenn, doch... wieso eigentlich... ich sollte doch... aber einerseits... freilich ist es so nicht... usw! Ich dachte daran, den Bettel hinzuwerfen, die Koffer zu packen und zu verreisen. Es muss sich was ändern!

219–220. Tag: Zeitig stand ich auf. Ich musste so früh fahren, damit ich um halb zehn Uhr in der Schule war. Ich liess mich daher von einem Taxi holen. Der Fahrer fragte sofort, ob ich abhauen möchte. Ich musste lachen, doch er versicherte mir, dass sie schon oft Scherereien deswegen hatten.
Das konnte ich mir wiederum plastisch vorstellen. Er erzählte mir, dass er auch mit diesem Problem konfrontiert sei, da seine Freundin trinke. Da konnte ich halt nicht helfen.
Als ich in die Schule kam, war Pause. Die Kinder kamen, nachdem sie mich erblickt hatten, in einem grossen Haufen dahergestürmt. Es war herzlich und beeindruckend. Sie haben mich zumindest nicht vergessen. Auch meine Kollegen waren überrascht, mich so zu sehen. Wir scherzten und lachten, ich hörte für einmal nur zu, wie sie über den Schulrat fluchten. Das ist es halt, jetzt fehlt ihnen meine Person, die immer als Blitzableiter herhalten musste.
Keine Angst, ich komme wieder!
Später kam Nicole, und ich fuhr mit ihr in ihre Wohnung. Es wurde ein sehr gemütlicher Abend. Wir assen Raclette und diskutierten. Mit dem Mädchen zu schlafen ist immer wieder ein Erlebnis. Die Frau, die ich heiraten würde, müsste so schnaggseln können.
Am Sonntag fuhren wir ins Tal, wo wir vom Fuchsbau aus unser

Schiläger haben würden. Schiläger klingt schulmeisterlich, Schiurlaub muss es heissen.
Sehr früh fuhr ich wieder zurück. Wieso, weiss ich nicht, aber irgendwo habe ich vor Weihnachten Angst, ich könnte noch abstürzen. Es ist wie ein innerer Drang, wie an einem Aschermittwoch, wenn es mich nach Entrecote zwingt.

221. Tag: Es kamen Studenten von der Uni, die den Bau kennenlernen wollten. Ich stellte mich mit einem anderen Patienten zur Verfügung, über die Therapie, über das Problem Alkohol und die Zukunft befragt zu werden. Es war recht lustig. Als ich so redete und Fragen beantwortete, hörte ich bei mir selber, wie sehr die Therapie nützt. Ich konnte offen und frei von der Leber reden.
Gegen Abend fuhr ich nach Zürich. Mir war sehr komisch zumute. Das lag auch daran, dass ich kein Valium in der Geldtasche hatte. Mit diesem geht es mir wie in der Schule mit den Schwindelzettel. Wenn ich einen hatte, brauchte ich ihn nie, denn ich konnte mich genau daran erinnern, was ich draufgeschrieben hatte. So benötigte ich auch das Valium nicht, es beruhigte mich der Gedanke daran. Es ging auch so. In der Gruppe ist es sehr schwierig für mich. Die Leute sind zwei, drei und mehr Jahre dabei. Da komme ich mir so als Aussenseiter vor, bin total gehemmt. Die Zeit wird auch das verdrängen, hoffe ich.
Als ich zurückkam, war die Adventfeier noch im Gange, die von der Heilsarmee organisiert wurde. Das ist schon ein köstliches Bild, wenn die uniformierten Sänger vor uns Süffel stehen. Überall brennen Kerzen, Orangen, Mandarinen, Erdnüsse und Kekse sowie Kaffee stehen auf den Tischen. Jeder hat den Text dieser frommen Lieder in der Hand, doch bewegen nur einzelne ihre Lippen, als ob sie singen würden. «Legt ab den Glitzer...», tönt eines entgegen. Etwas Rührendes liegt in der Luft. Doch eine rechte Weihnachtsstimmung kommt nicht auf. Jeder bekommt ein Paar Socken und eine Tafel Schokolade als Geschenk.

222. Tag: Ich arbeitete heute den ganzen Tag nicht. Vormittags musste ich einen Brief an die Rekurskommission aufsetzen und tippen. Gestern bekam ich ein Schreiben, das Auszüge aus meinem Führungsbericht in der Schule enthielt.

Zum Teil waren verleumderische und komplett verrückte Sachen zu lesen.
Dann war Gruppe. Die war richtig gut. Da wurde ziemlich tief gegraben, gefühlsmässig meine ich. Die Zeit verging wie im Fluge. Alle Beteiligten sahen mitgenommen aus, diese Stunde hatte unheimlich Substanz gekostet. Es waren erstmals Emotionen zu spüren, seelisches Engagement. Dann hatte ich Beruhigungstherapie. Mein Gefühl war komisch. Ich wusste nicht recht, wie ich mich verhalten sollte. Hatte sie den letzten Dienstag vergessen? Hatte sie nur therapeutisch gespielt? Oder war ihre Zuneigung echt? Ich nahm mir vor, alles auf mich zukommen zu lassen, als ich die Treppe raufging.
Wir sassen dann in den Stühlen, unterhielten uns und waren leider auf's äusserste angespannt. Als sie aufstand, um das Fenster zu schliessen, beugte sie sich zu mir herunter und gab mir einen Kuss. Wir versuchten, unser weiteres Vorgehen zu durchleuchten. Es wäre verständlicherweise sehr ungünstig, wenn man im Team oder auch bei den Patienten Wind davon bekäme.
Ich verfluche es, Patient zu sein, eingeschränkt, entmündigt. Ich wäre am liebsten weggefahren mit ihr, weit fort. Wir schmusten, hielten und streichelten uns, und wieder verspürte ich wärmendes Glück. Über zwei Stunden dauerte unsere Beruhigungstherapie. Dann mussten wir uns gezwungenermassen trennen. Wir verabredeten uns auf Samstag. Wir wollen Tennisspielen und schwimmen gehen. Ich freue mich darauf.

223. Tag: Ich arbeitete nicht. Ich schrieb meinen Antwortbrief an die Rekurskommission. In der Einzeltherapie besprachen wir die neuerlichen Probleme, die da auftauchten. Auch mein Urlaubsgesuch kam zur Sprache. Die Therapeutin war der Meinung, dass mir der Urlaub zusteht. Am Nachmittag, als wir zum Baden fuhren, besprach ich diese Geschichte mit dem «Sportminister». Auch er versprach mir, sich dafür einzusetzen, dass der Sonderurlaub genehmigt würde. Das gibt mir doch Hoffnung, dass ein wenig Vernunft mitspielt.

224. Tag: Ich rief Tina, die Therapeutin, an. Ich schien Glück zu haben, denn sie selbst kam an den Apparat und war ganz offen. Wir machten den Ort und Zeitpunkt aus, wann wir uns am Samstag treffen würden. Wir flüsterten Zärtlichkeiten durch den Hörer und freuten uns auf das Zusammensein. Es ist schön, verliebt zu sein.

Am Abend kam Gitte, die Krankenschwester. Das war nun wohl endgültig das letzte Mal. Wir fuhren essen, und bei der Rückfahrt sagte sie, dass sie auf mein Zimmer möchte. Sie wolle wieder mit mir schlafen. Da ich mir aber im Sommer, nach dem Intermezzo mit der Schwangerschaft, vornahm, sie nicht mehr zu beschlafen, erfand ich eine Ausrede.
Wir fuhren eine Weile, in der sie mich ununterbrochen bearbeitete. Irgendwo blieb sie dann stehen und beugte sich hinunter. Da auch ich sie streichelte, fiel mir schnell auf, dass sie nicht mitging. Nachdem ich halbwegs ruhig war, sprachen wir darüber. Das erste Mal mache sie es ungern. Sie wolle nicht mehr nur...
Das hatte ich eigentlich schon viel früher erwartet. Ein Glück für mich, dass es so lange dauerte. Nun jedoch, das war mir klar, musste diese Verbindung abbrechen. Schade, denn sie ist die absolute Meisterin in dieser Disziplin.

225. Tag: Mit meinem Urlaub klappt's nicht. Die vom Team reden und diskutieren, kommen aber zu keinem Ergebnis. Heute bearbeitete ich den nächsten Therapeuten damit. Wollen doch mal schauen, ob das was nützt.
Nach der Pause fuhren wir zur aufgelassenen Kiesgrube, um dort eine Hütte abzureissen. Ich befand mich mit einem neuen Leidensgenossen alleine drüben. Wir wollten eben den Boden herausreissen, als ich in einer Ritze zwei Flaschen entdeckte. Ich holte sie heraus. Doch es waren mehr. 7 volle Flaschen Wein, eine Flasche Cognac und eine Flasche Likör förderte ich zu Tage, bester Wein und feinster Vier-Sterne-Cognac. Zuerst schauten wir uns ungläubig an, dann mussten wir lachen. Auch Sex- und Pornohefte kamen zum Vorschein. Da mussten ja richtige Orgien stattgefunden haben.
Wir überlegten, was wir machen sollten. Uns kam nie die Idee, etwas davon zu trinken. Schliesslich schenkten wir sie dem Bauern.
Da musste einer vorzeitig abgehauen sein und sein Lager vergessen haben.

226. Tag: Um halb neun Uhr machte ich mich auf den Weg. Ich liess mich ins Dorf fahren. In einem Kaffeehaus wartete ich, bis meine Therapeutin kam! Und wie sie kam. Weiter, rosaroter Pullover, knallenge Jeans, rosarote Stulpen, rosaroter Lippenstift, wunderhübsch, das Mädchen. Während wir Kaffee tranken, entpuppte sie sich als eine Schmusekatze.

Obwohl das Café ziemlich voll besetzt war, hing sie an meinem Hals. Ich musste meine Hemmungen überwinden, da die Leute alle schon zu uns herschauten. Es war irre.
Dann fuhren wir zur Tennishalle. Wir fanden sie verschlossen vor und ich zweifelte schon, dass ich hier angerufen hätte, als dann doch ein Wagen um die Ecke flitzte. Der Fahrer entschuldigte sich dafür, dass er so spät komme.
Wir trauten den Augen nicht. Er führte uns in die Anlage. Zwei Plätze waren angelegt. Kein Mensch war zu sehen. Er gab mir zwei Schläger und meinte nur: «Unten sind die Umkleideräume und Duschen, hier muss das Licht aus- und eingeschaltet werden. Ihr könnt bis zwölf Uhr bleiben, dann erst kommen vielleicht die Nächsten. Ich komme erst so um ein Uhr. Ich lasse einfach offen, alles ok?» Ich kam aus dem Staunen nicht mehr heraus. 20 Franken verlangte er dafür, und weg war er. Das Mädchen und ich schauten uns an, dann lachten wir, während wir uns umarmten. Das gibt es doch gar nicht. So ein Vertrauen in die Menschheit sieht man selten. Sogar das dazugehörende Tennis-Café hatte er aufgesperrt.
Wir zogen uns rasch um. Jeder natürlich in einem eigenen, riesigen Raum.
Dann spielten wir also mausallein und hatten unheimlichen Spass. Wir scherzten, jagten uns, wurden wie Kinder.
Plötzlich lagen wir auf dem Boden. Inmitten dieser grossen Halle lagen wir auf dem Teppich und küssten und streichelten uns überall.
Mein Gott, wie bin ich verknallt in dieses herrliche Mädchen. Es ist seit vielen Jahren das erste Mal, dass ich verliebt bin und diese Liebe in nüchternem Zustand auch zeigen und leben kann. Ich flüsterte Zärtlichkeiten, die nie zuvor über meine Lippen kamen. Ich liess meinen Gefühlen freien Lauf. Nach einer halben Stunde, in der wir engumschlugen lagen, spielten wir wieder. Doch wir schlugen die Bälle unkonzentriert, jeder hatte zuviel Spannung in sich. Beide wussten wir, dass es hier passieren wird, die Gedanken waren zu weit entfernt vom Spiel.
Schweissgebadet begaben wir uns nach unten. Ich fragte sie noch scherzhaft, ob sie mir den Rücken einseife, denn das könne ich nicht alleine. Es war schon halb ein Uhr, als wir in der Damendusche standen, die vom Umkleideraum nicht abgetrennt war. Die Leute waren noch nicht gekommen, so wussten wir nicht, ob und wann sie auftauchten. Unter dem Strahl des Wassers liebten wir uns. Der Zustand, dass jeden Augenblick Leute kommen konn-

ten, wirkte erregend und erzeugte ein fantastisches Kribbeln.
Wir blieben lange unter der Dusche. Dann trockneten wir uns ab und zogen uns an. Ich konnte mich kaum sattsehen, als sie in einem winzigen Tangahöschen vor'm Spiegel stand und sich die Haare fönte.
Wir waren hungrig geworden. In der Stadt schoben wir uns engumschlungen durch die vorweihnachtliche Menschenmasse. Nur kurz musste ich an ihren Mann denken, als sie feststellte, dass soeben Bekannte von ihnen vorbeigegangen wären. Den hatte ich vergessen, und ich werde es auch weiterhin tun.
Was folgt, interessiert mich nicht. Ich will jetzt glücklich sein, und wenn es nur stundenweise ist. Wir verabschiedeten uns, und sie versprach, sich, sobald sich Gelegenheit dazu bietet, für ein Wochenende loszueisen, um mit mir schifahren zu gehen.
Im Zug überlegte ich lange hin und her, wie das wohl weitergehen könnte. Ich beschäftigte mich ausschliesslich mit Träumereien, sehr schönen Träumereien.
Am Bahnhof holte mich Nicole ab. Seit längerer Zeit schon hatte ich bemerkt, dass dieses Feuer am verlöschen ist.
Ich war auch nicht überrascht, als sie feststellte, dass sie verliebt sei. Umso stutziger wurde sie, als ich ihr dazu gratulierte. Mit dem vorherigen Tagesablauf kann er das leicht, wird man sagen. Aber das hätte ich auch sonst gesagt. So reagierte ich schon des öfteren. Ich bat sie: «Ich will vor Weihnachten nicht darüber sprechen. Ich will einen friedlichen Samstagabend verbringen; daran, dass wir Freunde sind, wird sich nichts ändern. Abgemacht?»
Wir schauten fern und diskutierten doch darüber. Sie war in schlechter Verfassung, weinte viel und wusste nicht, wo ein und aus. Bis wir ins Bett gingen, hatte sie sich jedoch beruhigt, wobei vier Cognacs mithelfen mussten. Es war schon ein komisches Gefühl, so im Bett zu liegen, ohne die gewohnten Zärtlichkeiten auszutauschen. Ich schlief nach dem Gutnachtkuss sofort ein.

227. Tag: Am Morgen erwachte ich und begann unbewusst, das Mädchen neben mir zu streicheln. Nach einigem Zögern begannen auch ihre Hände, meinen Körper zu suchen. Während sie dann ihr Becken gegen das meine drängte, überlegte ich noch kurz, wie ich mich verhalten soll. Sie nahm mir die Entscheidung ab, indem sie die Initiative ergriff.
Die Zeit bis Mittag, in der wir fürstlich frühstückten und Schirennen guckten, war sie nett, liebenswürdig und ruhig.

Während sie im Bad lag, fuhr ich mit ihrem Auto zum Bahnhof, um die obligatorischen Zeitungen zu kaufen.
Sie fuhr mich anschliessend zu meinem Freund, der zur Weihnachtsfeier geladen hatte. Mehrere Lehrer waren anwesend. Es wurde viel getrunken. Ich hatte keinerlei Probleme mit meinem Mineralwasser. Ich unterhielt sie eine ganze Weile mit Erzählungen über und um das «Promillehotel».
Sie waren sehr überrascht über meine positive Veränderung. Mir kommt immer vor, alle Leute erwarten einen armen, traurigen Menschen, den sie bemitleiden müssen. Dann sind sie platt, wenn sie mich so erleben.

228. Tag: Jetzt bin ich soweit, dass ich glücklich bin, dass ich hier die Kur mache. Immer wieder merke ich, wie wohler mir wird, wie neue Lebensgeister erwachen. Ich habe Geld genug, den Arbeitsplatz, gute Freunde, Freundinnen, die Krankenkasse zahlt, das Gerichtsverfahren eingestellt, keinen Stress, Freude an der Arbeit und einen problemlosen Aufenthalt hier. Die Superstunden mit meiner Beruhigungstherapeutin sind noch der Zuckerguss über alles.
An der Hausversammlung wurde überraschend mein fünftägiger Urlaub zu Weihnachten bewilligt.
Der Leiter gab dies bekannt und er betonte, dass das die einzige Ausnahme ist. Ich sei jetzt acht Monate im Bau, sie hätten zwar anfänglich Schwierigkeiten gehabt, doch sei das besser geworden. Wichtig für den Entschluss war, dass ich keinen Absturz hatte und die grosse Entfernung. Er forderte die Mitpatienten auf, sofort Bedenken anzumelden, doch keiner sagte ein Wort. Schön war das, vom Leiter und den Mitpatienten.
Es wurde ein grosses Erfolgserlebnis für mich.
Abends fuhr ich nicht nach Zürich. Ich hatte keine Lust, mir die zwischenmenschlichen Sorgen der Gruppenmitglieder anzuhören, wo ich doch so wunderschön verliebt bin.
Ausserdem ist die Stimmung vor Weihnachten soundso gedämpft. Diese Zeit hat ihre eigenen Gesetze. Jeder hier im Bau spürt das. In seiner Jugendzeit wurde jeder geprägt, jeder auf dieses Fest hinmanipuliert. Wenn in der Familie nicht, so doch von der Umwelt. Ich glaube keinem, der vorgibt, es seien Tage wie alle anderen. Jeder, und wenn es der letzte Penner am Bahnhofsausschank ist, erlebt diese Zeit anders als sonst. Jeder zeigt Gefühle, bewusst oder unbewusst.
Im Bau ist diese Stimmung gedämpft. Viele haben Angst,

Gefühle zu zeigen, flüchten in die Lässigkeit und stehen dann erst recht nackt da.
Wieder ist einer abgehauen. Andere reden von Selbstmord, einige vom Todsaufen.
Gut, ist nur einmal im Jahr Weihnachten.

229. Tag: Ich freute mich auf diesen Tag. Um acht Uhr stand ich wie zufällig vor der Tür, als mein Mädchen herauskam. Wir wechselten einige zweideutige Sätze, obwohl wir uns lieber um den Hals gefallen wären. Doch es standen noch Mitpatienten im Hof.
Es war sehr nass und es war unmöglich, draussen zu arbeiten. Deshalb schauten wir Sklaven das Schirennen an.
Nachmittags war Gruppe mit Tina. Die zwei Weibsbilder versuchten vergeblich, weihnachtliche Stimmung zu verbreiten. Da halfen auch die Kerzen nichts, ebensowenig das Buch, aus dem uns die eine vorlesen wollte. So wurde es eine recht traurige Stunde, und ich war nahe daran, in Depressionen und Resignation zu verfallen.
Ich war heilfroh, dass nachher Autogenes Training auf dem Programm stand. Am liebsten hätte ich an der Therapeutinnenbrust geweint. Doch sauber holte sie mich aus dem Stimmungskeller herauf. Wir machten sogar die Übungen durch.
Dann genossen wir die Zweisamkeit. Sie lud mich ein, zu einem einwöchigen Seminar zu gehen, dann könnten wir für längere Zeit zusammensein. Das Datum passte nicht recht. Zu dem Zeitpunkt hatte ich schon wieder Schule. Vielleicht könnte ich probieren, das doch auf Umschulung zu drehen, wenn ich ja eine untere Klasse bekomme. Man muss abwarten. Dann schenkte sie mir ein Buch. Ich solle es lesen, dann könnten wir streiten darüber, meinte sie lachend.

Es war von Peter Lauster: «Die Liebe».
Als ich aufschlug, stand:
Liebe...
und dann mach was Du willst!
                           Tina

Es war herzig, das Mädchen. Zweimal mussten wir uns aus der Umarmung lösen, weil jemand ins Zimmer kam. Mittlerweile war es dunkel geworden, und wir sassen im Schein der zwei

Kerzen da und küssten und streichelten uns. Ich bin echt verknallt in sie. Mit ihr könnte ich mir ein ergänzendes Zusammenleben vorstellen. Wir können irrsinnig gut diskutieren, wir können zusammen Sport betreiben, wir können einfach zusammen sein.
Der Gedanke an die freien Tage machte mich traurig auf der einen Seite, neugierig auf der anderen.
Ich werde Tina viele Tage nicht sehen. Doch gleichzeitig bin ich gespannt darauf, was ich wie stark für mein Mädchen in der Heimat empfinde. Ich erinnere mich, dass ich glücklich war, als ich letztes Mal bei ihr war. An ihren Körper habe ich mich gewöhnt, ihre Art ist mir geläufig. Vielleicht zu geläufig?
Ich merke, dass der Tag der Entscheidung naht. Wir kennen uns fünf Jahre; es ist Zeit für Klarheit, so oder so.

230. Tag: In der Zwischenzeit hat das Publikum rasch gewechselt. Nur gerade fünf Patienten sind noch da, die vor mir eingetreten sind. Andere sind gekommen, einige für kurze Zeit.
Ich schrieb den Brief an die Schulräte, als Antwort auf ihren Besuch am Klaustag:
«Betr.: Ihr Schreiben vom 5. 12. 1984
Sehr geehrte Damen und Herren
Am 6. 12. 1984 besuchten Sie mich in der Heilstätte, um mir mitzuteilen, dass Sie froh wären, würde ich meine Lehrertätigkeit nicht mehr aufnehmen.
Im Schreiben steht, es wäre für alle Beteiligten sinnvoll. Ich wage das jedoch zu bezweifeln, wenn ich an die Hauptbeteiligten, nämlich an die Schülerinnen und Schüler denke.
Auch mich schliesse ich aus, da ich zu gerne unterrichte und mir das in der momentanen Situation an einem anderen Ort nicht möglich ist.
Das hat mich dazu bewogen, meine Stelle als Lehrer an ihrer Primarschule wieder aufzunehmen, d. h. ich nehme den Vorschlag, bis zum 31.Dezember 1984 zu kündigen, n i c h t an.
Mir ist klar, dass es sehr hart werden wird, doch scheue ich vor der Herausforderung nicht zurück, zu zeigen, dass ich auch nach der Kur in der Lage bin, Schule zu geben.
Der personelle Wechsel innerhalb des Schulrates wird hoffentlich dazu beitragen.

Mit freundlichen Grüssen
Georg»

Die Einzeltherapie war gut. Ich wurde von der Universität Zürich eingeladen, über das Alkoholproblem und den Entzug vor Studenten zu reden. Ich werde mir das ernsthaft überlegen, wahrscheinlich mache ich das aber, weil es doch reizt.
Meine Psychotherapeutin machte mir ein Angebot, mit ihr, ihrem Freund, ihrer Mutter und einer Nichte, die eben die Matura bestand, nach Andermatt in die Schiferien zu gehen.

231. Tag: Dass ich den heutigen Tag so gut überstand und lachend ins Bett ging, ist selbst für mich überraschend. Er wurde nämlich geprägt durch den Telefonanruf beim Rekursamt. Gestern wurde die Sache mit dem Führerschein bearbeitet. Heute teilte man mir auf meine Anfrage mit, dass er abgelehnt wurde. Da haute es mir schön die Lefzen herunter. Ich war mir so sicher, dass ich den Wisch erhalte, weshalb ich bereits mein Auto angemeldet hatte. Das ist nun recht verschissen. Zweimal je eine dreiviertel Stunde redete ich mit einer Frau Dr. jur. So eine phantastische Stimme hatte ich noch nie gehört. Am Abend schrieb ich ihr einen Brief. Ich hoffe unter anderem, durch sie an den Namen des Mannes zu kommen, der mich damals in verleumderischer Absicht angezeigte hatte.
Es wurde ein total verrückter Brief.
Entweder sie nimmt an, es mit einem Irren zu tun zu haben, oder sie steigt darauf ein. Ich werde sie im neuen Jahr mal anrufen. Man merkt schon in solchen Gesprächen, dass diese Kommissionen wenig Ahnung über Alkoholkrankheit und Alkoholiker haben. Da wird einem rücksichtslos der Stempel aufgesetzt. Das ist Pech!
Diese Warnung der Mitpatienten, wonach der, der einmal im Bau war, das ganze Leben darunter zu leiden hat, musste ich am eigenen Leibe erfahren. Dass ich da als Lehrer nicht sehr gefragt bin, erscheint mir nun doch klarer.
Noch schlimmer allerdings ist, dass die lange Hand des Herrn Doktors auch in dieser Sache gehörig hineinzureichen scheint. Das hat sich deutlich aus dem Gespräch herauskristallisiert.

232. Tag: Komischer Tag!

233. Tag: Ich spüre mehr und mehr, was es heisst, positiv zu denken, und erlebe die Folgen davon. Man kann praktisch alles erreichen, da man mit weniger zufrieden ist. Es macht mir nichts aus, dass ich den Führerschein nicht bekam. Ich

sehe, dass die paar Monate auch vergehen werden, dass ich ein Anhängsel weniger habe.
Als ich den Leiter fragte, ob ich nicht direkt zu den Schiferien fahren dürfe, war ich keineswegs überrascht, als er mit ja antwortete, da ich es erwartete. Damit habe ich schon wieder einen Tag gewonnen. Es sind jetzt schon sechs Ferientage.
Am Vormittag rief ich Tina, meine Therapeutin, an. Ich wollte sie unbedingt noch einmal vor Weihnachten sehen. Wir machten für den Nachmittag einen Treffpunkt aus. Es wurde wieder wunderschön. Wir gingen einkaufen, sassen in Café's und schlenderten durch die Gassen mitten im Weihnachtsrummel. Oft blieben wir mitten auf der Strasse stehen und küssten uns, ohne die Leute zu beachten. Wir waren glücklich und verdrängten den Gedanken, dass eine lange Pause folgt. In diesen Augenblicken wollte ich mit ihr zusammensein, wegfahren, alleine sein. Aber die Umstände und die Vernunft hielten uns zurück, Blödsinn zu bauen. Der Abschied war schwer. Immer wieder fielen wir uns um den Hals und küssten uns, wie wenn es das letzte Mal wäre. Dann fuhr sie ab. Im Fuchsbau war Weihnachtsfeier. Wir sangen und assen, Geschichten wurden erzählt und Geschenke verteilt. Erstmals kam etwas wie weihnachtliche Stimmung auf. Es wurden zwar vereinzelt Scherze gemacht, versucht, die Sache lächerlich zu machen, es war aber immer nur der Ausdruck von Unsicherheit, eine Verdrängung der Gefühle.
Ich dachte an zu Hause, an die Familie, an Weihnachten im trauten Kreise.
Ich freute mich auf die Heimat.
Ungewiss, wie es sich entwickeln würde.
Früh liess ich mich auf den Bahnhof bringen. Richtiges Reisefieber überfiel mich. Im Zug frühstückte ich und überlegte mir, ob ich es nicht riskieren sollte, sofort in mein Auto zu steigen und über die Grenze zu fahren. Doch sehr bald verwarf ich diesen Gedanken. Wieso soviel Risiko eingehen? Die Wahrscheinlichkeit ist zwar gering, die Folgen jedoch brutal.
Also telefonierte ich meinem Freund, der mich über die Grenze brachte. Ich konnte es kaum erwarten loszubrausen. Ich war richtig autogeil. So verabschiedete ich mich dann auch gleich in Feldkirch und fuhr los. Es war ein herrliches Gefühl, in meinem rundherum schwarzen, nagelneuen BMW zu sitzen und die Landschaft vorbeisausen zu sehen. Ich sang während der Fahrt die Lieder, die aus dem Radio kamen und die ich kannte, laut mit. Ich war sehr glücklich.

So anständig und regelgetreu bin ich sicherlich noch nie gefahren. Aber es machte Spass. Obwohl es herrliches Wetter war und überraschenderweise ruhig auf der Strasse, fuhr ich durch den Arlbergtunnel. Ich wollte testen, ob sich in bezug auf meine «Lochphobie» etwas geändert hatte.
Ich erinnerte mich, dass ich früher mindestens drei Flaschen Bier trinken musste, um in den Tunnel einfahren zu können. Sonst wäre ich nur unter Waffendrohung durch. Nun stellte ich fest, dass auch hier kein Problem mehr bestand. Dieser verdammte Alkohol!
Ohne irgendwelche Schwierigkeiten erreichte ich den Heimatort. Natürlich herrschte grosse Freude, als ich in der Haustüre stand. Nach den üblichen Fragen musste ich sofort wieder ins Auto, um meine Freundin abzuholen. Ich stand vorm Geschäft, doch sie kam nicht. Also stieg ich aus und ging hinein. Da sassen sie alle um einen Tisch herum und tranken Wein. Es war ja der letzte Tag vor den Weihnachtsferien. Ich wurde aufgefordert, mich dazuzusetzen, und die Überraschung war nicht klein, als ich das mir gebotene Glas Wein ablehnte.
Im stillen musste ich lachen, als ich das gespannte Gesicht meiner Freundin sah. Sie hatte natürlich nichts davon erzählt, wo und was und warum. In Österreich wäre der Prestigeverlust furchtbar, meinte sie. Ihr zuliebe gebrauchte ich dann auch eine einfache Ausrede, um meine Abstinenz zu erklären.
Schliesslich fuhren wir in unsere Wohnung. Die Überraschung war perfekt. Meine Freundin überfiel mich geradezu, und schon lagen wir im Bett. Immer und immer wieder verlangte sie, geliebt zu werden. Sie war wie ein gekehrter Handschuh. Ich kam in den wenigen kurzen Pausen aus dem Staunen nicht mehr raus.

234–237. Tag: Der Morgen begann so, wie der Abend aufgehört hatte. Ich war mir gar nicht mehr klar darüber, ob das gespielt oder echt war. Doch zum Überlegen blieb mir kaum Zeit. In sexueller und gefühlsmässiger Hinsicht waren diese Tage spitze. Wir liefen händchenhaltend durch die Gegend, waren nach fünf Jahren wie frisch verliebt. Ich genoss die Augenblicke, ohne zu zeigen, dass sich doch ein ziemlicher Kampf in mir abspielte.
Ich wusste überhaupt nicht mehr, wo ich stand. Ich war hin- und hergerissen zwischen den schönen Gedanken an meine Therapeutin und dem Mädchen in meinen Händen. Wie soll das weitergehen?

Ich entschloss mich, nicht an die Zukunft zu denken, sondern alles einfach zu nehmen, wie es kommt. Damit erreichte ich, dass ich sehr entspannt, ruhig und glücklich war.
Dann war der Heilige Abend da.
Wie immer wurde es ein sehr gefühlsbetonter Abend. Wir standen vor dem Christbaum, die Gaben lagen verteilt. Natürlich war ich bei meinen Eltern und Geschwistern. Ich dachte kurz an meine Mitpatienten, die jetzt im Fuchsbau waren. Das muss schrecklich sein!
Anschliessend fuhr ich zu Sandra. Sie hatte klarerweise Freude an der mitgebrachten Halskette, obwohl ich merkte, dass ihr ein Ring besser gefallen hätte, ein Ehering natürlich.
Die Nacht wurde noch hektisch, da 60 Meter weiter ein Haus abbrannte. Schöne Weihnachtsbescherung!
Am nächsten Tag lud ich meine Familie zum Mittagessen ein. Es wurde sehr nett. Probleme mit Alkohol hatte ich überhaupt keine. Wenn im Umfeld alles stimmt, glaube ich gar nicht, dass das Saufen ein Problem werden kann bei mir.
Da ich am letzten Tag im Fuchsbau noch einen Urlaubstag herausschinden konnte, blätterte ich im Kursbuch nach, ob am 27. ein Zug am Morgen Richtung Schweiz fuhr. Das hiess, dass ich noch den ganzen Tag und die Nacht hierbleiben konnte.
Die Freude darauf war dann allerdings verfrüht. Es wurde ein schlimmer Tag. Da Sandra das Gespräch schon beim Frühstück auf die Zukunft lenkte, kam ich sehr ins Rotieren. Was sollte ich ihr sagen, wenn ich selber nichts wusste?
Es endete schliesslich damit, dass sie ins Schlafzimmer lief, sich auf das Bett warf und heulte.
So, da stand ich nun, zu einem hilflosen Häuflein degradiert, keine Ahnung, wo was wie anfangen.
Ich versuchte es erst mal mit Flucht.
Ich stieg ins Auto und fuhr in meine Stammbeiz zum Frühschoppen. Doch eine Erleichterung trat nicht ein. Es wurde auch im Laufe des Tages nicht besser. Ich hielt sie am Abend, während sie leise vor sich hinweinte, bis sie einschlief.
Obwohl ich kreuz und quer überlegte und die Situation überdachte, kam ich auf keinen grünen Zweig. Alles schien mir so hoffnungslos und verrannt.
Wahrscheinlich wäre es das beste, endgültig Schluss zu machen, doch konnte ich mich dazu nicht entschliessen.
Wir müssen den Weg finden, Freiheit zu geniessen, wenn wir getrennt sind und Freude zu empfinden, wenn wir zusammen sind.

238. Tag: Am Morgen verabschiedete ich mich von ihr, die sehr früh ins Geschäft musste. Ich packte meine Sachen zusammen, frühstückte noch ein letztes Mal und liess mich anschliessend von meiner Schwester nach Innsbruck fahren. Im Zug fand ich meine Ruhe wieder und freute mich auf's Schifahren.
Mein guter Geist und Freund holte mich am Bahnhof ab und wir fuhren ins Tal, wo ich mich mit den Urlaubskollegen aus dem Fuchsbau traf.
Wir logierten in einem alten Bauernhaus, das urgemütlich war. Ein grosser Kachelofen heizte den Aufenthaltsraum, die Zimmer waren sauber und eine Dusche gab's auch.

239—244. Tag: Der Aufenthalt in den Schiferien wurde lässig und gemütlich. Die Zusammensetzung der Gruppe war äusserst positiv. So brachten wir die Tage ohne Streit und vor allem ohne Absturz hinter uns. Die Schneelage war nicht so gut vorerst, doch lag soviel, dass man schifahren konnte, da die Unterlage Grasboden war.
Ein Tag war besonders schön. Die ganze Nacht hatte es geschneit, und am Morgen strahlte die Sonne. Wir fuhren früh hinauf und konnten daher nach Lust, Laune und Können die unberührten Pisten deflorieren. Es war ein schönes Erlebnis.
Ich war überrascht, dass keine Deutschen anzutreffen waren.
Am Abend war die Wirtschaft ausgestorben und der Weg zu den Touristenzentren zu weit. So verbrachten wir zwangsweise die Abende mit Kartenspielen.
Ein Kollege kochte am Morgen immer schon Kaffee, während die anderen noch schliefen. So sass ich eine Stunde vor dem Frühstück in der Stube, trank mehrere Tassen und rauchte, während ich meditierte.
Ich war glücklich.
Der Silvester wurde ein Totalverhau. Wir sassen praktisch allein in einem Restaurant und schütteten Ex-Bier und Spumante in die Figur. Das einzige Positive an diesem Abend war die Feststellung, dass es auch ohne Fest und Alkohol Mitternacht wurde. Eine Feststellung, die zwar deppert klingt, jedoch durchaus nicht leicht ist.
Durch diese festgefahrenen Gewohnheiten, durch den in der Gesellschaft integrierten Alkoholkonsum und durch eigene Erlebnisse in dieser Richtung glaubt man, ohne geht es nicht.
Am Tag, an dem es so richtig zu schneien begann, mussten wir

abfahren. Das war vielleicht beschissen! Pausenlos fiel die weisse Pracht herab, Autos blieben stecken, die Hänge präsentierten sich in einem herrlichen Zustand und wir traten die Heimreise an.
Trotzdem blickte ich zufrieden auf die vergangenen vierzehn Tage zurück. Mehr oder weniger alles war reibungslos über die Bühne gegangen. Nun kann ich mich mit neuem Mut in das neue Jahr stürzen, für mich arbeiten und leben.

245. Tag: Ich beschloss endgültig, mich vom allgemeinen «Sport» zurückzuziehen. Ich werde nur noch gelegentlich in die Arbeit eingreifen, sonst schnitzen, schreiben, schifahren und beim Schifahren zusehen.
Um elf Uhr telefonierte ich mit meiner Therapeutin. Als ich in die Kabine ging, hatte ich ziemlich Herzklopfen. Was ist in der Zwischenzeit passiert? Hat sie mich vergessen? War ihr Mann zu Hause? War er nicht!
Sie war alleine. Ich war sehr erleichtert, da wir so ungehemmt Zärtlichkeiten austauschen konnten. Ich muss sie unbedingt sehen! Wir verabredeten uns auf Samstag. Da sie jedoch kein Auto hat, müssen wir uns in der Mitte treffen.
Als ich die Kabine verliess, war ich einfach glücklich.
Ich war sowieso aufgestellt, dass es mir schon wieder bange wurde. Einmal muss das Elend kommen, davor hatte ich Angst. Doch momentan konnte ich mich an allem erfreuen, Wünsche und Pläne gingen in Erfüllung, das Timing war exakt, ich lebte sicher noch nie so intensiv und positiv wie in den letzten vier, fünf Monaten.
Der Absturzgeier, der mich gestern kurz und heftig gestreift hatte, war wieder aus dem Bewusstsein verschwunden. Es war herrlich. Ich habe erreicht, dass ich mir im neuen Jahr nicht mal sagen darf, es könne nur besser werden. Langsam glaube ich daran, dass ich es schaffe.
Am Nachmittag lag ich wieder im Bett und döste vor mich hin. Ich war zufrieden mit mir und der Welt. Ich nahm das Buch zur Hand, das mir Tina vor Weihnachten geschenkt hatte. Mit vielem bin ich einverstanden, vor allem natürlich mit dem liebenden Denken, was ja auch positives Denken ist. Daneben lasse ich mir aber «altmodische Gefühle» wie Eifersucht, Treue und Liebe auf längere Zeit nicht ausreden.
Der Abend war stinklangweilig. Kein Spiel schob sich zusammen, im Fernseher lief ein Schmarren und ein Telefonanruf von

der Krankenschwester brachte nichts Neues.
Da ich ihr versprochen hatte, am Wochende zu kommen, war sie wahnsinnig glücklich und konnte es nicht glauben.

246. Tag: Es hatte die ganze Nacht geschneit, und auch am Morgen fiel die weisse Pracht vom Himmel. Der Anblick der schneebedeckten Landschaft stimmte mich fröhlich. Nach dem Morgenessen fuhr ich in die Stadt, um Geld fürs Wochenende zu holen. Ich erledigte auch die fröhlichste Arbeit eines jeden Jahres, nämlich das Steuerzahlen. Das Steueramt schickte mir in den Weihnachtsferien eine Betreibungsandrohung. Es ist schon komisch, dass ich immer in den Ferien solche Schreiben erhalte. Schon der Schulrat und andere Ämter kamen oft in den Ferien.
Bei der Bauernversammlung gab ich offiziell meinen Rücktritt von der Arbeit im Garten und der Landwirtschaft bekannt. Da herrscht soundso ein riesengrosses Puff. Im einen Stall ist das Wasser gefroren, das Futter wird knapp, der Mist wird immer höher in den Laufställen, und die Jauchengruben laufen über. Der Garten ist total verwaist. Hier kann man allerdings nicht viel machen. Der Polier verliess unseren Fuchsbau, allerdings nicht geheilt. Während meiner Abwesenheit traten drei neue Patienten ein. Alle drei sind ziemlich alte Käuze, die so aussehen, als ob ihnen einfach draussen zu kalt wurde.
Ich muss jetzt mal nachfragen, wie viele Patienten schon ein- und ausgetreten sind. Da habe ich die Orientierung verloren.
Am Abend telefonierte ich mit meiner Freundin in Österreich. Sie war ausgesprochen freundlich und lustig und machte mich darauf aufmerksam, dass sie nicht mehr lange auf mich warten werde.

247. Tag: Als ich meinen Urlaub eingab, schrieb ich einen Ort in der genau entgegengesetzten Richtung auf, in die ich schliesslich heute fuhr. Um jeglicher Fragerei zu entgehen, liess ich mich zum gewohnten Bahnhof fahren, obwohl es ein Umweg war. Mit dem Zug gings dann ab Richtung Verabredung mit meiner Therapeutin. Ich traf sie schliesslich im Bahnhofsrestaurant in Olten.
Es wurde wieder ein wunderschönes Beieinandersein. Wir liefen durch die Stadt, bei klirrender Kälte und strahlendblauem Himmel. Sie hatte die knallenge Jeans an und liess so ihre Figur zur Geltung kommen. Mir fiel das letztgelesene Buch ein, wo der

Autor solche Äusserlichkeiten niederbewertet. Das kann ich halt beim besten Willen nicht begreifen und will es auch nicht.
Wir assen in einem herzigen Restaurant. Zwei Stunden sassen wir da, küssten uns, diskutierten und tauschten Zärtlichkeiten. Eine wilde Spannung überwältigte uns. Was hätten wir alles für ein Bett gegeben! Am Nachmittag verabschiedeten wir uns mit der Gewissheit, uns am Dienstag bei der Therapie wiederzusehen.
Ich bestieg den Zug Richtung Ostschweiz. Ich hatte ja mit Gitte, der Krankenschwester, abgemacht, sie am Wochenende zu besuchen. Dann sollte endgültig Schluss sein.
Sie holte mich, mittlerweile war es dunkel geworden, am Bahnhof ab und wir fuhren zu ihr. Nach dem Essen, das sie mit viel Liebe zubereitet hatte und wir bei Kerzenlicht und allem Drum und Dran in die Figuren schoben, legten wir uns ins Bett. Es wurde ein richtiger Fernsehabend. Dabei wurde ich meinem Vorsatz untreu, mit diesem Mädchen nicht mehr zu schlafen. Aber es war ja vorauszusehen.

248. Tag: Am Morgen bewies sie erneut ihre Französischkenntnisse. Später fuhr sie mich zum Bahnhof. Ich hatte noch einen Besuch bei einem Freund auf dem Programm. Als ich in den Fuchsbau zurückfahren wollte, gestaltete sich dieses Unternehmen recht schwierig. Es war eisig kalt und die Züge hatten grosse Verspätung. Tausende Leute standen in den Bahnhöfen oder sassen in Zügen, die wegen defekter Lokomotiven oder vereister Weichen nicht vorwärtskamen. Es war ein ziemliches Durcheinander.
Eine Stunde später als geplant kam ich im Fuchsbau an und legte mich gleich ins Bett.

249. Tag: Nachdem ich lange geschlafen hatte, stand ich auf, um fernzusehen. Da jedoch das Schirennen abgesagt wurde, begab ich mich wieder aufs Zimmer und schrieb. Am Nachmittag fuhr ich nach Zürich. Ich hatte mich mit Eveline verabredet, die mich am Bahnhof abholte. Wir setzten uns in ein Café im Niederdorf und redeten über die nahe Vergangenheit und Gegenwart.
Anschliessend begleitete ich sie zur Uni. Es war wiederum saukalt. Da ich genügend Zeit hatte, lief ich zu Fuss weiter.
In der Gruppe jammerte diese eine Frau wieder von ihren Problemen mit dem Partner. Jetzt war ich die dritte Stunde dabei

und es ging immer um das gleiche. Da ich nicht mitreden konnte, versuchte ich es mit der Flucht nach vorne. Ich erzählte ihnen, dass ich keinerlei Probleme mit partnerschaftlichen und freundschaftlichen Beziehungen hätte.
Provokativ fügte ich hinzu, dass mein Problem eigentlich das sei, dass ich keine Probleme hätte. Das zeigte Wirkung. Am nächsten Montag wollen sie mich auseinandernehmen. Damit hatte ich das Ziel erreicht.
Diese negative Gefühlsdusselei geht mir nämlich schwer auf die Eier. Es muss mal gelacht werden. Diese Spannung und Verkrampfung, die in der Luft liegt und zum Schneiden ist, muss aufgelockert werden. Ich fühle mich glücklich, könnte Bäume ausreissen.

250. Tag: In einem Buch von Ernst Herhaus las ich, wie genau und umfassend der Unterschied zwischen einem Alkoholiker und einem Säufer ist. Darin zitiert er Dostojewsky, der den Säufer Fjodor dem Alkoholiker Dimitrij gegenüberstellt: «Fjodor hätte ohne weiteres noch zwanzig Jahre unmässig weitertrinken, Schwächere auspressen und exzessive Orgien mit Huren und Fusel feiern können, berstend vor Genuss, es wäre ihm nichts geschehen, wahrscheinlich wäre er eines Tages tot gewesen, gefällt wie ein gesunder Baum. Fjodor war ein Säufer. Der Alkohol tat ihm nichts.
Nicht so bei Dimitrij. Er geriet schon durch ein einziges Glas Wodka in einen leidenden Zustand. Fjodors wilde Besäufnisse bewegen nichts in Fjodor, der Alkohol rührt ihn nicht an. Dimitrijs anormale Trinkerei fesselt ihn... bereits ein Glas Wodka inszeniert in dem kranken Dimitrij den Weltuntergang der Liebe. Mit dem jeweils ersten Glas geschieht Dimitrij etwas Schlimmeres als Verrücktwerden oder Selbstmord..»
Ich frage mich manchmal, ob es einen «positiven Selbstmord» gibt. Da es mir momentan so gut geht, habe ich das Gefühl, es wäre das beste, abzudanken. Glücklich und gesund sterben, und so. Aber dazu wird es mir doch an Mut fehlen.
Da in der Gruppe am Nachmittag die Leiterin fehlte und nur Tina, mein Liebling, da war, fuhren wir ins Dorf und kehrten ein. Ich musste mich grausam zusammennehmen, um ihr nicht um den Hals zu fallen. Mein Herz schlug ziemlich hochtourig, und ich konnte es nicht erwarten, bis wir wieder zurückkehrten und mit meiner «Einzeltherapie» begannen.
Kaum waren die Übungen vorbei, lagen wir in den Armen,

streichelten uns und schmusten. Wir probierten, etwas über die weitere Zukunft zu reden. Ich stellte fest, dass es relativ glücklich für uns ist, dass wir nicht in der Lage sind, unseren Emotionen und Handlungen freien Lauf zu lassen. Sonst wären wir, glaube ich, auf dem schnellsten Weg zusammengezogen. So müssen wir abwarten, wie es nach der ersten Phase der fast überfordernden Liebe weitergeht.
Leider mussten wir uns kurz vor dem Abendessen trennen. Wir verabredeten uns auf Freitag zum Tennisspielen.
Etwas spanisch kam mir vor, dass während der Zeit, die wir im Aufenthaltsraum sassen, gleich zwei Therapeuten in regelmässigen Abständen hereinplatzten, ohne dass ein Grund zu sehen war. Ist mir eigentlich egal!
Von neun bis halb elf Uhr abends hatte ich dann ein recht lebhaftes Gespräch mit dem Leiter. In dieser Stunde läutete dann auch das Telefon. Dabei hörte ich mit, dass ein Patient, der vor fünf Tagen termingerecht ausgetreten war, total verladen aufgefischt wurde. Ich überlegte mir, dass ich wegen dieser Frustrationen diesen Beruf nie könnte ausführen. Kein einziger, der bisher dieses Haus verliess, hatte Erfolg. Da hilft einem tatsächlich nur mehr positives Denken und totaler Egoismus.

251. Tag: Das einzige, das an diesem Tag aussergewöhnlich war, trat abends ein. Eine Kuh warf ein Kalb auf die Welt. Ausserdem verendeten fünfundsiebzig junge Hühner, da die Lüftung ausfiel und die Temperatur auf über 40 Grad anstieg.

252. Tag: Am Morgen rief ich Tina an. Obwohl es in der Telefonkabine eiszapfenkalt war, hielt ich es eine halbe Stunde aus. Wir verabredeten uns auf den nächsten Tag, an dem wir Tennisspielen wollten. Den ersten Streitpunkt haben wir auch schon. Sie versteht nicht, dass ich unbedingt das Hahnenkammrennen anschauen muss. Ihrem Mann hatte sie mittlerweile gebeichtet, dass sie mit mir das Schiwochenende verbringt.
Zwischen «nicht lügen» und «nicht sagen» sehe ich einen grossen Unterschied!
Am Nachmittag fuhr ich zum Treffen mit der Bezirksschulrätin. Trotzdem ich diese Frau nicht kannte, hatte ich keinerlei Bedenken. Ich verstand mich prächtig, und wir konnten gut diskutieren. Es waren zwei produktive, ungezwungene Stunden. Sie fuhr mich anschliessend zu einem Lehrerfreund, mit dem ich den Verlauf des Wochenendes besprach, haben wir doch ein Hallen-

fussballturnier. Ich reiste etwas früher zurück, weil ich die Leute im Fuchsbau nicht reizen wollte, da ich ja morgen vormittag schon wieder wegfahren muss. Mit der Zeit habe ich nämlich Angst, dass ich zu oft weg bin und sie mir deshalb den vorzeitigen Urlaubsantritt nächste Woche nicht genehmigen könnten.

253. Tag: Ein Traumtag! Nach dem Frühstück wartete ich ab, bis nur mehr ein alter Therapeut im Büro war. Ich bat ihn um eine Telefonverbindung, die ich mir schliesslich selbst herstellte. Während ich telefonierte, bat ich den Alten ganz beiläufig, mich ins Buch einzutragen, denn ich müsse um 10 Uhr ins Dorf fahren. Er tat dies auch, ohne weiter nach dem Grund zu fragen. Das erste Problem war somit erledigt. Da mich auch niemand nach der Rückkehrzeit fragte, konnte ich mich darauf rausreden.
Als ich um Viertel nach das Café erreichte, war meine Therapeutin schon da. Sie trug einen schwarzen Rock, rosa Stulpen, rosa Schal und einen roten Hut, der super zu ihrem blonden Typ passte. Ich war fasziniert.
Dann begann ein Tagesablauf, wie ich ihn selten erlebt hatte. Wir fuhren zuerst ins Thermalbad. Bei 38 Grad Wassertemperatur tummelten wir uns im Becken, das im Freien lag. Es war ein herrliches Gefühl, rundherum lag der Schnee, der Himmel war strahlendblau, und das Wasser dampfte. So sah man keinen Meter weit. Wir standen mehr oder weniger eine ganze Stunde im Wasser, streichelten und küssten uns, alles rundherum vergessend.
Dabei vergass ich auch meinen Vorsatz von gestern, das Schirennen im Fernsehen anzuschauen. Nachträglich bereute ich es gar nicht, waren meine Favoriten doch unter ferner schliefen.
Nachdem wir geduscht und angezogen waren, fuhren wir in die nächste Stadt und assen gediegen.
Dann wurde es Zeit, zur Tennishalle zu fahren. Was ich nicht erwartet, aber erhofft hatten, trat ein. Kein Mensch war da, bis auf den Platzwart, der uns einliess und wieder verschwand. Diesmal bereitete ich mir nicht die Mühe, mich im Männerumkleideraum umzuziehen, sondern wir gingen beide zu den «Frauen». Wir begannen, uns auszuziehen. Als sich ihr winziger schwarzer Tanga zeigte, war es um mich geschehen. Wir küssten uns wild und zärtlich zugleich. Schliesslich landeten wir auf der Bank und liebten uns trotz der Heftigkeit mit soviel Gefühl, wie es nur totale Verliebtheit zulässt. Wir sassen noch lange da,

wobei mein bester Freund keinen Zentimeter eroberten Gebietes zurückgeben wollte. Erst als wir uns daran erinnerten, dass wir noch Tennis spielen wollten, trennten wir uns.
Wir spielten auf ziemlich schwachen Beinen und sehr unkonzentriert. Trotzdem war es eine Riesengaudi. Auf dem Belag wurden wir elektrisch geladen und jedesmal, wenn wir die Bälle einsammelten und uns am Netz küssten, knisterte es beim Berühren der Lippen herrlich. Wir sassen zum Abschluss unseres bisher schönsten Tages in einem Restaurant, und es wurde ernster. Ich erzählte ihr, dass es für mich nicht einfacher ist, da ich nicht mehr genau weiss, wie ich stehe. Ich hätte nicht nur einen Mann, sondern mehrere Sorgen zugleich. Ich sei mir darüber bewusst, dass ich dieser Gefühlsspalterei ein Ende machen will, nur wisse ich nicht, wie und wo anfangen. Ich will meine Zuneigung endlich mal in eine Person nur investieren. Sie konnte mir allerdings auch keine taugliche Antwort darauf geben.
So blieb ich mit meiner Unwissenheit und Unsicherheit alleine, als ich zum Fuchsbau zurückkehrte.

254. Tag: Ziemlich happy fuhr ich nach Hause. Eine befreundete Familie hatte mich zum Mittagessen eingeladen. Es wurde sehr interessant. Mir macht es nichts aus, Rede und Antwort zu stehen über das Problem Alkohol. Ganz im Gegenteil, ich habe sehr Spass daran.
Anschliessend sah ich mir die Video-Kassette von der Schlussfeier vor zwei Jahren an. Ehrlich gesagt, kamen mir dabei fast die Tränen, obwohl es sehr lustig war. Mit Kindern zu arbeiten ist schon die schönste Aufgabe für mich, trotzdem ich Angst habe, zu schnell zu alt dafür zu sein.
«Derjenige ist ein guter Erzieher, der sich an seine eigene Jugend zurückerinnern kann», las ich einmal, und das stimmt voll und ganz. Nach dem Kaffee ging ich zu meinem Freund.
Als ich überlegte, ob ich Nicole anrufen sollte, entwickelte sich ein heftiger Zwiestreit in mir. Einerseits zog ich es immer wieder hinaus, endgültig einen Schlussstrich zu ziehen, andererseits sprach ich vom Ende der Gefühlsspalterei. Bumsen konnte ich halt wirklich am besten mit ihr.
Die Sorge wurde mir abgenommen, als ich anrief. Sie war dauernd mit dem Baby ihres Bruders beschäftigt, so konnte ich kaum vernünftig reden. So liessen wir es bleiben und ich schlief das erste Mal, seit ich im Fuchsbau bin, auswärts alleine bei meinem Freund.

255. Tag: Am Morgen spielten wir dann bei einem Hallenfussballturnier. Dabei gelang mir das Tor, das uns im ersten Spiel einen 1:0 Sieg brachte. Ich traf einige alte Schüler von mir und unterhielt mich mit ihnen.
Beim Kartenspielen zeigte sich, dass ich im Fuchsbau doch einiges gelernt hatte. Es war ein recht friedliches Wochenende ohne Höhen und Tiefen.

256. Tag: Der Absturzadler kreist über mir. Praktisch über Nacht überkam mich das depperte Gefühl, etwas trinken zu müssen. Plötzlich sah ich alles schwarz. Die Zukunft hoffnungslos, Angst davor, am Freitag nicht in den Urlaub gehen zu können, die Rechnungen auf meinen Pult kamen mir in den Sinn, das Fuchsbauleben ging mir auf den Wecker. Der Drang nach Alkohol wurde immer stärker. Sosehr ich mir auch einredete, dass das vorübergeht, umso mehr ich mir mit sonst immer hilfreichen Gedankenverlängerungen zu helfen suchte, desto schlimmer wurde es. Mein Herz klopfte, die Atmung war unregelmässig, am ganzen Körper verspürte ich ein Zucken und Reissen. Ich überlegte mir, ob ich ein Valium schlucken sollte, doch liess ich das. «Wenn das dein Körper nicht aushält, dann ist er nichts wert!» versuchte ich mir einzureden. Es nützte nicht viel. Es war unbegreiflich, wie schnell dieses Tief gekommen war. Noch unverständlicher war der Grund dafür.
Ich versuchte, am Vormittag zu schlafen, zu spielen, ich schaute mir den «Playboy» an, las sonst. Alles umsonst.
Ich ahnte Schlechtes, als ich nach Zürich zur Gruppentherapie fuhr. Ich kämpfte innerlich verbissen gegen das erste Glas. Ich schüttete mir Kaffee in die Figur, trank Cola, wollte bis nach der Therapie abwarten. Diese Stunde war vollkommener Leerlauf. Einer erzählte unter ständigen Weinkrämpfen von seinem Problem, dass er als 42-jähriger eine neunzehnjährige Freundin habe. Er fühle sich überfordert. Ich weiss nicht, entweder ist er schwul oder impotent. Aber man kann sich auch aus einem Loch im Socken ein Problem basteln.
Nach der Gruppe verabschiedete ich mich, ohne mit ins Restaurant zu gehen. Ich getraute mich einfach nicht, mich noch mehr der Gefahr auszusetzen. Ich wollte trinken, nein schütten. Ich stellte mir vor, vier, fünf Bier hinunterzukippen.
Ich musste so schnell wie möglich zum Fuchsbau zurück.
Als ich mich ins Bett legte, war ich depremiert. Resignation schlich sich ein, Selbstaufgabe.

257. Tag: Es wurde ein hektischer Tag. Hektisch in bezug auf meine Beziehung zur Therapeutin. Wir sahen uns kurz am Morgen. Da sie nachmittags eine Sitzung mit dem Chefpsychiater habe, sei es ungewiss, ob wir unsere Beruhigungstherapie durchführen könnten. Während ich die Zeit bis zum Mittagessen mit Schlafen und Anfeuerungsrufen vor dem Fernseher verbrachte, ergab sich für den Nachmittag dann doch die Möglichkeit, dass wir zu unserer Sitzung kamen.
Und wie!
Nachdem wir das Pflichtprogramm hinter uns gebracht hatten, wurde es ein einziges Streitgespräch.
Unsere Auffassungen von einer Partnerschaft sind das pure Gegenteil. Ich meine natürlich von einer verehelichten Partnerschaft als solcher. Wir brachten es fertig, jedem das Wort im Munde zu verdrehen, alles bewusst oder unbewusst falsch zu verstehen, und so gab es denn auch keine Einigung. Trotzdem wollten wir am Abend ausgehen.
Es wird immer schwieriger für uns, die Beziehung zu verheimlichen.
Diese Abhängigkeit, dieses Betteln nach Auslauf, diese Entmündigung im Fuchsbau machte mir schwer zu schaffen. Ich hasste es, mich abzumelden und den Grund anzugeben. So stand ich dann, wie ein Ausbrecher auf die Gelegenheit wartend, hinter der Hausecke und wartete in der Kälte. Der Reihe nach kamen die Therapeuten aus der Tür, und ich machte jedesmal einen Schritt nach hinten. Schliesslich trat auch mein Fräulein heraus. Ich wollte geradewegs auf sie zulaufen, als der Koch ebenfalls erschien. Nun stand ich halt da und musste mich seiner komischen Fragerei stellen.
Endlich sass ich im Auto. Dabei erfuhr ich, dass diese Geheimnistuerei umsonst war, da ich in der Rapportsitzung sowieso besprochen wurde und sie vor allen sagte, dass sie mit mir wegfahre. Die Streiterei ging munter weiter. Zum Schluss wussten wir beide nicht mehr genau, wieso wir gemeinsam fortgingen.
Nachdem wir gegessen hatten und uns zum Dessert in ein gemütliches Restaurant hockten, erinnerten wir uns an den vergangenen Freitag und wurden friedlich und lieb.
Mit Vorfreude auf den kommenden Freitag verabschiedeten wir uns.
Auf dieses Wochenende bin ich gespannter als je zuvor, da zwischen einem wunderschönen Kurzurlaub und gegenseitigem Zursaumachen alles drinliegt.

258. Tag: Die Zeit scheint überhaupt nicht mehr zu laufen. Die Tage scheinen mir ewig lange. Es geht nichts mehr, alles steht still. Ich glaube nicht, dass das mit der Arbeit zusammenhängt.
Am Abend rief die Krankenschwester an. Es ist zum Kotzen! Diesmal, nach meinem Wortbruch vor vierzehn Tagen, als ich mir ihr schlief, ist es zwar kein Kind, das ich ihr angehängt habe, aber nun beisst es sie an der intimsten Stelle. Da brannte mir kurz die Sicherung durch. Alles lasse ich mir nun auch nicht anhängen. Ich beendete das Gespräch kurzerhand.

259. Tag: Hatte ich vor einigen Tagen noch alles so plastisch gesehen, so wechselte das genau ins Gegenteil. Alles ist schwarz, tiefschwarz. Das Unwissen, ob ich morgen fahren darf oder nicht, verstärkt es noch, aber ich traue mich nicht, zu diesem Punkt den anwesenden Therapeuten zu befragen. Ich packte mal meine Sachen zusammen und stellte die Schier dazu. Es ist so schwer, dieses Team, ohne den Leiter, der in den Ferien weilt, abzuschätzen. Da bin ich auf die gute Stunde von ihnen angewiesen.
Ein Anruf der Zahntechnikerin brachte mich noch mehr ins Schleudern. Das Selbstvertrauen, das ich bei meinem Mädchen habe, fehlt mir bei der Therapeutin. So kann ich nicht alle fortgehen lassen, da ich nicht weiss, wie's weitergeht. Die Lage momentan finde ich verrückt verschissen. Der Absturzgeier kreist so nah über mir, dass ich seinen Flügelschlag höre. Mir kommt es vor, als picke er mir manchmal schon auf den Kopf.

260. Tag: Den Tag lang wartete ich ständig darauf, bis mich einer vom Team auf meinen Urlaub anspricht, bzw. mir mitteilt, dass ich heute nicht gehen dürfe. Dieses komische Warten wurde noch dramatischer, nachdem ich meine Therapeutin angerufen hatte. Sie erzählte mir, dass es rund um mich und sie einen grauenhaften Zauber gebe. Da würde hintenherum telefoniert, meiner Einzeltherapeutin mitgeteilt, dass ich immer mit ihr wegfahre, dass andere das auch wollten, es entwickelten sich Eifersüchteleien usw.
Doch ich merkte nichts. Ich meldete mich um fünfzehn Uhr ab und war erleichtert, als ich im Zug sass.
Ein traumhaftes Wochenende nahm seinen Anfang. Am Bahnhof in Zürich traf ich meine Freundin. Schnell stiegen wir in den nächsten Zug um und ab ging's. Wenn wir uns nicht gerade

küssten und so, erzählte sie Einzelheiten, wie sehr das Team momentan auf mich fixiert sei. Aller Wahrscheinlichkeit nach müsse allerdings sie selbst die Suppe auslöffeln. Weiters klärte sie mich über ihr sehr gutes Verhältnis zu meiner Einzeltherapeutin auf und darüber, dass diese über meinen Urlaubstrip mit ihr informiert sei.

Das wird ja immer schizophrener, dachte ich bei mir, da bescheisst man das Team mit Hilfe deren eigenen Mitglieder. Lustig war's irgendwie, daran zu denken, was für Augen gewisse Herren machen würden, könnten sie uns jetzt sehen.

Nun, mich belastete dies alles nicht. Ich sah nur die kommende Zeit, die Tage mit Tina.

Am Bahnhof wurden wir von meinem Freund abgeholt. Da seine Frau noch immer Fieber hatte, hockte sie vermummt im Auto und fuhr uns so in das Tal hinein, wo ich eine Ferienwohnung gemietet hatte. Und welche? Das Haus gehörte Verwandten meines Freundes. Es war keine zwei Jahre alt und sehr schön und logischerweise lässig. Wir hatten eine Zweizimmerwohnung mit schönem Ausblick, Fernseher, Fussbodenheizung, usw.

Ich genoss das Leben in vollen Zügen. Nachdem wir im gegenüberliegenden Lokal etwas gegessen hatten, begaben wir uns sofort wieder zurück in die Wohnung. Das Mädchen kochte Kaffee, aber wir kamen nicht mehr dazu, ihn zu trinken.

Endlich hatten wir das, wonach wir uns so lange sehnen mussten, worauf wir uns die längste Zeit freuten: vier Wände, in denen wir ungestört waren, ein Bett, Musik und Kerzenlicht. Zusammen mit unserem Gefühl, der Liebe und dem Verlangen ergab das eine herrliche Nacht. Vergessen die anderen Bindungen, die jeden beschäftigten, vergessen die Sucht und deren Entzug, vergessen auch diese Therapeutin-Patienten-Tatsache.

261–262. Tag: Es wurden wunderschöne Tage. Wir liebten uns am Morgen, Mittag, am Abend, die Nacht. Dazwischen frühstückten wir, gingen schilaufen und assen zu Abend. Es war herrlich. Für's Morgenessen hatte ich ziemlich viel eingekauft. Wir frühstückten nicht, wir schlemmten. Das Wetter war gut.

Der Schilift war etwas kurz, doch konnte man schön locker fahren, und vor allem hatte es keine oder nur wenige Leute. So konnten wir in der relativ kurzen Zeit, die wir dafür investierten, viel schilaufen.

Als wir am Samstagabend in das gemütliche Restaurant nebenan

gingen, bestellten wir die Spezialität des Hauses, einen «Tom Dooley», oder wie der hiess.
Wir waren so beschäftigt mit uns, dass wir übersahen, dass «flambiert» mit dabeistand. Nun, da es am Tisch flambiert wurde, liess ich mir meine Portion vorher servieren. Mir geht es dabei mehr um die Psyche. Wenn ich nicht weiss, dass Alkohol dabei ist, oder es nachher erfahre, ist es mir egal. Doch sonst esse ich es nicht, weil ich schon nicht mehr so bestimmt sagen könnte, dass ich die Kur ohne einen Tropfen Alkohol durchmachte. Ausserdem fürchte ich mich davor, das Gefühl zu kriegen, schon gesündigt zu haben. Das könnte leicht wieder der Anfang werden. Ich kann mir lebhaft vorstellen, wie schnell das geht.
Am Sonntagnachmittag packten wir die Sachen zusammen. Schon sassen wir wieder im Zug Richtung Zürich. Ich hatte extra einen Zug gewählt, von dem ich wusste, dass er aus Österreich kam. Der hatte nämlich noch Erstklasswagen mit Abteilen. So sassen wir alleine in einem Abteil und konnten, nachdem der Schaffner da war, tun und machen, was wir wollten. Am liebsten wäre es mir gewesen, wenn wir in der Transibirischen Eisenbahn gehockt wären.
Viel zu rasch waren wir am Bahnhof, wo ich aussteigen musste. Das Mädchen musste weiterfahren. Das hatte vielleicht den einen Vorteil, dass der Abschied sehr kurz und schnell war. Am Dienstag werden wir uns ja wiedersehen, ob es allerdings noch einmal so ein schönes Wochenende mit ihr geben wird, bleibt ein grosses Fragezeichen.

263. Tag: Ich wurde an die Universität Zürich eingeladen, einen Vortrag über den Fuchsbau zu halten. Deshalb fuhr ich gleich nach dem Frühstück in die Stadt. Dort wurde ich von einer Studentin abgeholt und auf die Uni begleitet. Bei Kaffee besprachen wir kurz, wie und was ungefähr besprochen würde. Es wurde mir gleich heimelig und ich verspürte grosse Lust, gerade dazubleiben, und weiterzustudieren. Als ich auf den Tagesablauf zu sprechen kam, konnte ich es mir nicht verkneifen, festzustellen, dass ich ihnen den Ablauf meines Aufenthalts gar nicht erzählen könne, das die Gefahr bestünde, dass sie anfangen würden zu trinken, um auch in den Genuss so einer Kur zu kommen. Es wurde sehr lustig und interessant. Ich ging dann mit einigen Studentinnen essen, und ich überlegte mir fast ernsthaft, weiterzustudieren. Da ich bis fünf Uhr Zeit hatte, fragte ich scherzhaft eine der hübschen Studentinnen, die frei hatte, ob sie

mir den Nachmittag verkürzen könne. Sie sagte sofort zu und wir schlenderten durch's Niederdorf. In einem «alternativen» Spunten tranken wir etwas und diskutierten. Sie war herzlich und interessant. Wie sie erzählte, war sie Holländerin, die Publizistik und Sozialpädagogik studierte. Sie faszinierte mich mit ihrem Aussehen, der Art und Weise und ihrer Intelligenz.
Sie begleitete mich durch die Stadt bis vor das Haus, wo die Gruppentherapie stattfand, zu der ich allerdings gar keine Lust hatte. Viel lieber wäre ich mit diesem sympathischen Mädchen zum Essen gegangen.
Da ich jedoch nicht wusste, wieweit mein Besuch der Therapie kontrolliert wurde, erachtete ich es als vernünftig, zu gehen, um nicht Gefahr zu laufen, dass mir dieser wöchentliche Ausflug gesperrt würde. So gab mir Irene, so hiess das Mädchen, ihre Adresse und lud mich auf nächsten Montag zu sich ein. In der Gruppe ging es wieder um Streicheleinheiten, und es kotzte mich an. Ich brachte den Mut allerdings nicht auf, das auch zu sagen. So hat diese Therapie nur noch den Zweck, dass ich vom Fuchsbau wegkomme. Ein etwas teurer Spass!

264. Tag: Dienstag – Therapietag! Zuerst lag ich im Bett oder las und schaute fern. Es gelang mir nicht, kreativ zu schaffen. Ich hatte keine Lust, und ohne diese geht nix. So liess ich den halben Tag an mir vorüberziehen und wartete auf die Gruppentherapie mit meiner Einzeltherapeutin und «meinem» Madel.
Es war ein furchtbar deppertes Gefühl, das ich dabei hatte, als wir so in der Runde sassen. Tina wäre ich viel lieber um den Hals gefallen, als über Grund, Sinn und Zweck zu diskutieren, was eh keiner beantworten konnte. Es wurde dann doch noch produktiv und die Zeit verging relativ schnell. Das Autogene Training anschliessend entwickelte sich zu einer sehr neurotischen Angelegenheit. Ich war wahnsinnig glücklich und zugleich sehr traurig und resigniert.
Mir war es peinlich, als mich Tina fragte, was ich gestern nachmittag gemacht hatte. Ich ertappte mich dabei, dass ich auf eine Art geistig fremdging. Ein idiotischer Gedanke, aber er war halt da.
Wir überlegten uns eine Möglichkeit, wie ich am Freitag aus dem Fuchsbau käme. Am Samstag hatte sie den ganzen Tag Zeit. Ich versprach ihr, sie am Donnerstagmorgen anzurufen, um ihr mitzuteilen, ob und was wir unternehmen könnten. Nach zwei

Stunden mussten wir uns leider trennen, um nicht noch mehr aufzufallen.
Abends schaute ich im Fernsehen einen Film an. Da wird man ja halb irre! Es sitzen fünfzehn bis zwanzig Leute in dem kleinen Raum. Alle rauchen, was das Zeug hält, das Fenster ist logischerweise geschlossen, da es draussen sehr kalt ist. So sieht man erst nach einer Gewöhnungsphase das Bild schärfer. Gespielt wurde eine Episode aus «Ein Fall für zwei». Jedesmal nun, wenn Bier oder Wein getrunken wurde, ging ein Raunen durch den Saal, Witze wurden gemacht, lechzend gemurmelt. Es war zum Kotzen. Diese Krankheit, diese verfluchte, verdammte Krankheit! Gibt es da jemals einen Ausweg? Ich ging ins Zimmer und legte mich nieder. Selbstmordgedanken kamen wieder.
Ich wollte einschlafen, vergessen, zwang mich zu einem positiven Traum. Aber vergebens! Der Gedanke an die Zukunft hielt mich wach. Angst vorm Dahinvegetieren, Kämpfen und vorm Tod. Was kommt nachher? Was war vorher?
Scheisse!

265. Tag: Ich konnte mich einfach nicht dazu überwinden, etwas zu arbeiten. Ich werde aufpassen müssen, dass das nicht zur Gewohnheit wird, sonst wird es noch schwieriger, wenn ich rauskomme. Die grösste Mühe bereitet mir sowieso der Gedanke daran, jeden Tag aufzustehen, normal zu arbeiten, essen, schlafen, aufstehen...
Gott sei Dank hatte ich Einzeltherapie. Wir redeten über meinen Vortrag an der Uni, über mein Verhältnis zu Tina und die Geschichte meiner sonstigen Bekanntschaften. Ich habe wahnsinnige Positionsschwierigkeiten. Dieses Leben von einem Tag zum anderen hat so seine Haken. Immer wieder überlege ich krampfhaft, ob es nicht doch eine Möglichkeit gibt, dieses «normale Trinken» zu erlernen, diesem unsagbaren Druck der Totalabstinenz auszuweichen. Im Fuchsbau sieht man ja nur diese wenigen, die es einfach nie geschafft haben.
Solche, die es aber können, die sieht man nicht. Es muss einfach gehen. Alles andere ist Scheissdreck, ist kein Leben.
Am Nachmittag ging ich baden. Um fünf Uhr lag ich wieder im Bett und döste vor mich hin, als ein Teammitglied Zimmerkontrolle machte. Er hatte aber Pech, erwischte mich nicht beim Rauchen. Kindergartenmethoden, so etwas.
Ich zog mich an und ging auf den Gang, wo zwei Therapeuten standen. Sofort erzählte ich etwas von mir sei schlecht, da es

nicht gut ist, dass sie mich schlafen sahen. Bei diesen komischen Leuten muss man halt aufpassen und überlegen und dementsprechend handeln.

266. Tag: Am Vormittag rief ich Tina an. Sie lag im Bett und war krank. Seit Dienstag ging es ihr schlecht. Morgen aber wird sie kommen, das versprach sie. Wir redeten sehr lange miteinander.

267. Tag: Dem Hauschauffeur machte ich am Morgen klar, dass ich um zehn Uhr in die Stadt müsse, ich würde mich aber selber abmelden. Als ich nach dem Frühstück ins Büro wollte, war nur der komische Therapeut drinnen. Den bat ich natürlich nicht, bei dem hätte ich mit einer Fragerei rechnen müssen.
So legte ich mich vorerst ins Bett. Ich war furchtbar müde, da ich diese Nacht schlecht geschlafen hatte. Immer wieder kam mir meine Therapeutin in den Kopf. Ich sah eine Zukunft und sah doch keine. Ihre Anschauungen von einem Zusammenleben konnte ich nicht teilen. Und meine Vorraussetzungen für eine Gemeinschaft sind ja auch nicht gerade günstig. Ich weiss momentan weder ein noch aus. Überhaupt, hatte ich mich in den ersten Monaten der Kur gefreut, dass alles so stresslos war und ich keine Schwierigkeiten mit Schlafen hatte, hat sich das schwer geändert. Oft wache ich auf, zerstören Träume meinen Schlaf, die mir aber nachher nicht mehr einfallen. Jeden Abend beinahe habe ich Angst, nicht einschlafen zu können, was dann auch spät passiert. Schön langsam denke ich daran, wieder draussen zu arbeiten, um müde zu werden. Vielleicht fehlt das dem Körper. Anderseits fehlt mir die körperliche Anstrengung später auch. Nun gut!
Um halb zehn Uhr meldete ich mich im Büro rasch ab. Um zehn stieg ich beim Bahnhof im Dorf aus und wartete, bis der Mitpatient weg war. Dann lief ich hinüber zum Café, wo mein Mädchen bereits wartete. Die Begrüssung war stürmisch und mir beinahe peinlich, weil viele Leute zuschauten. Dann fuhren wir ins Thermalbad. Es war wiederum herrlich, im Wasser zu plantschen, sich von den Düsen massieren zu lassen und daran zu denken, wie die Mitpatienten und meine Kollegen in der Schule arbeiteten.
Als wir nachher in der Dusche standen, die Badekleider abgezogen, überkam mich ein irres Gefühl. Mein Mädchen massierte

und küsste mich, streichelte und fummelte an mir, bis es die kleinen Geörglis nicht mehr in ihrem Versteck aushielten. Mit zittrigen Knien stand ich da, unfähig, etwas zu sagen. Ich schaute nur meinen blonden Engel dankbar an. Es waren wunderschöne Momente.

Ich weiss nicht, wie lange wir so unter der Dusche standen. Auf alle Fälle war es ziemlich spät, als wir das Bad verliessen.

Beim anschliessenden Essen kamen wir zufällig auf die Ferienwoche im Tessin zu sprechen. Indirekt gab sie zu, dass ihr Verhältnis mit dem Therapeuten nicht so platonisch war, wie sie immer sagten. Ich habe ihr das sowieso nie geglaubt.

Sie fragte mich, ob ich eifersüchtig wäre. Ich antwortete ihr, dass das, was vorher passierte, mir egal sei und ich nur wenig erfreut wäre, wenn sie es jetzt noch mit ihm triebe. Das, so fiel mir ein, könnte nämlich ohne weiteres sein.

Ich verdrängte diese Gedanken, während wir durch eine Schneelandschaft wanderten, die sehr schön war. Es war richtige Märzstimmung. Ich erzählte ihr von meinen Bekannten, von meiner Einstellung und davon, dass ich eigentlich dieses komische, eifersüchtige Gefühl habe, weil ich andere mit meinen Schuhen messe. Es wurde mir wieder einmal so richtig bewusst, wie sich die anderen fühlen mussten oder könnten. Als sie mich zum Bahnhof zurückgeführt hatte, sassen wir noch eine Weile im Auto, küssten und streichelten uns. Da fuhr das Betriebsauto vorbei. Das war dumm! Hatte uns jemand gesehen oder nicht?

Am Abend vergass ich, in Österreich anzurufen. Wie ich Sandra kenne, wird sie sehr enttäuscht und wütend sein. So weit werde ich es schon noch bringen, dass ich zum Schluss dieser Kur völlig alleine dastehe. Wenigstens habe ich es mir dann selbst zu verdanken.

268. Tag: Auch für heute hatte ich mich mit Tina verabredet. Mit dem Zug fuhr ich in die Stadt, wo wir uns im Bahnhofbuffet trafen. Ist schon ein Wahn, diese ganze Geschichte. Da bin ich auf Entzug, und wir müssen stundenlang in Bahnhofrestaurants und anderen Gaststätten herumhängen. Wenn es doch Sommer wäre, würde es anders aussehen. Ich träume oft davon, auf einer Wiese zu liegen oder durch den Wald zu spazieren. Aber eben, es ist nun mal nicht Sommer! So schlenderten wir, obwohl es saukalt war, durch die Stadt oder sassen in Cafés, bis der Zeitpunkt da war, wo wir uns trennen mussten.

Am Abend ging ich mit zum Kegeln. Ich hatte es noch nicht verlernt. Ein Mitpatient hatte seine Freundin dabei. Er war fast so gross wie ich, das Mädchen hingegen ziemlich klein. Es erinnerte mich an die Lehrerin, mit der ich drei Jahre liiert war. Diese an und für sich lässige Freundschaft ging wegen dieses Grössenunterschiedes flöten. Dabei war das damals die ideale Partnerin. Wir träumten von Job-Sharing, und ebenso hatten wir fast einen Vertrag für die Schweizerschule in Lima. Als sie meine Ziellosigkeit nicht mehr aushielt und mit einem anderen durchbrannte, trauerte ich sehr lange, und ich steckte für einige Zeit in einem tiefen Loch.

Ich werde es nie zusammenbringen, ganz auf Äusserlichkeiten zu verzichten. Das bestätigt sich halt immer wieder.

So im Bett liegend überlegte ich mir, dass ich eigentlich den Rat vom Leiter und Psychiater, ebenso den meiner Einzeltherapeutinnen, sehr ernst nehme. Immer wieder sagt man mir, ich solle versuchen, das Bestmögliche aus dieser Kur für mich mitzunehmen. Ich nehme vielleicht sogar die Therapeutin mit.

269. Tag: Ein Sonntag im Fuchsbau, zum Kotzen! Nichts geht, alles ist harzig, geht mir auf die Nerven. Gott sei Dank ist im Fernseher ein Schirennen, das schlägt die Zeit tot. Ich liege im Bett, stehe auf, lege mich wieder hin. Eigentlich wollte ich nach Zürich fahren und die Holländerin besuchen, aber diese war zu ihren Eltern gefahren.

Im «Mehrzweckraum» spielte ich mit dem Tschechoslowaken Tischtennis. Die Stühle für die morgige Hausversammlung waren im Kreis aufgestellt. Bevor wir gingen, ordneten wir diese in der Form eines grossen Herzens an. Mal sehen, was die Leute sagen, ob es ihnen überhaupt auffällt.

270. Tag: Ich hatte mich selten so darauf gefreut, dass es Montag wurde. Diese Wochenenden im Bau hält man nicht lange aus. Vor allem zu dieser Jahreszeit und beim jetzigen Wetter scheinen diese Tage endlos zu sein. Da besteht wirklich grosse Gefahr, dass man den Kopf verliert und Amok läuft. Mein so lange anhaltendes Hoch hat sich endgültig verzogen. Ich schlief sehr schlecht. Ich drehte mich ständig gedanklich im Kreis und mache Rück- anstatt Fortschritte. Mir fiel ein, dass erzählt wurde, dass viele Patienten in der Endphase ihrer Kur Abstürze hatten. So schön langsam kann ich das begreifen. Die Angst,

diesen Schutzschild zu verlassen und wieder in die Realität hineinzutreten, ist panikartig.
Ich glaube, dass ich noch ein Jahr anhängen würde, wenn ich unter diesen Voraussetzungen bleiben könnte.
Ich hatte mich für heute mit Irene, der Publizistikstudentin, in Zürich verabredet. Deshalb fuhr ich bereits um ein Uhr vom Fuchsbau weg. Sie holte mich am Bahnhof ab und wir gingen in ein altes Café, in dem früher, wie sie sagte, alte und verkrachte Schriftsteller und Journalisten verkehrten.
Die Zwiespältigkeit des Stadtlebens wirkte voll in mir. Einerseits war es interessant, die Leute, Häuser und den Verkehr zu betrachten, die Einsamkeit in der Masse zu geniessen und die dadurch entstehenden individuellen Freiheiten. Auf der anderen Seite fühlte ich mich unwohl, erschreckt durch das egoistische Aneinander-Vorbeileben der Menschen, unter Druck gesetzt durch das offene, direkte Benehmen und Reden meiner Begleiterin. Ich kam mir mikrig und ausgestossen vor, verlor jeden Halt und fühlte mich total hilflos. Irene schien das Spass zu machen. So sehr ich auch versuchte, dieses Spiel mitzumachen, es misslang kläglich. Immer wieder tappte ich in die Fallen, die sie mir stellte.
Als sie mich noch fragte, was ich von ihr erwarte, gab sie mir auf meine Antwort hin den psychologischen Todesstoss. Ich sagte nämlich, dass ich nichts vorhätte, keine Hoffnungen oder Ähnliches, worauf sie schlicht retournierte, darüber sei sie froh, denn sie wäre vermutlich darauf eingegangen, aus einer Art Mitleid heraus.
Ich war total frustriert und fühlte mich wie ein nackter Neger. Damit hatte ich nun doch nicht gerechnet. Wir liefen einige Zeit nebeneinander schweigend her, bis wir das Haus erreichten, wo meine Gruppentherapie stattfand. Wir machten ab, nach dieser gemeinsam essen zu gehen.
Die Gruppe war Scheisse, und ich getraute mich nicht, zu sagen, wie sehr es mich ankotzt. Ich glaube, dass ich in keiner Weise gruppentauglich bin.
Nachher traf ich mich mit der Holländerin in einem vegetarischen Restaurant. Das passte! Es sah aus wie in einem Bahnhofwartesaal. Trotzdem war es gestopft voll. Es roch nach Hochnäsigkeit. Als ich die Speisekarte mit diesem «Körnlifutter» durchsah, musste ich lachen. Ich überliess das Bestellen meiner Begleiterin. Es gab keinen Alkohol, und ich sah niemanden, der rauchte, obwohl Aschenbecher auf dem Tisch standen. Blöd kam

ich mir vor, als ich doch eine Zigarette anzündete. Das war das erste und das letzte Mal, dass ich so etwas mitmache, schwor ich mir. Vielleicht hätte ich vorher in ein Restaurant gehen und mir ein saftiges Steak einpacken sollen.
Nach dem Kaffee, der komischerweise nicht koffeinfrei war, musste ich bereits wieder zum Bahnhof zurück. Wir redeten nicht mehr viel, nur noch bangloses Zeug. Die hatte mich schön gestutzt, die Kleine. Das war so ein Vorgeschmack darauf, was mich in der «Freiheit» erwartete.

271. Tag: Ein langweiliger Tag folgte. Die Gruppentherapie begann harzig wie so oft, bis schliesslich die Leiterin und ich ein Rollenspiel durchführten und so die Zeit herumbrachten. Ich wurde noch ziemlich wütend, da es um die Freizeitbeschäftigung ging. Meiner Meinung nach wird dafür nicht viel getan. Diese Stunde Holzbearbeitung die ersten drei Monate sind zuwenig. Will man mehr machen, klemmen sie, weil es zu teuer ist. Ich meine, wenn ich 35 Franken die Woche bekomme, kann ich nicht viel anfangen. Gut, ich kann es mir leisten, dass ich Tennisspielen gehen, dass ich mir meine Freizeit anders einteilen kann. Die Therapeuten haben die Ausreden, dass jeder selber verantwortlich dafür ist, was er mit seiner Zeit anfängt. Das mag mit der Zeit stimmen. Aber am Beginn der Kur ist jeder am Sand, versoffen, sämtliche Lebensgeister sind eingeschlafen. Das wäre doch die Aufgabe der Therapeuten, den Weg zu zeigen, Anstoss zu geben, zu motivieren. Die Bequemlichkeit steht im Weg – und natürlich der Geiz!

272. Tag: Aaach Gott...

273. Tag: Komischerweise hielt mich auch heute keiner auf, als ich mich im Büro abmeldete. Ich hatte haufenweise Ausreden parat, doch niemand war neugierig auf eine davon. So liess ich mich extra in die entgegengesetzte Richtung chauffieren, um auch weiterhin jeden Verdacht abzuschwächen. Am Bahnhof wollte ich Tina anrufen, aber als ich das Geld eingeworfen hatte und dabei war, die Nummer einzustellen, fuhr der Zug ein.
Ich freute mich riesig auf den Tag. Endlich müssen wir nicht in Buffets oder Restaurants herumsitzen.
Sie holte mich ab und wir gingen zum Supermarkt, um fürs Mittagessen einzukaufen. Dann fuhr sie in das kleine Dorf, wo

sie wohnte. Ich war überrascht, als ich das Haus sah. Sie hatte wirklich alles! Irgendwo dachte ich an die Ungerechtigkeit in dieser Welt. Lange hatte ich nicht Zeit, weiter zu überlegen. Ich genoss es einfach, diesen schönen Körper zu spüren, ihre Haut zu streicheln oder ihren Bewegungen zu folgen, die mich so glücklich machten. Während wir assen, rief ihr Mann an. Ich konnte mich der Gewissensbisse nicht erwehren, die auftauchten.
Diese verdammte Abschiednehmerei ist furchtbar, und sie wird jedesmal schlimmer, kommt mir vor. Einen kurzen Moment dachte ich daran, einfach zu bleiben, doch eine Sperre wäre furchtbar. So fuhren wir zum Bahnhof.
Als ich den Fuchsbau erreichte, assen meine Mitpatienten bereits zu Abend. Ich musste nämlich im Dorf eine Dreiviertelstunde warten, da mich die Bürodüse einfach vergessen hatte. Ich ärgerte mich grün und blau, denn wenn ich das gewusst hätte, hätte ich mir schön Zeit gelassen. Auch bei der Rückkehr fragte niemand, wo ich war und so weiter. Der Blastest blieb mir erspart. Schon lange ist es her, seit ich das letzte Mal an das Maschinchen musste.

274. Tag: Vormittags kam der Telefonanruf vom neuen Schulratspräsidenten. Er teilte mir mit, dass ich in Kürze zu einem «betriebseigenen» Psychiater müsse, um mich untersuchen zu lassen. Es verlange scheinbar das Erziehungsdepartement so. Wenn ich das gewusst hätte, wie schwierig und kompliziert das ist, wenn man nüchtern Schule geben will, hätte ich mir das erspart und weitergetrunken, antwortete ich lachend. Erst später fiel mir ein, dass das wieder den Anschein gemacht haben könnte, ich lache ihn aus.
Ausserdem teilte er mir noch mit, dass mir der Schulrat verbiete, an der Sportwoche der Schüler als Helfer mitzuarbeiten. Das war nun doch der Hammer! Die haben solche Angst wegen den Leuten und den Schülern, weil jedesmal scheinbar, wenn ich daheim war, der Schulrat ein Telefon nach dem anderen bekam. Viele wollten wissen, wann und ob ich wiederkäme und welche Klasse ich erhalte. Und das wissen sie halt selber nicht. Ich erklärte ihm, dass ich es zwar nicht verstehe und diese Tatsache bedaure, weil ich mir einen besseren Einstieg nicht hätte wünschen können, aber ich werde die Entscheidung akzeptieren. Langsam überlege ich mir doch, den ganzen Bettel hinzuwerfen. Wie geht das erst zu und her, wenn ich tatsächlich wieder in der Schule stehe?

Am Nachmittag verabschiedete ich mich höflich vom Bürofräulein und sass kurze Zeit später im Zug nach Österreich. Die Fahrt kam mir unheimlich lange vor, bis ich meine Freundin in Innsbruck in die Arme schliessen konnte und den Fuchsbau und alles drum herum vergass.
Als ich in unserer Wohnung angelangt war, hatte ich mich auf die neue alte Umgebung und Situation eingestellt.

275./276. Tag: Es wurden zwei schöne Tage. Ich konnte ruhig ausschlafen, fühlte den warmen, bekannten Körper meiner Freundin und liess es mir an nichts fehlen. Ich zwang mich, nicht an das weitere Geschehen zu denken. Diesbezüglichen Fragen antwortete ich ausweichend. Ich versuchte ihr einzureden, sie sollte so leben, als wenn ich gar nicht existierte, ausser wenn ich da bin. Wenn wir zusammengehörten, würde man das sehen und merken. Ich glaubte es zwar selbst nicht, aber wer soll in dieser Situation sagen, was recht ist, was falsch. Leider war die Zeit zu kurz, um etwas zu unternehmen. So verbrachten wir die Zeit mehr oder weniger im Bett, wenn wir nicht assen oder uns am Fernseher bei der Übertragung der Schi-WM ärgerten.
Mit meinem Freund führte ich lange Gespräche. Er mochte noch so recht haben, aber es klang mir zu theoretisch. Die Gefühlswelt liess er aus dem Spiel.
Der Sturzgeier kreiste sehr tief. Die Whiskyflasche im Kühlschrank löste einen geistigen Absturz nach dem anderen aus. Je mehr ich mir einredete, es bringe nichts, ich könne gut verzichten darauf, umso öfter ich mir die Bilder meiner Zeit vor der Kur abrief, desto schlimmer wurde es. Ja, ich geierte darauf, mir am Morgen einige Flaschen Bier und ein paar Schnäpse in die Figur zu donnern. Wieder mal knallvoll zu sein, alles vergessen zu können, abzuschalten, zu lallen, wanken, wirr reden, das alles schien in mir erstrebenswert.
Die Aussicht darauf, total abstinent leben zu müssen, löste Angst und Resignation in mir aus. Ich haute mir nach langer Zeit wieder ein Valium rein und versuchte, mich zu beruhigen und die Gedanken umzuleiten.
Die Bahnfahrt in die Schweiz wurde schwer wie lange nicht mehr. Erstens war der Zug gestopft voll, und so konnte ich nicht gemütlich ausgestreckt liegen, fürs andere war ich übernervös. Wollte ich am Freitagabend klare Verhältnisse schaffen, um diese Spannung und den wahnsinnigen Druck abzubauen, so musste ich nun feststellen, dass genau das Gegenteil eingetreten ist.

Weltschmerz befiel mich, Aufgabe und Elend. Ich hatte wirklich sehr viel, was das Leben lebenswert machen sollte, und doch sah ich keinen Ausweg, keinen Sinn.

277. Tag: Der Montag begann so, wie der Sonntag aufgehört hatte. Schwere Depressionen plagten mich, Sinnlosigkeit, überall Sinnlosigkeit. Ich war ohnmächtig gegen diese Gedanken. Viel hätte nicht gefehlt, und ich wäre ins Dorf gegangen und hätte mich besoffen.
Allein diese Tatsache warf mich in abgrundloses Elend. Jetzt hatte ich fast ein Jahr Kur hinter mir, trotzdem war ich nicht weiter. Hatte es überhaupt noch einen Sinn, weiterzumachen?
Ich sah in aller Deutlichkeit den Absturz, das Drama, auf mich zukommen. Warum war ich kein Säufer, so wie Dostojewski ihn beschrieben hatte?
Gähnende Leere überfiel mich. So sehr ich auch versuchte, klar zu denken, es gelang nicht. Der dicke Nebel im Kopf blieb, feucht, schmutzig, düster. Ich will weg und kann nicht! Ich kann mich nicht damit abfinden, dass das mein Lebensschicksal sein sollte. Warum musste alles so kommen? Wer ist Schuld daran? Jeder sei selber für sein Leben verantwortlich, sagen die gescheiten Leute. Doch ich kann's nicht glauben. Ich habe das nicht so gewollt. Wieso kann ich nicht so leben wie andere Spiesser, Normalbürger und Arschlecker? Ich sehne mich nach dieser «Normalität», nach Frau, Kind und Hund, nach einem gemütlichen Eigenheim und Garten, nach Sonntagsspaziergang und Kaffeeklatsch, nach «Guten Tag, Herr Chef,... was wollen Sie bitte, Herr Chef...», nach ehelichem Beischlaf am Samstagabend.
Ich weiss genau, dass ich das jedoch nie fertigbringe. Ich werde immer «Ich» bleiben, und dieses «Ich» ist Scheisse.
Ich bin reif für die Insel, überreif, wie es so treffend in einem Lied eines österreichischen Liedermachers heisst. Die Frage ist nur, wie komme ich auf die Insel? Alleine nicht, zu zweit schon gar nicht! Dieser Zustand, in dem ich mich befinde, muss der Wechsel vom trockenen zum nüchternen Alkoholiker sein. Die Spannung zwischen dem Aufhörenwollen und -müssen, zwischen fertigbringen und versagen, halte ich schwer aus. Ich will zwar und glaube nicht daran, ich muss, doch eigentlich will ich ja.

278. Tag: Ich hatte mich etwas beruhigt. Mit Hilfe meiner Einzeltherapeutin hatte ich gelernt, auf meine Träume zu

achten, d. h. die Träume mehr zu erleben und zu behalten. Momentan bin ich in der Nacht immer auf Reisen. Entweder fuhr ich mit einem Fernlaster durch Europa, ein anderes Mal war ich mit einem Wanderzirkus unterwegs. Heute flog ich mit Freunden nach Ibiza. Mit uralten Maschinen ging's ab Richtung Süden. Es sind frohe Träume, lebenslustige Aufsteller. So schlimm kann es gar nicht sein mit mir.
Die Beruhigungstherapie hatte mit Ruhe nicht viel zu tun. Wir suchten Wege für die Zukunft. Ich bedauerte es, dass wir nicht Zwanzig waren. Dann hätte das Sichgernhaben eher gereicht, um es zusammen zu versuchen. So wurde der Gedanke ans Zusammenleben durch das Erlebte, den Anspruch, die Gewohnheit und die Angst vor der Dauerhaftigkeit beeinflusst.
Wir verabredeten uns auf Freitag. Ich würde zu ihr fahren, versprach ich.
Der Abend war langweilig. Da läuft überhaupt nichts. Kein Kartenspielen, kein Billard, nur der Scheisskasten von Fernsehgerät läuft Tag und Nacht.

279. Tag: Nach dem Frühstück wurde ich ins Büro gerufen. Die Sekretärin wollte wissen, warum ich die Monatsrechnungen selber kürze und entsprechend weniger zahle.
Klipp und klar stellte ich fest, dass ich in der Hausversammlung gesagt hätte, dass ich die 90 Rappen Fahrtgeld für den Weg zum Arzt nicht bezahlen werde. Sie war damit natürlich nicht einverstanden. Ich erklärte ihr, dass sie machen könne, was sie wolle, das Geld kriege sie nicht. Sie meinte, sie könne nichts dafür, die Bestimmungen kommen von oben, sie werde das dem Stiftungsrat melden müssen. Das solle sie nur, gab ich zurück, dann werde ich den Herrn mal erzählen, wie die Ausbeutung von Patienten vor sich geht. Punkt für Punkt zählte ich auf: Wucherpreise zum Teil für Sachen, die im Kiosk gekauft werden müssen, wobei es verboten wurde, sich z. B. vom Fahrdienst Artikel vom Dorf mitbringen zu lassen; 90 Rappen Kilometerpreis, und das, obwohl der Fahrer Mitpatient ist und erst noch rechtlich keinerlei Taxidienste leisten dürfte; Preise für Mineralwasser, die sich gewaschen haben; Telefonzuschlag wie in Hotels, ganz zu schweigen von der hauseigenen Telefonzelle; zum Teil saumässiges Essen, obwohl jeder 50 Franken Taggeld zahlen muss und zudem arbeitet; dass man von «Psychotherapeuten» betreut wird, die gar keine sind, usw.
Die sollen nur kommen, diese Herrn! Ich lasse mich nicht

ausnehmen wie eine Weihnachtsgans. Auch in der Einzelstunde sprachen wir darüber, und die Betreuerin musste mir recht geben.

280. Tag: Beim Frühstück kam es zu einem Riesenkrach im Aufenthaltsraum. Zwei Zimmernachbarn waren sich in die Haare geraten. Sie beschimpften sich gegenseitig als stinkende, ungewaschene Schweine und gingen schliesslich mit Stühlen aufeinander los. Es war ein Höllenlärm, der allerdings nur Schmunzeln bei den Mitpatienten hervorrief.
Als ich nach dem «Zmorge» wieder im Bett lag, kam zweimal der schwule Typ herein. Das erste Mal stellte ich mich schlafend, doch als er wiederkam, hängte es mir aus. «Hör mal gut zu», sagte ich zu ihm, «wenn du kommst, dann klopfst du an. Wenn ich mit ja antworte, kommst herein. Wenn niemand antwortet, bin ich entweder nicht da, oder ich will nicht gestört werden, oder ich schlafe. In keinem Fall hat dann jemand etwas in meinem Zimmer verloren. Verstehst?» Wir rauchten eine, und der Fall schien klar.
Ich telefonierte mit St. Gallen, um wegen meinem Ausweis nachzufragen. Als sich das Fräulein mit dieser lässigen Stimme meldete, lief es mir wohlig den Rücken hinunter. Wir sprachen dann auch lange miteinander, obwohl die Sache klar war, dass ich vor Ablauf eines Jahres den Führerschein nicht erhalte. Sie versprach mir, sich bei den Vorinstanzen genau zu erkundigen, wie und wann ich es anstellen muss, um ihn möglichst bald zu erhalten.
Dann rief ich Tina an. Sie hatte sich mit ihrem Mann ausgesprochen, und beide waren für Scheidung. Doch die Probleme kommen jetzt erst. Stellensuche, Wohnungssuche und -wechsel, zusammen oder getrennt, usw.
Am Abend war der erste «Patientenhock». Der neue Präsident versucht damit, die Patienten zu mehr Zusammenarbeit zu motivieren. Die Idee finde ich an und für sich gut, doch zweifle ich an der Wirksamkeit. Es kamen dann auch nur ein Drittel der Insassen. Vielleicht bessert sich das mit der Zeit.

281. Tag: Problemlos konnte ich am Morgen den Fuchsbau verlassen, um zu Tina zu fahren. Sie holte mich ab und wir fuhren zu ihr. Ich fühlte mich schon wohler und heimeliger. Wir legten uns ins Bett und liebten uns bis Mittag. Ihr jugendlicher Körper fasziniert mich jedesmal aufs neue. Egal, in welcher

Stellung oder wo gerade, immer ist es herrlich, den Bewegungen, der Geschmeidigkeit und der vollkommenen Vereinigung unserer Körper zu folgen. Wir erlebten nicht nur körperliche, sondern auch gefühlsmässige Höhepunkte, die unbeschreiblich sind. Erschöpft lagen wir lange Zeit engumschlungen da und kosteten diese Momente aus.

Leider musste ich wieder in den Fuchsbau zurück.

Ich rief dann zu Hause an. Als ich im Büro zahlen wollte, 6.10 Franken kostete das Gespräch, wollte der Therapeut einen Zuschlag verrechnen.

Höflich fragte ich: «Wieso machen Sie das?» Antwort: «Wir haben von der PTT die Erlaubnis, wie ein Hotel einen Zuschlag einzuziehen.» «Wir sind aber in keinem Hotel», unterbrach ich ihn. «Ich habe den Auftrag, diesen Betrag dazuzurechnen», betonte er. «Sie sind aber der einzige, der das einzieht», bohrte ich weiter. Daraufhin wurde er zornig. Dann müsse ich gar nichts bezahlen, er werde es in der Teamsitzung bringen. «Natürlich zahle ich den Betrag, für den ich telefoniert habe», bemerkte ich. «Nein, Sie brauchen gar nichts zu bezahlen, das werden wir ja sehen!» Er kochte. Ich verstand nicht ganz warum. Ich hatte doch wirklich nur höflich gefragt. War es etwa das schlechte Gewissen? Aber dann müssten ja praktisch alle Angestellten zornig herumlaufen!

Da bin ich aber gespannt, wie das enden wird.

Mir macht es schon grossen Spass, diese Leute zu provozieren, die laden einem ja geradezu ein.

Da ich die meiste Zeit auswärts bin oder in meinem Zimmer arbeite oder schlafe, bekomme ich nicht mehr so mit, wie das mit dem Wechsel der Patienten ist. Plötzlich taucht wieder ein neues Gesicht auf. Offiziell verlassen hat uns diese Woche Gusti. Es war ein Mann mit einem riesigen Bauch, einem ständig tränenden Auge, und er war verknallt in meine Therapeutin. Er war ein sehr einfacher, naiver Mensch, der zum Schluss weinte, weil er gehen musste. Er redete dauernd von der Angst, die er hatte vor dem Nachher.

Verständlich, fast jeder hat die hier, der die Kur einigermassen ernst nimmt. Ich bezweifle, dass sich Gusti lange trocken halten kann, da er überhaupt keinen eigenen Willen mehr hat und sich daher sehr leicht beeinflussen lässt.

Mädchen, ja, die hatte er gern. Aber über die Zeitschriften wie «Schlüsselloch» oder «Sexy» kam er nie hinaus.

282. Tag: Das Wochende war da. Ich habe am Mittwoch, nein, wie immer am Donnerstag das Urlaubsformular abgegeben. Ich wollte zu meinem Freund fahren. Gestern nun rief die Zahntechnikerin wieder an. Wir hatten uns Mitte Dezember letzten Jahres zuletzt gesehen. Ich liess ihr Zeit, da sie ja von Verliebtheit erzählte. Doch so arg konnte es nicht gewesen sein. Ich hatte das Gefühl, der Notstand persönlich schreit durch's Telefon mit. Ich versprach ihr, am Samstagabend vorbeizukommen. Doch zuerst fuhr ich heute nach Aarau. Dort traf ich mich mit Tina. Da sie das Auto nicht bekam, das Wetter aber saumies war, mussten wir in Cafés und Restaurants sitzen. Ich überlege mir, ein Zimmer zu nehmen, doch war die Zeit schon recht kurz. Um fünf Uhr fuhr ich in meine zweite Heimat. Mein Freund holte mich ab. Gleicheinmal kam Nicole und wir fuhren zu ihr. Es ist halt auch schön bei ihr. So ein ruhiger Samstagabend tut gut. Wir sahen im Fernsehen «Wetten dass...», nachdem ich einige Zeit in der Badewanne gelegen hatte. Der Reiz der ganzen Sache, wenn man sich so lange nicht mehr gesehen hat, ist gross und liegt daran, dass man nicht genau weiss, wie man noch zueinander steht. So muss man sich wieder neu herantasten, praktisch neu aufreissen. Als wir ins Bett gingen, wurde die Angelegenheit wild. Obwohl ich sie schon so lange kannte, staunte ich immer wieder über ihre perfekte Reitkunst und der Ausdauer, mit der sie ihren ganzen Körper hoch und tiefschob. Der Schweiss rann uns herunter. Schwer atmend lagen wir anschliessend da.
Da passte alles zusammen.

283. Tag: Der Morgen begann, wie der Abend aufgehört hatte. Wir liebten uns, genossen es beide, diese sportlichen Übungen nach dem Erwachen. Die letzte Müdigkeit wurde aus dem Körper vertrieben, sämtliche Lebensgeister erwachten. Nachdem wir geduscht hatten, frühstückten wir. So sollte die Zeit bleiben. So wäre es lebenswert, dachte ich.
Doch dann erinnerte ich mich daran, dass ich heute ein Gespräch mit dem Schulratspräsidenten vereinbart hatte. Ich rief an, um den genauen Zeitpunkt zu erfahren. Wir verabredeten uns auf vier Uhr. Das Abschiedsgeschenk des Mädchens war schlichtweg irre.
Befriedigt und aufgestellt konnte ich nun zu diesem wichtigen Gespräch antreten.
Der Präsident, den ich, im Gegensatz zum vorhergehenden, gut

kannte, machte mir einen guten, wenn auch etwas unsicheren Eindruck. Wir konnten ziemlich gut reden, jeder sprach offen und direkt, sodass nachher ganz klare Verhältnisse vorlagen. Ich glaub schon, dass eine Zusammenarbeit mit diesem Mann möglich ist.
Abwarten ist das einzige Gescheite in meiner momentanen Situation.
Bei meinem Freund nachher rief ich eine Lehrerkollegin von früher an, die mir geschrieben hatte. Die war damals schon Klasse und scheint auch heute noch ein Spitzentyp zu sein.
Wir unterhielten uns köstlich während einer Stunde am Telefon. Anschliessend wurde es wieder Zeit für mich, zum Fuchsbau zurückzukehren. An den Bahnhöfen war jeweils höllischer Lärm, da wir ja mittlerweile in der Fasnachtszeit steckten.
So eine närrische Zeit wie hier gibt's woanders nicht. In der Fasnachtszeit erkennt man dieses Volk nicht wieder. Da werden aus den bravsten Hausfrauen die besten Matratzen zum Nulltarif, aus Spiessern von nebenan die wildesten Böcke. Da flippt ein ganzes Land total aus. Sämtliche Wert- und Moralbegriffe werden über den Haufen geworfen.
Nebenbei gesagt, ist das logischerweise die schlimmste Zeit für trockene Alkoholiker. Da wird wohl nur Abstinenz auch vom Faschingstreiben nützen.

284. Tag: Ich rief in St. Gallen an. Die nette Frau hatte sich in der Zwischenzeit erkundigt, wie so die Vorinstanzen zu der Sache mit meinem Führerschein stehen, und sagte mir, was ich wie zu machen hätte, um den Schein wieder zu erhalten. Ich konnte mich nicht satthören an dieser phantastischen Stimme. Wir redeten und blödelten bis gegen Mittag.
An der Hausversammlung regte ich mich darüber auf, dass ganze 600 Franken für Freizeit zur Verfügung stehen. Das macht 20 Franken pro Person und Monat. Das ist ein Witz. Damit kann niemand, auch wenn es die Therapeuten ernst nehmen würden, die Alkoholiker hier zu einer vernünftigen Freizeitbeschäftigung hinführen, die nachher auch sein Hobby bleibt. Die Wichtigkeit der Freizeitbeschäftigung wird, glaube ich, sogar von diesen Leuten unterschätzt, die etwas davon verstehen sollten.
Ich fuhr nicht nach Zürich in die Gruppe. Das Holländermädel war nicht da, und zum Anhören der Probleme anderer hatte ich keine Lust. Da werde ich mich sowieso verabschieden. Das bringt mir nicht viel.

Stattdessen holte ich mir die Telefonbücher und suchte Kliniken, Bäder und Kurhotels heraus, die ich für Tina herausschrieb. Das ist noch eine recht mühsame Beschäftigung. Irgendetwas müssen wir halt machen. Von alleine kommt nichts, bei der heutigen Wirtschafts- und Beschäftigungslage schon gleich nicht.
Am Abend hatte ich ein langes Gespräch mit dem Therapeuten, der mit uns in den Weekends und Ferien war. Er war es auch, der mit Tina im Tessin das Techtelmechtel hatte, von dem sie nachher beide von platonischer Freundschaft sprachen.
Wir sprachen viel über den Fuchsbau, die personelle Änderung, der neuen Struktur, aber auch über Frauen.
Er hatte ebenfalls die Einstellung wie alle Psycholeute, von wegen keiner Verlustangst, keinerlei Besitzansprüche und Eifersüchte, im Gegenteil, alles sei mehr oder weniger erlaubt. Ein Satz schockierte mich besonders und liess meine Eifersucht aufblitzen – oder war es Zorn? Ich hörte heraus, dass es mit Tina im Tessin nicht abgeschlossen war, sondern es weiterginge.
Ich erwischte mich allerdings auch dabei, dass ich mich furchtbar selber hasste, weil ich so egoistisch und einseitig fühlte. Da war ich doch selber am Wochenende bei einem Mädchen und habe es genossen! Das entschuldigte ich wieder damit, dass sie ja den Ehemann noch hatte. Aber wie ist es dann mit den anderen Freundinnen?
Ich wurde hin- und hergerissen zwischen Selbstvorwürfen, Entschuldigungen, Eifersucht und Neidgefühlen und mehr von ähnlichem Gelumpe.
Die Ungewissheit, ob es meine Therapeutin (meine ist schon Besitz, verdammt!) noch mit ihm treibt, ist schlimmer als die Sache selbst. Ich werde das klären müssen, wenn's auch weh tut. Ich verlange Offenheit und so etwas wie Treue, ohne selber im entferntesten daran zu denken, ich Spiesser und Arschloch.

285. Tag: Das wurde ein Tag, den ich nicht so schnell vergessen werde. Es geschah, was meine Situation, bzw. die Aussicht grundlegend verschlechterte.
Doch der Reihe nach:
Der Vormittag war friedlich. Ich schlief, las die Zeitung, schlief wieder, schrieb. Am Mittag rief Gitte, die Krankenschwester, an. Sie verstehe jetzt, was los sei, da ich mich so lange nicht gemeldet habe, doch ich hätte noch jede Menge Sachen bei ihr, und überhaupt liebe sie mich halt trotzdem und so...
So redeten wir uns während einer dreiviertel Stunde vollkommen

auseinander. Dann verabschiedeten wir uns – und aus war's. Therapienachmittag!
Obwohl es am Anfang wieder ziemlich harzte in der Gruppe, entwickelte sich doch noch eine interessante Diskussion. Man ist hier mit den Gruppenmitgliedern auf ganz engem Raum zusammen, auch die sonstige Zeit, und doch zu weit auseinander. Man baut ein Scheinvertrauen auf und fürchtet sich davor, enttäuscht zu werden. Dadurch kommen die primären Probleme, die zum Alkoholmissbrauch führen, kaum zur Sprache. Jeder fürchtet die seelische Entblätterung. Die Angst davor ist zu gross, den Schutzschild zu öffnen und plötzlich innerlich nackt dazustehen. Man weiss ja nicht, ob man verstanden wird, ob geholfen werden kann. Ein ekliges Gefühl!
Mit Tina besprach ich die Sache mit den Bewerbungen, nachdem wir die Übungen im Autogenen Training hinter uns gebracht hatten. Ich erzählte ihr, dass ich ihr am Morgen durch das offene Fenster zugeschaut hatte, wie sie arbeitete. Es war nämlich herrlich und ich war stolz auf sie. Ein schönes Mädchen und ein lässiger Anblick, wenn so die Herren zu ihren Füssen liegen und sie langsam und suggerierend auf sie einredet.
Immer wieder ärgerten wir uns über den Ort und den Grund unseres Zusammenseins. Öfters kamen Patienten herein, obwohl das Schild «Gruppentherapie» draussenhing. Dann mussten wir jedesmal blitzartig auseinanderfahren. Wir verabredeten uns auf Donnerstag bei ihr. Das war gut. So lag der Freitag dazwischen, denn am Samstag wollten wir Tennis spielen. Eigentlich möchte ich zwar an die Fasnacht zu uns rauf, doch es ist gescheiter so.
Am Abend kam es dann dick. Meine Schwester rief an. Sie teilte mir mit, dass der Teufel los sei. Mein älterer Bruder sei abgehauen – seit einem Jahr habe er scheint's gesoffen oder getrunken oder was immer! Das gibt es doch gar nicht!
Zuerst bekam ich einen Lachanfall. Dann überfiel mich Schadenfreude. Ja, ich konnte ihn trotz besseren Wissens nicht bedauern. Zu genau hatte ich seine pikierende Art und Weise, seine herablassenden Äusserungen und das totale Ignorieren im Kopf, wenn ich oder mein jüngerer Bruder zuviel getrunken hatten.
Ja ihm, dem Herrn Historiker und Germanisten, gross verheiratet mit einer noch grösseren Frau, ihm konnte das nicht passieren. Im Gegenteil, korrekt, sauber, alles unter Kontrolle, peinlich genau, wie er nach aussen war, konnte er leicht auf den Pöbel herabschauen.
Pfarrerschule, Universität, dann leider ein persönliches Tief

– nur einige Jahre Taxifahrer, doch dann wieder rauf – Reisebüro, Haus in Millionenhöhe, Traumfrau mit Luxuscoiffeurladen, und so weiter.
Und jetzt das! Die Familie war ahnungslos. Ich konnte mich nicht gegen den furchtbar gemeinen Gedanken wehren, auf Videoband zu sehen, wie mein Bruder so richtig besoffen ist. Immer wieder kamen die Bilder in dieser Reihenfolge: Zuerst der überspannte Herr, der naserümpfend an uns vorbeigeht, die wir nicht so vornehm sind, und dann darauf der Süffelbruder, wie er unter dem Tisch in einem stinkenden Lokal liegt, zwar noch relativ gut gekleidet, und nach Schnaps schreit. Ebenso plötzlich wie die Bilder änderten sich meine Stimmungen: Das war ja furchtbar!
Ganz abgesehen, dass es immer klarer wird, dass die Vererbung eine Rolle spielt und damit den Zustand hoffnungslos dramatisch macht.
Auch bei mir! Als einige Zeit verstrichen war, überlegte ich mir, dass niemand etwas davon hier erfahren dürfe. Sonst wäre ich Führerschein und Job endgültig los, wenn die Psychiater einmal anfangen, die Familienstruktur und Vererbung zu durchleuchten und zu entschlüsseln.

286. Tag: Das Aufregendste war eine Raupe im Salat beim Nachtessen. Ich bekam Streit mit dem Küchenschindel, der ihn hätte waschen sollen. Ekelgefühle stiegen auf. Ich liess den Teller stehen und fluchte.

287. Tag: Am Morgen fuhr ich zu Tina. Wir trafen uns in einer neuen Stadt in einem neuen Bahnhofrestaurant. Nachdem wir gegessen hatten, fuhren wir zu ihr. Es wurde wiederum wahnsinnig schön. Wir liebten uns, tanzten zu Simon and Garfunkel und liebten uns wieder.
Als ich zurückfuhr, war ich gut gelaunt und fühlte mich blendend. Während ich vom Bahnhof aus anrief, um mich abholen zu lassen, erzählte mir die Sekretärin vom Fuchsbau, dass ein Anruf von zu Hause gekommen sei und ich dringend zurückrufen sollte. Ich wusste sofort, dass etwas Schreckliches passiert sein musste. Ich tippte sofort auf meinen Bruder.
Als ich die Heilstätte erreicht hatte und anrief, wurde meine Vermutung bestätigt. Mein grosser Bruder ist tot. Er warf sich vor einen Zug. Als das meine Schwester sagte, war ich schon so gefasst, dass ich ruhig mit ihr reden konnte.

Der Schadenfreude vom Vortag folgte tiefe Traurigkeit.
Obwohl ich wusste, dass es so kommen musste, glaubte ich es doch nicht. Sein Stolz liess ihm keine andere Möglichkeit, diese Affekthandlung war keineswegs überraschend. Und doch!
Ich nahm ein Valium, dann erzählte ich es dem Leiter. Ich sagte, es war ein Unfall. Ausserdem musste ich alle geplanten Dinge wie Wohnungsentscheidung und die psychiatrischen Untersuchungen absagen.
Morgen werde ich nach Hause fahren. Arme Mutter, armer Vater! Ich rief noch Tina an, der ich noch heute von der Veränderung erzählte. Nun war sie sehr bestürzt und konnte mir doch nicht helfen. Ich dachte kurz daran, mich mit ihr diese Nacht noch zu treffen, doch verwarf ich diese Idee.
Ich versuchte krankhaft, P.Lauster zu repetieren. «Kommen und Gehen, das ganze Leben besteht aus diesen zwei Dingen». Wenn es einem so unmittelbar trifft, hilft es nicht sehr viel.
Bis jetzt geht's mir noch einigermassen gut. Doch ich habe Angst vor dem Zuhause. Begräbnis mit allem Drum und Dran.

288. Tag: Ich sitze im Zug Richtung Heimat. Ich denke viel an meinen Bruder. In Gedanken schrieb ich ihm einen Brief nach:
«Bruder, es tut mir leid, dass wir uns nie verstanden haben. Du wolltest immer hoch hinaus. Aber Deine Konstitution hat es nicht vertragen. Nun verstehe ich Dich besser. Es ist schade, dass zuerst immer etwas passieren muss. Vielleicht hätte es etwas genützt, wenn wir uns ausgeredet hätten, aber unser Stolz liess das wohl nicht zu. Nun bist Du tot. Sollte es nach dem Tod noch etwas geben, wünsche ich Dir alles Gute. Wahrscheinlich ist es besser so. Ich kann mich gut hineinfühlen, stand ich selbst doch auch oft am Bahnhof und spielte mit dem Gedanken, dem ganzen Scheiss ein Ende zu bereiten, oft sah ich keinen Ausweg mehr. Wie schlimm es für Dich war, kann ich nur erahnen. Dass es so enden musste, ist furchtbar, für die Zurückgebliebenen, vor allem für die Eltern. Wenn Du nur etwas von deinem Stolz abbauen hättest können, Du hättest einen Weg sicherlich gefunden, von vorne anzufangen. So blieb Dir vermutlich keine andere Wahl. Ich bin sehr traurig.
So long, Bruder, mach's gut!«

289.–297. Tag: Es war eine sehr hektische Zeit. Ich wohnte bei meiner Freundin, da ich es zu Hause nicht ausgehal-

ten hätte. Erst hier erfuhr ich die genaueren Umstände, die zu dieser Handlung führten. In Hamburg geschah es.
Beim ersten Rosenkranz brach mein Vater mit einem Kollaps zusammen. Er lag nun die ganzen Tage im Bett. Meine Mutter stand wie ein Fels.
Ich war überrascht, wie gut ich das alles überstand. Als ich jedoch das erste Mal vor dem aufgebahrten Sarg stand, kamen die Tränen. Eine alte Frau legte mir die Hand auf den Arm und sagte beruhigend: «Unfall? Nicht weinen, denken Sie an einen Rollstuhl!»
Jeden Tag traf ich mich mit meinem Freund, wir sprachen lange und intensiv über das Leben, die Phobien, den Tod und die Freundschaft.
Ich musste, da mein Vater im Bett lag, den Chauffeur spielen. Auch eine gewisse Vermittlerrolle bekam ich dadurch, dass meine Familie die Schwägerin für den Tod meines Bruders verantwortlich machte. Das fand ich nun schon gar nicht, und es gab deswegen auch recht laute Diskussionen.
Bei meinem Mädchen genoss ich die Zeit. Es brachte mich in ziemliche Schwierigkeiten, da ich gefühlsmässig total verunsichert war. Ich wurde hin- und hergerissen zwischen Tina und Sandra, ich wusste einzig genau, dass es so nicht weitergehen konnte. So oder so musste eine Entscheidung fallen. Daher wurde ich auch von Gewissensbissen geplagt. Die Bekannten in der Schweiz gaben mir keine sonderlichen Schwierigkeiten auf, doch diese zwei konnten nicht nebeneinander in mir existieren. Der Absturzgeier kreiste tief. Oft wollte ich das Handtuch werfen, dachte an meinen Bruder, an das Ende, Resignation überkam mich, mit allen Mitteln kämpfte ich gegen das erste Glas.
Ab und zu haute ich ein Valium in den Automat rein, um zu schlafen. Der Stress war riesengross. Der Reihe nach kamen die Verwandten und Bekannten ins Haus, weinten und kondolierten, alte Geschichten wurden aufgefrischt, meine Mutter hielt sich tapfer. Vielleicht zu tapfer?
Da die Obduktion und Überstellung so lange dauerte, war die Beerdigung erst Mittwoch. Es wurde eine sehr lange Zeit. Das hatte den Vorteil, dass man sich etwas mit der Tatsächlichkeit abfinden konnte, andererseits waren diese vielen Rosenkränze und Messen mit dem dazugehörenden Zurschaustellen sehr mühsam und psychisch belastend. Ich rief zweimal im Bau an und teilte ihnen mit, dass sich meine Rückkehr verschieben wird. Die Leute reagierten sehr verständnisvoll. Nur der Psychiater sah die

Gefahr eines Absturzes sehr stark. Und er hatte recht. Ich hatte zweimal erlebt, dass Patienten zu einer Beerdigung fuhren, und jeder kam verladen retour. Nur, ich wollte es durchstehen.
Ich schrieb ihnen auch einen Brief:
«Sehr geehrte Damen und Herren vom Team!
Wie Sie wissen, wurde mir am Donnerstag, den 14. 2., mitgeteilt, dass mein Bruder tot sei.
Da ich dem kurzen, stockenden Telefongespräch mit meiner Schwester Hergang und genauere Daten nicht entnehmen konnte, fuhr ich am Freitag nach Hause.
Hier erfuhr ich, dass sich der Unfall in Hamburg ereignete und wieviel Zeit die Freigabe, bzw. die Überführung der Leiche beansprucht. So fand die Beerdigung erst am Mittwoch, den 20. 2., statt. Dazu kommt nun noch, dass mein Vater der Belastung nicht standhielt und nach einem Kreislaufkollaps in ärztlicher Behandlung ist. Als ältestem Sohn liegt es nun an mir, verschiedene und dringende Angelegenheiten zu regeln.
Da sich Tatsachen nicht ändern lassen, versuche ich, einen positiven Sinn zu sehen. In aller Deutlichkeit wird mir klar, wie mir die Therapie der letzten Monate hilft. Ich weiss, dass das Geschehene zu einem früheren Zeitpunkt bei mir zum totalen Chaos geführt hätte. Ich werde am Montag, den 25. 2., die Angelegenheit mit meiner Aufenthaltsbewilligung regeln und anschliessend in die Heilstätte zurückkehren. Ich möchte mich für das zweifelsohne grosse Vertrauen, das Sie zu mir in der Lage haben, bedanken und werde es nicht enttäuschen.
Ich grüsse Sie freundlich
Georg»

Von den Telefongesprächen mit Tina kannte ich in etwa die Stimmung im Team. Und die war bei einzelnen Mitgliedern nicht rosig. Es war immer schon schwierig für sie, da sie merkten, dass ich nicht in dieses Haus gehöre und passe. Da ich mir jedoch nichts zuschulden kommen liess, gewährten sie mir von Anfang an viele Freiheiten. Die steigerte ich so allmählich. Jetzt geht's dem Team eben zu weit, aber da meine Kur dem Ende zugeht, kommt es mir vor, als hätten einige von ihnen so etwas wie resigniert. Einige wären sicher heilfroh, wenn ich endlich ginge. Mir sind die Schwierigkeiten, die ich ihnen mit meinen Extrawünschen bereite, schon klar, aber ich wäre blöde, würde ich die Situation nicht zu meinem Vorteil ausnützen. Ich denke auch, dass es nur mehr einige Wochen gehen wird.

Mit dem Mädchen besprach ich die Sache mit unserer Beziehung. Es war teilweise eine sehr schöne Angelegenheit, aber ich komme mit ihr nicht weiter. Wir haben uns festgefahren, und so schlug ich vor, uns mal zu trennen. So das Schicksal es will, würden wir wieder zusammenfinden.
Die Vorstellung, dass ich nicht mehr mit ihr zusammensein könnte, wenn ich nach Österreich fahre, schmerzte eigentlich mehr, als ich mir vorgestellt hatte.
Ja, ich war traurig, dass es so kommen musste.
Auf der anderen Seite wäre das noch lange so zwischen Tür und Angel dahingegangen. Wir weinten beide. Zum Kotzen – alles!
Am letzten Tag hatte ich das Gefühl, sie habe meinen Vorschlag einfach ignoriert. Auf alle Fälle bemerkte ich keinen Unterschied. Wir liebten uns noch mal, bevor sie mich nach Innsbruck führte, wir redeten normal und verabschiedeten uns wie früher.
Ich bin eben auch nicht so hundertprozentig sicher, ob ich die Trennung so will. Irgendwo ist alles so unsicher.
Im Fuchsbau war einiges los während meiner Abwesenheit, wie ich telefonisch erfuhr. Allgemeine Ab- und Aufbruchstimmung – es wird Frühling! Fünf oder sechs Patienten hatten die Kur abgebrochen. Entweder waren sie abgehauen, verreisten von einem Tag auf den anderen, oder, was bei zweien der Fall war, wurden wegen wiederholter Rückfälle abgeschoben. Einer davon hatte gehascht, der andere war fünf Tage besoffen. Dem wurde die Fasnacht zum Verhängnis.

298. Tag: Am Morgen hörte ich noch, wie mein Freund und seine Frau das Haus verliessen; umso fröhlicher war ich, als ich mich umdrehte und noch einmal einschlafen konnte. Später stand ich auf und legte mich in die Badewanne. Es war schon lange her, dass ich das letzte Mal das Vergnügen hatte, diese Musse zu pflegen.
Dann telefonierte ich durch die Gegend. Ich wollte das mit dem Zimmer regeln, doch niemand war zu erreichen. Auch mit Tina sprach ich. Ich verabredete mich mit ihr auf den Nachmittag.
Es begannen ziemlich gestresste Stunden. Um Viertel vor zehn Uhr besuchte ich meine Lehrerkollegen in der Schule. Ich traute meinen Augen nicht! Alle arbeiteten in der Pause wie besessen. Oje, wenn das sich so einbürgert, wird's bös.
Mit der Vorsteherin besprach ich noch die Klassenzuteilung, wobei ich jedoch gleich erklärte, dass ich nehme, was bleibt, da niemand wegen mir Opfer bringen soll.

Anschliessend fuhr ich mit dem Militärvelo meines Freundes zum Gemeindeamt. Ich benötigte unbedingt den Stempel im Pass, dass meine Aufenthaltsverlängerung eingereicht sei. Dabei hörte ich, dass sich der Schulrat um meine Verlängerung kümmere. Das war genau das, was ich verhindern wollte. Zu spät! Die drehen doch als letzte Chance noch etwas mit der Fremdenpolizei, ging es mir sofort durch den Kopf. Schon wieder eine Sache mehr, in der ich in der Luft hänge.
Auf diesen Schock hinauf ging ich in meine Stammbeiz und schüttete mir Ex-Bier in die Figur. Es war noch recht lustig und entspannend.
Später brachte mich mein Freund zum Bahnhof. Ich fuhr wieder Richtung Fuchsbau. Doch eben zuerst machte ich einen Umweg. Ich traf Tina am Bahnhof. Sie wartete auf dem Perron. Wie sie mich aus dem Zug steigen sah, spurtete sie los. Als sie kurz vor mir abbremsen wollte, rutschte sie aus und wäre auf dem Boden gelandet, hätte ich sie nicht im letzten Moment auffangen können. Die Leute sahen zu, wie wir mit dem Gleichgewicht kämpften, teils amüsiert, mürrisch die anderen. Wir liefen durch die Stadt und hockten dann im Café. Es war schön, nach so langer Zeit wieder mit dem Mädchen zusammenzusein. Sie erzählte aus dem Fuchsbau, von zu Hause, ich hielt mich eher zurück. Was hätte ich auch gross sagen sollen?
Leider hatte ich nur wenig Zeit, da ich vor dem Abendessen im Bau sein wollte, damit man mir nichts anhängen konnte. Ausserdem war ich gespannt, wie die Lage war.
Als ich im Fuchsbau anrief, um mich holen zu lassen, war man überrascht. Dann kam ein Therapeut. Er war sehr freundlich und fragte, ob ich die wichtigsten Sachen hätte regeln können, und nach dem Blastest ging ich auf mein Zimmer. Von den Mitpatienten wurde ich zum Teil mit den üblichen Sprüchen empfangen. Eigentlich war ich froh, wieder hier zu sein. Der Kampf gegen den Absturz hatte ein vorläufiges Ende.

299. Tag: Vormittags verliess uns ein Patient. Es war ein ruhiger, netter Mensch, dem man gar nicht so viel Initiative zugetraut hätte. Von einer Stunde zur anderen packte er und wurde abgeholt. Abgebrochen! Dabei war er nicht aus eigenem Willen da. Nun droht ihm eine Einweisung in eine geschlossene psychiatrische Klinik. Obwohl er das erste halbe Jahr bereits hinter sich hatte, war der Druck zu gross. Ich kann ihn irgendwie verstehen, denn mir geht es ähnlich, kurz vorm Durchdrehen.

Dafür kam ein alter Bekannter wieder. Ein Italiener, der im Juni letzten Jahres abgehauen war, tauchte in Begleitung eines Promillejägers auf. Er erzählte von Rio, wohin er geflüchtet war, usw. Das gibt Unterhaltung, denn der hat ein Mundwerk mit eingebautem Turbo.
Um elf Uhr kam Tina zu mir ins Zimmer unter dem Vorwand, mit mir Termine zu besprechen. Sie wollte mich jedoch einfach sehen. Sie war noch nie in einem dieser Schläge. Wir lagen auf dem Bett, küssten und streichelten uns. Wir mussten flüstern, da diese Zellen so hellhörig sind, dass man nebenan jedes Geräusch hört. Auch abschliessen konnte man nicht. So mussten wir uns mit bescheidenen Zärtlichkeiten begnügen.
Die Therapien am Nachmittag vergingen schnell. In der Gruppe war man froh, dass ich wiederkam, so, glaubten sie, könnten sie nur zuhören. Doch ich war überhaupt nicht aufgelegt dazu. Die Beruhigungstherapie mit Tina war wirksam. Zuerst massierte sie mir Nacken und Rücken. Auf dem Boden liegend führten wir Entspannungsübungen durch, die angenehm waren. Nachdem sie mich nochmals durchmassiert hatte, begannen wir mit dem Training. Ich war zu Beginn sehr locker und gelöst. Wir sprachen noch eine Stunde über dieses und jenes und verabredeten uns auf den Freitag. Ich würde nach der Untersuchung in St. Gallen direkt zu ihr fahren.
Ich lud sie ein, das Wochenende mit mir an einen bekannten See zu fahren. Am Abend spielte ich nach langer Zeit wieder mal mit Karten und verlor auch gleich. Die Zeit vergeht dabei, dass ist die Hauptsache.

300. Tag: Bis zur Einzeltherapie schlief ich. Überhaupt werde ich von einem Phlegma befallen, das bedenklich ist. Ich kann mich nicht mehr aufraffen, irgend etwas zu tun. Geschnitzt habe ich eine Ewigkeit nicht mehr, Post bleibt unerledigt, relativ wichtige Angelegenheiten schob ich von einem Tag auf den anderen.
Es ist Kamikaze-Stimmung. Dabei laufe ich fast Amok, so langweilig ist es. Dann liege ich im Bett, aber ich kann nicht schlafen. Ich stehe auf und renne herum wie ein Irrer. Ich kann Sekunden zählen. Ausserdem denke ich immer mehr an die Zeit danach. Und sehr oft kreist der Alkohol durch meine Gehirnwindungen. Alles wird schwarz – das Loch, das tiefe, schwarze Loch öffnet sich. Ungewissheit überfällt mich, Resignation macht sich breit. Ich muss unbedingt wieder arbeiten. Das lenkt ab, glaube ich.

Das Denken macht mich wahnsinnig. Der Gedanke an Alkohol macht mich wahnsinnig. Die Abstinenz macht mich wahnsinnig. Die Ungewissheit macht krank.
Immer wieder überlege ich, wieso ich ans Trinken denke. Wieso plötzlich die Süffelzeit so schön wird. Doch ich komme nicht auf den Grund. Das muss eben die Krankheit sein. Zum Kotzen, Scheisse,...

301. Tag: Heute war nun der Tag, an dem ich die Kur beenden wollte. Dabei weiss ich weniger, wie es weitergeht, als je zuvor. Mir geht es auch schlechter. Ich fühle mich krank, bin ein psychosomatischer Krüppel.
Die Untersuchung in der Psychiatrie steht bevor. Ich weiss nicht, welchen Zweck diese haben soll, auch nicht, wie und was untersucht wird.
Der hiesige Psychiater will mich erst kurz vor Schulbeginn entlassen. Das ist verrückt. Dabei muss ich doch die Wohnung einrichten, Kurse besuchen, Vorbereitungen für die Schule machen, das zwischenmenschliche Leben regeln, und einige Tage Ferien brauche ich auch.
Ich sehe keinen Weg mehr. Wofür alles? Wozu?
Als ich meine Therapeutin anrief, wurde es etwas besser. Wir sprachen über das Wochenende, was wir unternehmen würden, über ihr wunderschönes Hinterteil, da konnte ich sogar wieder lachen. Endlich überwand ich meine Faulheit und arbeitete wieder. Doch so ganz wollte es nicht klappen.
Ich musste mich aufregen, denn die Obersau in diesem Verein wurde zu uns verlegt. Das erstickte jeden Aufwärtstrieb. Der stinkt, furzt und kotzt, das ist wahnsinnig. Für vierzehn Tage hat er eine Unterhose, wäscht sich nicht und so weiter. Mich graut vor dem Gedanken, das gleiche WC zu benützen, die gleiche Dusche. Ich muss raus hier, koste es, was es wolle. Mir kann doch der Job, den ich höchstens verliere, am Arsch hängen.

302. Tag: Früh musste ich aufstehen, um den Zug nach St. Gallen zu erreichen. Wahnsinnig, wieviele Kilometer ich mit der Bahn gefahren bin, bzw. fahre. Nach eineinhalb Stunden war ich am Ziel meines heutigen Psychotrips. Ich setzte mich erst mal in ein Restaurant und trank Kaffee. Dabei überlegte ich mir, was da auf mich zukommen könnte. Nachdem ich mich soweit beruhigt hatte, setzte ich mich in ein Taxi und liess mich die letzten Kilometer bis zur psychiatrischen Klinik fahren.

Ich musste nicht lange warten, bis mich der Psychiater hineinrief. Der Typ sah aus wie «der Alte» in der gleichnamigen Fernsehserie. Er machte mich darauf aufmerksam, dass er sich Notizen mache, dass er an kein Ärztegeheimnis gebunden sei, sondern nur einen Bericht schreiben müsse.
Ich erzählte auch ihm, wieso und warum, wie weiter und wozu, alles in dosierter Form, da der Bericht ja an den Schulrat geht. Nach einer Stunde kam ein junger Psychologe. Er wollte einige Tests mit mir machen. Der Rorschach-Test war so einer. Mir ging das irr auf den Wecker. Es war erniedrigend, in der Spinnwinde zu sitzen, wie ein Bub behandelt zu werden, und alles nur, weil ich ein bisschen Schule spielen will, was ich ja kann.
Ich gab mich wortkarg, sah in diesen Bildern nur, was notwendig war: die Fledermaus, ein Fell, einen Marterpfahl, ein Schwulengemälde (wegen der wässrigen Farben), das Rumpelstilzchen (ich muss doch etwas Kindliches hineinbringen), einen gemalten Orgasmus (alle Bilder hätte man, schon von der Technik her, erotisch, sexuell oder körperbezogen interpretieren können).
In der Mittagspause schickte man mich zu einer Gruppe von Patienten, die in einem eigenen Haus mehr oder weniger selbständig lebten.
Am Nachmittag ging's mit einem Fragebogen weiter. Den kannte ich von irgendwoher. «Stimmt» oder «Stimmt nicht» musste ich ankreuzen. Oje, das war deppert. Ich kreuzte so schnell als möglich an, um meine Ruhe zu haben. Ich konnte auch gleich gehen.
Sofort rief ich Tina an, und wir verabredeten uns auf fünf Uhr. Bald sass ich im Zug und fuhr zurück. Im Fuchsbau erzählte ich, dass ich anschliessend zu meinem Freund fahre. In Wirklichkeit führte mich der Weg zurück, am Bau vorbei, mit Tina, die zustieg, weiter nach Süden.
In einem schönen Städtchen, an einem bekannten See, an dem die Habsburger schon viel verloren hatten, logierten wir uns ein. Nur zum Abendessen standen wir auf. Denn sonst hatten wir viel nachzuholen.

303./304. Tag: Leider war das Wetter miserabel. Es schneite und ein saukalter Wind blies. Es ist gar nicht so einfach, bei solchen Verhältnissen und Situationen die Zeit sinnvoll zu nützen. Am Samstag war das Problem nicht so gross, weil wir die meisten Stunden einfach im Bett lagen und uns gegenseitig erforschten. Am Abend gingen wir ins Kino. Ein Film von

Adriano Celentano stand auf dem Programm. Man konnte herzlich lachen.
Am Sonntag mussten wir aber aus dem Hotel.
Es ist verdammt hart, wenn man kein Zuhause hat. Ausserdem ist die Lage für uns beide ziemlich verschissen. Jeder hängt in der Luft. Sie hat das Problem, dass sie die gewohnte Umgebung verlassen muss und nicht weiss, wie die neue aussieht. Bei mir ist es umgekehrt. Ich muss in die gewohnte Umgebung, was bei mir noch schwieriger ist. Und beide zweifeln wir, dass es mit uns beiden gut gehen könnte. In dieser Beziehung vergeht die Zeit immer schneller und verlangt eine endgültige Entscheidung.

305. Tag: Zur Hausversammlung kam ein Herr vom Stiftungsrat. Er wollte zu Fragen der Patienten in Geldangelegenheiten Stellung nehmen. Das wurde totaler Mist. Wir bekamen eine Arroganz zu spüren, die tief einfuhr. Der hielt uns ja für drittklassig!
Auf meine Frage nach den 90 Rappen Kilometergeld antwortete er mir mit einem Vortrag über das Laufen, die Jugend und den Umweltschutz. Ausserdem drohte er mir mit Betreibung, wenn ich nicht zahle.
Alle Argumente wischte er mit zum Teil lächerlichen Erklärungen beiseite und stellte die Arbeit immer wieder in den Vordergrund. Jeder Patient kostet pro Tag 48 Franken mehr, als er selbst schon bezahlt. Davon betragen 72 % die Therapeutengehälter!? Ich ärgerte mich grün und blau. Der kann uns Hausnummern aufzählen, soviel er will.
Da ich irgendwie meine Aggressionen loswerden musste, arbeitete ich nach dieser Scheisssitzung. Genauer gesagt fuhr ich mit dem Bauern einen Traktor kaufen. Natürlich keinen neuen, sondern ein zwanzig Jahre altes Geschwür.
Am Abend spielte ich Karten und überlegte, wie ich meinen Abschied organisieren könnte. Mir reicht es!

306. Ich warte nun sehnlichst auf einen Bericht von der Schulbehörde. Ich hoffe sehr, dass dieser positiv ausfällt und ich dann die Kur beenden kann. So sehe ich nämlich keinen Sinn mehr, länger hierzubleiben. Der einzige Vorteil besteht darin, dass ich näher bei meiner Therapeutin bin. Und sie verdient noch Geld damit, wenn wir uns treffen. Gut, so intensiv arbeitete sie sicher bei keinem anderen Patienten. Trotzdem langt mir der Aufenthalt im Fuchsbau. Ich hab's satt!

Weitere Tage:
Nun scheint es ernst zu werden. Die Schulratssitzung war vorüber, und meine Anstellung wurde bestätigt. Das heisst, am 22. April fängt meine Lehrertätigkeit wieder an. Eine zweite Klasse soll ich unterrichten, heisst es. Das wird eine grosse Umstellung werden. Das ist mir jedoch egal.
Den Heimleiter informierte ich darüber, dass meine Tage gezählt sind im Fuchsbau. So zehn Tage gedenke ich noch zu bleiben, da ich so lange warten will, bis auch der Job von Tina klar ist. Das Problem mit der Wohnung besteht auch nicht mehr. Schön langsam wird es Stück für Stück entnebelt.
Probleme habe ich noch, mir vorzustellen, mit Tina zusammenzuziehen. Ob ich es kann, meine Freiheit aufgeben, die Mädchen, dann erst noch abstinent zu bleiben, ist ungewiss. Der Wille wäre zweifelsohne da, aber ob das Fleisch auch stark genug ist?
Dann ging es ruck-zuck. Am Wochenende brachte meine Freundin aus Österreich mein Auto.
Als ich am Montag zum Fuchsbau hochgehen wollte, kam der Therapeut, der mit Tina liebäugelte, angefahren. Er hatte einen Mitpatienten bei sich, den er im Dorf eingefangen hatte. Dieser war knallvoll. Ich stieg ins Auto und wurde auf der Heimfahrt darüber informiert, dass das Team besprochen hätte, mich am Freitag gehen zu lassen.
Ich war zunächst sehr überrascht. Erst mit der Zeit merkte ich, dass keiner vom Team, auch nicht der Leiter, davon etwas wusste.
Egal, ich berief mich auf die Aussage dieses einen Therapeuten und packte meine Sachen. Ich glaube, der hat von der Verbindung zwischen Tina und mir etwas mitgekriegt und versucht nun, bevor es «ernster» wird, mich loszuwerden.
Am Freitag unternahm ich einen Rundgang durch den Bau, verabschiedete mich von den anwesenden Mitpatienten und verliess das Gelände, das beinahe ein Jahr meine «Heimat» war.
Ich war frei.
So ganz begriff ich diese Freiheit gar nicht.
Als ich Tina am Bahnhof traf, hatte sie eine rote Rose in der Hand.

NACHWORT

Ehrlichkeit zu sich selbst und gegenüber anderen ist eine grundlegende Voraussetzung, die es braucht, einen Kampf gegen eine Sucht zu gewinnen. Nur wer bereit ist, sich seine Fehler und Schwächen mit aller Offenheit und Brutalität einzugestehen, ist in der Lage, diese überhaupt zu erkennen. Erkennen aber ist logischerweise die Bedingung dafür, etwas dagegen zu unternehmen.

Wie schwer aber Ehrlichkeit im Zusammenhang mit der Alkoholproblematik ist, möchte ich am Beispiel der häufigsten und zugleich einfachsten Selbstlüge aufzeigen:

«Ich habe keine Probleme mit dem Alkohol! Ich weiss, wann es genug ist! Ohne weiteres kann ich eine Woche oder länger ohne Alkohol auskommen.»

Niemand, der wirklich keine Probleme mit dem Alkoholkonsum hat, würde auf die Idee kommen, von Zeit zu Zeit «geistfreie» Wochen einzuschalten. Ich selbst konnte mich lange mit dieser Einstellung über Wasser halten. Doch diese Perioden der Trokkenheit wurden halt immer kürzer. Plötzlich, übergangslos, ging's dann nicht mehr!

Lange Zeit habe ich mir überlegt, ob ich diese Aufzeichnungen aus der Zeit meiner Entziehungskur veröffentlichen soll. Sie dienten ja in erster Linie einer Art Selbsttherapie, und als solche hatten sie ihren Zweck erfüllt.

Nachdem Jahre verstrichen waren, las ich diese Blätter wieder einmal durch. Dabei erst kam mir richtig zu Bewusstsein, wie sehr sich meine Einstellung und meine Lebensweise zum Teil schon während, aber vor allem nach der Kur, verändert hatten.

Der Übergang von einer fast schizoiden Lebenseinstellung und Gedankenwelt zu einer positiven Grundeinstellung, zu Antialkohol und Kämpferherz ging fliessend vor sich.

Wenn ich nun dieses Buch trotzdem veröffentliche, will ich damit nicht etwa den Angestellten der Heilstätte in den Rücken fallen, die schlussendlich am Erfolg meiner Kur wesentlichen Anteil hatten, ohne dass mir das damals bewusst wurde, nicht Frauenrechtlerinnen und Sexmuffel mit der Darstellung meiner polygamen Lebensweise in dieser Phase verärgern.

Man muss sich vorstellen und sich hineinfühlen können, dass ich diese Aufzeichnungen teils in euphorischer Hochstimmung, teils in trostloser, auswegloser Weltuntergangsstimmung festgehalten habe.

Trotzdem veränderte ich das Manuskript aber absichtlich nicht mehr, um eben ein möglichst genaues Krankheitsbild wiederzugeben. Wenn zum Beispiel der «Georg» in dieser Geschichte sich über alles mögliche und auch diese, die ihm wirklich helfen wollten, beklagt, wo er doch in vielerlei Hinsicht nur Vorteile hatte (Freundinnen und Besuche, Geld, Ferien, keinerlei Positionskämpfe innerhalb der Mitpatienten, etc.), dann ist das ein Symptom des Patienten «Georg».

Ich hatte Glück. Die andauernde positive Manipulation meiner Denkweise, die ich während der Kurzeit gar nicht begriffen hatte, mit Hilfe meiner Freundin und der echten Freunde, nicht zuletzt durch das Verständnis in der Gesellschaft war es mir möglich, ein Umfeld zu basteln, das einen Neubeginn zuliess.

Dafür möchte ich mich bei allen bedanken!

Bücher für positives Umdenken
alternativverlag kaschmi

Hier ein Bergdorf in der reichen Schweiz – dort Nomadenstämme und -siedlungen im Norden Kenyas.
Beide Orte verbindet die skrupellose, geldgeiernde Relax Corporation, die mit ihren Machenschaften an diesen beiden Orten Unverständnis, Leid und Hass produziert.
Mit ihren «Finanzrobotern» versucht diese Gesellschaft unter dem Deckmantel der Hilfe noch mehr Macht und Einfluss zu ergattern. Statt Entwicklung steht Ausbeutung, statt Entwicklungshilfe wird Entwicklungskolonialismus betrieben.

Franz WALTER, Lehrer in Deiflingen, arbeitete in Kenya. Er beschreibt, in einer lebendigen und spannenden Geschichte verpackt, Frauen und Männer, die aus dem Gefängnis des kleinkarierten Denkens ausbrechen.

157 Seiten, brosch., Fr. 24.– / DM 26.– / öS 192.–
(Einband-Original vierfarbig)
ISBN: 3-905056-02-X

alternativverlag kaschmi
Sarganserstrasse
7324 Vilters
Telefon 085 / 2 49 12

Bücher für positives Umdenken
alternativverlag kaschmi

Das erste Buch in der Alkoholproblematik, das für alle verständlich einen Weg in und aus der Sucht aufzeigt, am Beispiel einer Therapie mit alkoholfreiem Bier eine Diskussionsgrundlage bietet und damit versucht, ein Umdenken zu beschleunigen, wie «Weg vom Übermass, hin zum Mass!»

Konrad Kals ist selber trockener Alkoholiker, der unter anderem mit Hilfe von alkoholfreiem Bier einen Weg aus dieser Krankheit gefunden hat.

«Ein aufschlussreiches Buch, sehr gut lesbar vom Arbeiter bis in die höchsten Chefetagen!»
                                    H. Buchmann/SFA, Lausanne

«Hier beschreibt Kals in beeindruckenden Passagen, wie er die Sucht nach heftigen Kämpfen überwand.»
                                    Dr. Heinz Moser
                                    «Der schweizerische Beobachter»

125 Seiten, brosch., Fr./DM 19.80 / öS 165.–
ISBN: 3-905056-03-8